Excellent Leadership and
Efficient Execution

卓越领导力与高效执行力

主 编 程 炼
副主编 张 甸 苗艳艳 程 霞 田文秀

华中科技大学出版社
http://press.hust.edu.cn
中国·武汉

内 容 提 要

在现代企业管理过程中，领导力和执行力起着关键作用。好的执行力必须有好的团队，强大的组织必须有优秀的领导者，领导以身作则，人力资源才可以最大限度地发挥执行力。本书围绕管理中的领导力和执行力这个主题展开，对实际管理工作中遇到的种种疑惑和问题进行了有益的探讨。

图书在版编目(CIP)数据

卓越领导力与高效执行力／程炼主编．－－武汉：华中科技大学出版社，2024.8．
ISBN 978-7-5772-1037-7

Ⅰ．F272.91

中国国家版本馆 CIP 数据核字第 2024KV9267 号

卓越领导力与高效执行力 程　炼　主编
Zhuoyue Lingdaoli yu Gaoxiao Zhixingli

策划编辑：	钱　坤　张馨芳
责任编辑：	苏克超
封面设计：	廖亚萍
责任校对：	张汇娟
版式设计：	赵慧萍
责任监印：	周治超
出版发行：	华中科技大学出版社（中国·武汉）　电话：(027) 81321913
	武汉市东湖新技术开发区华工科技园　邮编：430223
录　　排：	华中科技大学出版社美编室
印　　刷：	武汉市洪林印务有限公司
开　　本：	787mm×1092mm　1/16
印　　张：	13.5　插页：2
字　　数：	320 千字
版　　次：	2024 年 8 月第 1 版第 1 次印刷
定　　价：	58.00 元

本书若有印装质量问题，请向出版社营销中心调换
全国免费服务热线：400-6679-118　竭诚为您服务
版权所有　侵权必究

主编简介

程炼，博士，副教授，武汉大学访问学者，文华学院经管学部副主任，湖北省中小企业管理咨询中心主任（校级），湖北省美育研究会第八届理事。在《学习与实践》《教育评论》等核心期刊发表论文20余篇，主持省厅级课题3项，主持校级课题3项，参与国家级和教育部课题3项，拥有专利3项。主编《管理学概论》《领导力与执行力概论》等5本教材。作为课题组主要成员，获得第七届湖北省高等学校教学成果一等奖。受邀到多家企业做过公司治理、企业管理、宏观经济分析等方面的讲座。

前言

被誉为"领导力之父"的沃伦·本尼斯说过这样一句话:"管理者把事情做对,领导者做对的事情。"在他看来,领导者并不同于管理者。领导者高瞻远瞩、果敢敏锐、视野开阔、激情四射,他们有着明确的价值观,有创新求变的精神,会塑造共同的远景并引导跟随者去努力实现,懂得沟通的技巧,激发跟随者的行动。

在美国高中,有不少学校注重对领导力的培养。领导力在美国大学教育体系中同样扮演着重要的角色,很多大学将其作为教学和课程设计的一部分。许多大学开设专门的领导力课程,这些课程涵盖了领导力的理论框架、实践技巧、领导决策等内容,通过授课、小组讨论、案例分析等方式,学生被鼓励思考领导力背后的价值观和伦理道德问题,以及领导力在实际情境中的应用,注重培养学生的批判性思维和解决问题的能力。

英国大学教育领导力课程设置非常多样化,涵盖了教育管理、领导力理论、教育政策等多个方面。学生可以根据自己的兴趣和职业需求选择适合自己的课程。不仅如此,这些课程还提供丰富的实践机会,教师通过丰富的教学方式,激发学生的潜力,培养学生的领导能力和管理技能。英国大学教育领导力课程强调与实践的结合,采用案例研究、团队项目等教学方式,培养学生的实际操作和解决问题的能力。通过实践教学,激发学生的潜力,学生能够更好地理解和应用领导力理论,提升自己的实践能力。

德国是一个人才辈出的国度,8000多万人口的德国,为世界贡献了多位诺贝尔奖获得者,德国的工业生产技术在国际上举足轻重。这些正是由德国人严谨的文化所决定的,源于德国人多少年来积淀而成的民族性格,严谨、理性、系统、前瞻,如同涓涓流水,润物细无声。德国人这种沟通和影响他人的方式很独特:不露痕迹,令人在不知不觉中接受其思想观点,而且具有持续的效果。这正是德国式领导力的独具魅力之处。

日本社会认为,日本要成为全球性大国,首先要发挥自身在区域中的领导作用,迫切需要培养更多了解亚洲价值观和社会的领导人。因此,越来越多的日本一流学府开始注重培养本校学生在区域和国际事务上发挥影响力的能力。比如,早稻田大学2012年起致力于全球领导力项目。大阪大学的全球领导力项目拟培养能够在全人类、某个区域或整个世界共同面对的重要议题上为了公众利益贡献自己的力量、引领社会改革的领导者。日本东京大学原校长五神真教授在谈及本校全球领导力项目设立的初衷时指出，在全球化进程中，需要寻求世界范围内共性难题的解决方案。

伴随中国经济的起飞以及国力的增强，中国也需要培养具有全球视角的人才。"他山之石，可以攻玉"。中国、美国、英国、德国、日本都是世界上具有重要影响力的国家，学习、思考和借鉴美国、英国、德国、日本的领导力内涵，无论对于我们个人的进步、民族的复兴还是国家的崛起，都有着重要的价值。这就是我们向其学习领导力的主要原因。

领导力决定执行力，执行力是领导力的延续。

何谓领导力？现代企业管理教科书中没有关于领导力的现成答案。不过我们可以确定的是，领导力是企业高层管理者——企业家最重要的一项能力。它不同于常规的管理能力，它是企业家人力资本的集中体现。

汉高祖刘邦曾问群臣："吾何以得天下？"群臣回答皆不得要领。刘邦遂说："吾之所以有今天，得力于三个人——运筹帷幄之中，决胜千里之外，吾不如张良；镇守国家，安抚百姓，不断供给军粮，吾不如萧何；率百万之众，战必胜，攻必取，吾不如韩信。三位皆人杰，吾能用之，此吾所以取天下者也。"优秀的领导人一定是能有效地通过他人把事情办好。中国人自古以来就崇拜卓越领导人，一个优秀领导如何成功领导下属实现团队目标，成为古往今来人们津津乐道的话题。

企业必先有执行力，才会有竞争力。执行力，如同武器的杀伤力、军队的战斗力；缺乏执行力，就是武器失去杀伤力，军队打不了胜仗。执行力弱，即便敌人来了，手中的武器也毫无杀伤力，只能束手就擒，或眼睁睁地看着机会流失。强大的执行力是不逃避，不抛弃，不放弃，不论过程多么曲折、困难多么大，都乐于执行、敏于执行，并且一定能执行到位，唯有如此，组织才可以实现既定目标。

企业做大源于战略，做强却源于执行。诸如沃尔玛、苹果公司、华为、阿里巴巴、中国平安等当今世界500强企业无不是执行力强大的企业。好的战略如果执行不好即等同于不存在，正如"临渊羡鱼，不如退而结网"，企业在用战略作为竞争壁垒的同时，还要用执行去打造竞争力。所以，执行力是企业成功的关键，是整体素质的反映，对于企业的生存与发展至关重要。执行力是核心竞争力，只有执行到位，才能够及时应对市场环境变化，为企业赢得先机。

雷军曾经说，"站在台风口，猪都能飞上天"是对自己、对小米最大的误会。在时代机遇下，小米企业管理能力突出、雷军领导力强才是发展的根本。

在当前变化的市场环境中，卓越的领导力对于企业的生存与发展至关重要。一个具有领导力的领导者不仅能够运用自身的魄力、知识、远见、判断力、自控力去激励和影响他人实现企业的最终目标，还能自如地应对环境中的变数，挑战不确定性，与市场中不同的利益群体打交道。对于企业等组织而言，管理者的领导力和执行力很关键，此二力的缺乏是许多组织的通病，也是这些组织迈不过职业化管理阶段的一个重要原因。一个执行力强大的组织可以有效凝聚组织，齐心协力地奔向一个企业目标，可以迅速实现战略意图。良好的企业一定是领导力和执行力都非常强大的。因此，如何提升领导力与执行力，是摆在每一位企业管理者面前的一项极其重要的任务。

  本书在系统性、实用性的基础上，力图全面、简洁明了地介绍领导力与执行力的基本思想、基本原理和基本方法，反映我国的经济体制改革和企业改革的实践，抓住在现代科学技术飞速发展条件下领导力与执行力的发展趋向，既传承了逻辑性，又在撰写中突出了概括性，切中了应用型高等院校学生的特点。本书第一、二章由程炼编写，第三、四章由张甸编写，第五、六章由苗艳艳编写，第七、八章由程霞编写，第九章由田文秀编写，最后由程炼统稿。希望通过本书，能给应用型高等院校经管类专业的学生打下坚实的管理学基础知识，并对他们将来的工作实践提供有益的帮助。

  为了表述需要，书中个别地方难免有重复之处，敬请谅解。

  本书的编写受到华中科技大学经济学院范红忠教授和武汉大学经济与管理学院范如国教授的启发，同时感谢华中科技大学出版社钱坤和张馨芳编辑的辛勤付出。

程　炼

2024 年 5 月

目录

上篇 卓越领导力 /001

第一章 领导力之源与领导力之本 _002
- 第一节 领导及领导力的一般原理 _002
- 第二节 领导的特点和素质要求 _018
- 第三节 领导力人人可以学习模仿 _024

第二章 成为魅力型领导 _030
- 第一节 领导的方式与艺术 _030
- 第二节 权力的基础 _043
- 第三节 塑造权威领导力 _048

第三章 构筑愿景 _055
- 第一节 讲故事也是一种领导力 _055
- 第二节 展望令人激动的未来,感召他人 _060
- 第三节 科学决策,制定战略 _065

第四章 注重激励 _075
- 第一节 人性的假设及其发展 _075
- 第二节 行为强化,认可贡献 _080
- 第三节 提倡集体主义精神,激励团队 _082

第五章 学会沟通 _092
- 第一节 学会倾听,有效沟通 _092
- 第二节 沟通的障碍和冲突管理 _096
- 第三节 创建公平公正的环境 _099

下篇 高效执行力 /107

第六章 执行力缺失的根源 _108
第一节 何为执行力 _108
第二节 文化原因从习惯上制约了执行的力度 _117
第三节 制度的变形助长了执行的不力 _127

第七章 构建良好的制度型执行文化 _135
第一节 好的制度能使坏人变好,坏的制度能使好人变坏 _135
第二节 奖罚分明,是提升执行力的保证 _138
第三节 形成制度化管理的机制 _141

第八章 全程化执行力是关键 _147
第一节 企业中高层管理者的执行力问题研究 _147
第二节 打造坚强执行力,关键在于高层领导 _150
第三节 中层执行力是战略承上启下的关键 _159
第四节 基层执行力的重要性 _162

第九章 构建高效能的组织执行力系统 _172
第一节 团队建设和贯彻执行力 _172
第二节 创建学习型组织,不断提升执行力 _183
第三节 目标形成共识,才能更好执行 _192
第四节 实行科学有效的目标管理考核 _196

参考文献 /206

上 篇
卓越领导力

第一章

领导力之源与领导力之本

美国当代著名心理学家和管理专家弗雷德·菲德勒所提出的"权变领导理论"开创了西方领导学理论的一个新阶段,使以往盛行的领导形态学理论研究转向了领导动态学研究的新轨道。他本人被西方管理学界称为"权变管理的创始人"。他提出了领导方式取决于环境条件的著名论断。不同的领导风格会产生不一样的领导效果。

第一节 领导及领导力的一般原理

一、领导的释义

关于领导的概念,不同学者从不同角度和侧面有着不同定义。对领导这一概念的表述各不相同,但各学者的表述有助于全面理解领导的概念与实质。

(一)什么是领导

关于领导,几种具有代表性的观点如下。

(1)毛泽东:领导人员依照每一具体地区的历史条件和环境条件,统筹全局,正确地决定每一时期的工作重心和工作秩序,并把这种决定坚持地贯彻下去,务必得到一定的结果,这是一种领导艺术。

(2)海曼和斯科特:领导是一项程序,使人们在选择及达成目标上,接受指挥、导向及影响。

(3)斯多基尔:领导是对组织内团体和个人施加影响的活动过程。

(4)泰罗:领导是影响人们自动地为组织目标努力的一种行为。

(5)孔茨:领导是领导者促使其下属充满信心、满怀热情地完成任务的艺术。

(6)戴维斯:领导是一种说服他人热心于一定目标的能力。

(7)阿诺尔:领导是一个影响过程,包括影响他人的一切活动。

(8) 坦南鲍姆：领导就是在某种情况下，经过意见交流过程所实现出来的一种为了达成某种目标的影响力。

(9) 阿吉里斯：领导即有效的影响。为了施加有效的影响，领导者需要对自己的影响进行实地的了解。

概而言之，领导就是领导者指挥、带领、引导和鼓励部下为实现目标而努力的过程。

 课堂讨论

对于孙悟空、猪八戒、沙和尚几个部下，作为团队领导者的唐僧应该如何管理？

1. 如何用好猪八戒？
  A. 先晾着，找机会收拾他　　　　　　B. 与他不断进行沟通并鼓励他
  C. 指导并培养他　　　　　　　　　　D. 调整他的岗位，调整到妖精谈判部
2. 如何使用孙悟空？
  A. 在其他徒弟面前杀他的威风　　　　B. 私下与他沟通，求他高抬贵手
  C. 暗中培养其他徒弟，在适当的时候淘汰他　D. 用高额奖金激励他
3. 怎样对待沙和尚？
  A. 让他做好本职工作　　　　　　　　B. 培养他，使其能随时顶替孙悟空
  C. 暗中安排他监督猪八戒　　　　　　D. 把所有后勤工作丢给他
4. 如果要提拔一人做部门经理，提拔谁最合适？
  A. 孙悟空　　　　　　　　　　　　　B. 猪八戒
  C. 沙和尚　　　　　　　　　　　　　D. 都可以

（二）领导与管理的区别与联系

1. 领导与管理的区别

(1) 领导是"引领"和"指导"，管理是"管辖"和"处理"。

(2) 领导侧重于战略，而管理侧重于战术。

(3) 一个组织的失败通常是由管理过度而不是领导不足导致的。

2. 领导与管理的联系

(1) 领导是管理的一个职能，管理是领导的一种手段。

(2) 管理是必需，领导是必要。

(3) 优秀的管理者未必是优秀的领导者，但优秀的领导者一定是优秀的管理者。

3. 最危险的管理：让员工怕你

很多管理者有一种心态：希望员工怕自己，管理就变得省心又省事。为了让员工

怕，准备好严厉的手段，一旦有错，绝不留情，言行粗暴，员工稍有不对，不是呵斥就是嘲讽，谁都不敢顶嘴。所以，这样的管理者营造出一种恐怖氛围。员工们见了他，就像老鼠见了猫，战战兢兢。他很得意，很享受自己的威权带来的快感。看着员工们一个个在自己面前胆战心惊，他自信心"爆棚"。

只是他从来不想想员工们为什么怕他，也从不想想自己究竟要得到什么。员工怕他，无非是怕他手上的权力，让他可以任性地张牙舞爪，蛮横不讲道理。当道理被蛮横取代，人心就冷了。人家不是怕，而是在敷衍。这不是他想要的，可是他并不知道。员工们假装着恐惧，假装着认真，使他产生了一种幻觉：员工因为怕，工作努力了，绩效提高了。可是这能长久吗？很快就有人因为不堪忍受，要不暗里对抗，要不离他而去，他的危机不可避免。没有哪个管理者靠着恐吓，能够太平无事。

4. 领导就是让人追随

在21世纪的组织中，如果想成功实施领导，领导者都应该学会运用"追随"（follow）职能。技术、人口统计、政治和经济领域层出不穷的变化，使得最博学的人也会很快落伍。领导者必须重新定位，做出艰难抉择，并激发下属的奉献精神。他们必须想办法"保持领先"，在企业中鞠躬尽瘁，把自己的才能和个性施展出来。

但是，即使这样还不够。在任何环境下，任何级别的领导者都要认识到，最有成效的选择是适时地运用"追随"职能。不是因为等级制度要求这样，而是因为组织绩效的实现需要其他员工的聪明才智和远见卓识。

今天，绩效所带来的严峻挑战要求我们不能再以简单的"好与坏"来判断，而要以具有前瞻性的、务实的眼光来看问题。并且比以往任何时候对领导"追随"职能的要求更加明确：追随我们的愿景和目标。追随适用的管理原则，追随负责实现目标的普通员工。

（三）领导的三个关键任务

一辆汽车有多少零部件？有两万多个。其中，能保障安全顺畅行驶的部件只有三个：方向盘、刹车、油门。一个驾驶员只要熟练操作好上面的三个部件，基本就能做到安全地驾驶了。

一个领导者，好比是一位驾驶员，也有三个关键任务，做好这三项任务才是一位合格的领导者。那就是：分析下属和情境以制定目标、风险管控、团队执行力。

1. 分析下属和情境以制定目标

经常有企业家或经理唉声叹气，员工能力特别差，干活也不卖力，好多事情要亲力亲为才能做好。为什么会这样，到底是领导出了问题还是员工能力不行？领导和员工如何互动才能使组织的生产力最大？"情境领导"或许能提供一些线索。

情境领导理论自20世纪60年代推出以来，一直广受企业关注，被列为爱立信、摩托罗拉、IBM、微软、通用汽车等500强公司高级经理人的常年必选课程。甚至没有体验过"情境领导"的人，无法进入500强企业高层。情境领导理论认为，领导在管理公司和团队时，不能用一成不变的方法，要随着情况和环境的改变及员工的不同而改变领导和管理的方式，领导的效能取决于下属或员工接纳领导的程度。情境领导模式与管理方格模式类似，都是脱胎于斯托格第尔的领导方式双因素理论，而且情境领导模式与领导方式双因素理论的四象限表述更为接近。

目标制定是方向性的决策，影响到下一步达成目标的方式和方法。在制定目标过程中，就锁定了将来客户的类型与选择。

2. 风险管控

领导关注可能出现的风险因素，影响甚至阻止有风险目标的实现，安排专人紧盯导致出现风险的因素，是非常必要的。制度机制是保证有序和有效地防范化解系统性风险的重要法宝。由于风险是会不断演变和孵化的，并且会随着时代的发展而产生新的特点、造成新的影响，只有不断完善发展制度机制才能保持其应对风险的效能，因此，防范化解系统性风险要求领导干部增强补齐风险防范机制短板的能力。防范化解系统性风险需要制度机制提供保障，风险防范机制能提高对风险的管控、化解、应对、处置的科学性和有效性，要积极将制度优势转化为防范化解系统性风险的效能。

一整套系统严密的体制机制是应对风险挑战时赢得战略主动的必要条件，制定完善风险防范机制的过程，就是预见风险并为其做好相应准备措施的过程，通过建立健全风险防控机制、风险研判机制、风险评估机制、风险防控责任机制、风险防控信息共享和有效合作机制等，构筑立体化的风险防范化解机制，以制度优势应对系统性风险的冲击。一旦风险发生，就能快速识别风险的性质和类型，在短时间内为启动相应的防控措施提供向导，有关部门、单位及人员就能有条不紊地按制度、程序采取行动，从而提高风险防控的科学化、精细化水平。

3. 团队执行力

领导主要应关注组建团队、分工协作、激励机制等，以达成目标。如果一个团队人数偏少、任务偏易，而执行结构又偏复杂时，往往导致上级的精神与指示不能及时执行与贯彻下去。相反，如果一个团队人数偏多、任务偏难，可是执行结构过于简单的话，往往导致下级在执行任务的时候目的性不明确且任务过于繁重。由此可见，要做好一个具有高执行力团队的领导者，必须掌握结构复杂或简易的度。

领导者是从底层员工一步步成长起来的，员工思维与领导者思维的最根本的区别在于高度，也就是局部与全局的区别。员工专注于技术能力，做到规定的事情就好。领导者主要是协助并激励他人做好事情。领导者思维的高度，决定了目标制定，进而影响全局为实现目标的一整套打法。所以，出现同一套人马，换一个领导人，出现迥然不同的结果，也就不奇怪了。但是，在工作中很多领导者，不知不觉会陷入做具体事情之中，忽略了其作为领导者应做的三个关键任务。

如何才能真正做到？学习与训练，坚持不懈。要做一个优秀的领导者，永远记住并运用以上三个关键任务。

（四）领导者的核心工作

太多的领导，平时被一些琐碎事物缠身，很少有静下心来思考问题的时候，所以每天非常疲惫，企业的战略有时候也开始走偏，战术开始变样。这就是为什么很多企业开始的时候挺好，走着走着就开始走下坡路、就开始越经营越困难。这里的核心问题就是领导忘记了自己的基本职责。

从根本上说，领导者的核心工作是"管人和理事"。管人是目的还是手段？或者说，理事是目的还是手段？理事是目的，管人是手段。领导也是有逻辑、有规律可循的。领导应该包含以下方面：第一，愿景，领导者是靠愿景和价值观来凝聚追随者的心灵，并"使众人行"的；第二，战略和治理结构；第三，建立团队、平台和流程；第四，激励机制、目标管理、组织作风（管理风格）和组织的技能；第五，领导者自己的素养。

1. 打造和提炼组织的愿景

一个组织的发展常常受限于领导者的思想、思路和格局，其中格局其实就是价值观。领导者的价值观决定组织存在的意义。组织的存在是利他精神的存在，而不是为了组织自己的目标。这些融合到一起就是组织的愿景。愿景决定着组织的归宿。任何一个想要基业长青的组织，都必须有自己的核心愿景。随着组织的发展，它所显现的文化是会发生改变的，但愿景不会变。

杰克·韦尔奇认为，要大力培养那些认同企业价值观的员工，即使他们没有取得良好的业绩也没有什么关系，价值观很重要，因为这是双方合作的基础；要淘汰那些不能认同企业价值观的员工，即使他们的能力很强，这么做虽然很难，但企业管理者必须这么做。在加里·胡佛看来，愿景必须有四根支柱，即清晰、持久、独特和服务精神。他称这四根支柱为企业的精髓。他还认为，企业的精髓必须来自企业的内部，适合企业的特点，而且不会随着时间的变化而改变；企业的技术、营销策略、薪酬标准，以及许许多多的细节问题总是在不停地变化着，而且有时候这种变化相当快，但是一个成功企业的精髓是始终不变的。

愿景是领导力要素中极重要的一项。一名优秀的领导者需要能够明确地描述组织未来的理想状态，并激励团队成员朝着这个目标努力。领导者的愿景应该是清晰、明确、具体和可行的，这样才能激发人们的激情和动力，让他们感受到自己的工作的重要性。愿景最简单的表述是："我们想要创造什么？""我们将来的图景是怎样的？"实际上，组织的愿景就是一张描述组织目的、使命和未来理想状态的浓缩的"组织蓝图"。伟大的组织都有伟大的愿景，愿景为组织的成长确定了方向，也正是愿景的感召力量凝聚了组织的人心，使整个组织团结向上。愿景通俗地说就是我们的目标是什么，我们要到哪里去，我们的未来是什么样的。

2. 抓战略和企业治理

彼得·德鲁克说："一个企业存在的原因不是为了盈利，而是它能够给社会带来价值"。"而你在什么地方，用什么方式体现价值？这就是战略要解决的问题"。再用彼得·德鲁克的话来讲,就是解决我们的业务现在是什么、我们的业务应该是什么、我们的业务将来是什么的问题。战略决定一个公司商业层面大的经营目标和方向。

战略就是集中,即集中所有的资源和优势形成突破。企业家任正非表示:"凡是战略,都是专注。"

战略也是定位,就是给自己贴上有别于其他人的标签。要贴上这个标签,需要对竞争对手、行业趋势有充分了解之后,结合公司现有的资源和优势,最后做出一种占领市场、赢得客户的战略。所有的经营活动都是围绕客户展开的。战略细分下来包括经营战略、营销战略、产品战略、HR战略、研发战略和供应商的管理战略等。

实施战略需要相应的组织结构。这里所说的组织结构首先是指治理结构。治理结构是指导和控制企业运作的一套高级游戏规则,它包括所有权、管理权和决策权的界定和区分。例如:企业的所有者是否参与决策?是让资金赚钱还是让资金说话?这就是所有权与决策权的分离。所有权和经营权又可以进行二次分离,在愿景和战略确定好后,所有者是否不再插手经营?只有这样的游戏规则确定后,企业才可以不乱。在此基础上,再搭建起企业的核心管理结构。有的企业在发展了几年之后,当年在一起拼搏的人不能再在一起工作了,为什么?这在很大程度上是由于当初游戏规则没制定清楚造成的。

组织结构是管理人员用来达到组织目标的一种手段。组织目标是由组织总体战略决定的,因此组织战略与组织结构的关系很密切。具体来说,组织结构应该服从组织战略。如果组织战略发生了重大变化,组织结构也应该做出相应的调整,以支持组织战略的变化。

3. 建立团队、平台和流程

"在竞争激烈的经济体系中,企业能否成功、能否长存,完全要视管理者的素质与绩效而定,因为管理者的素质与绩效是企业唯一拥有的有效优势。"

在企业的愿景确定后,企业基本的价值观和信仰达成共识;在企业的治理结构和管理模式以及经营战略确定后,就进入企业的运作层面了。领导者首先要做的是把运作层面最核心的三条主线建立起来,即建团队、建平台、建流程。

首先是建团队。建团队就是指将班底分成核心团队、中间团队和追随者。对于核心团队,靠愿景来管理;对于中间团队,为其提供成长的机会;对于追随者,应公平善待,并为他们搭建一个成长平台。核心团队就是决策层,由以价值观为导向经过实践考验的人组成。核心团队人数不多,但他们必定是有着共同的人生追求、共利害共进退的人,是可以做领导者的代言人的人、可以深刻了解公司的战略和组织的人、可以作为发光者传递企业愿景的人。

然后是建平台。一个优秀的公司,它的平台建设也一定是顶尖的。如果没有好的平台,再好的管理思想和做法都无处依附,就像一架航空母舰没有着陆的平台。在没有ERP系统的时候,怎么能指望团队按决策层的想法实施精益生产呢?在没有OA系统的时候,怎么能让团队的人分享信息和协作呢?在没有HR培训平台的时候,怎么能指望团队成长呢?而这些只是一个个的小平台,还需要把它们整合成一个大的平台。

有了团队，有了平台，就可以打造第三个核心运作业务了，那就是建流程。应该注意的是，流程应该与组织的发展阶段相适应，应该与组织的资源相适应。

4. 激励机制、目标管理、管理风格和组织的技能

管理的核心问题是人的问题，人的问题只能通过改善文化和环境来解决，而文化的基础就是利益文化。人的问题需要通过一些机制来解决，其中最核心的机制就是激励机制。激励机制包括精神层面的激励机制和物质层面的激励机制。

对于核心团队的人员，可以将其待遇与企业业务发展挂钩，建立红利机制或股份机制；对于中间团队的人员，建立与企业业务发展相当的激励机制；对于追随者，看业绩，采取"工资＋奖金"的激励方式。激励机制的建立要结合绩效管理和个人发展计划。对于核心团队，可能是五年计划；对于中间团队，可能是三年或两年计划；对于追随者，可能是一年或半年计划。企业在确定好规则和目标后，在个人技能或业绩达到一定水平之后给予其绩效奖励。

企业只有以精细化管理为推动力，最后才能实现真正的目标管理。只有当管理水平达到无边界组织被普遍接受、员工习以为常之后，才能把企业目标切割成各个组织、团队和个人的目标。目标管理也是有局限性的。员工实际要承担的工作往往超过实现设定目标所需承担的工作。对于素养高的员工，超出设定目标范围的工作他也会做得好，也有些员工紧盯个人目标，为了完成个人目标甚至不惜牺牲企业的利益，对其他事情不妥协。所以，在管理水平和员工意识没有达到一定程度的时候，贸然实施目标管理和个人绩效激励会导致整体绩效下降。

管理风格就是一个组织经常年形成的做事习惯和作风。管理风格可保证一个团队在关键时能打硬仗，而思想工作不能保证，武器也不能保证。管理风格由一个团队的领导者的风格形成，并通过决策层来丰富和传递下去。管理风格就是一个团队的符号，是一个团队最不可取代的东西。管理风格是从决策层和中间层起作用的，他们的典范作用带动追随者。这就是"兵熊熊一个，将熊熊一窝"的含义，也是"一头狮子带领的一群绵羊打败了一只绵羊带领的一群狮子"的原因。

领导者的战斗意志不是通过讲话而是通过事件传递给团队的。事件是建立团队共同的意志和作风的最有效的手段。就拿打仗来说，一场恶战往往可以锻造一支部队，哪怕这支部队90％的人阵亡了，留下的人也会把部队的作风沉淀下来并传递下去。做领导者不在于你做了多少思想工作，而在于你能以个人为典范，引领团队作风。你的视野和别人的不一样，你能看到别人看不到的东西，所以你要能识别大局，看清形势，明白现在要发起什么样的风潮，用优秀的组织策划能力来激励团队一浪一浪地朝前走。

5. 提升个人和团队的素养

詹姆斯·库泽斯多年来对数以万计的领导者进行案例研究，发现领导力并不完全取决于领导者的人格魅力，而是主要取决于五种行为方式，即以身作则、共启愿景、挑战现状、"使众人行"和激励人心。

信誉和真诚是领导者的基石。领导力必须是真的、善的和美的。第一，领导者必须以身作则，要说到做到，为下属、为他人树立榜样。领导之"领"就体现在以身作则上，唯有如此，才能赢得下属的尊重和认同，才会有追随者。第二，领导者需要与被领导者一起共启愿景，一起去追求令人激动的未来。第三，领导与变化是互动的、相互依存的。领导需要变化，变化需要领导。换言之，变化是领导力赖以生存的环境和条件，所以挑战现状就是领导力成功的秘诀所在。第四，要实现愿景、改变现状，必须有一个高效的团队，领导不是领导者个人的事情，必须"使众人行"，必须使众人有能力、有作为。"使众人行"是领导的本质所在。第五，激励人心。"使众人行"就是要给众人以行动力，激励众人之心，使人的潜力变成显能、变成组织的效能。

这与杰克·韦尔奇的思想和做法异曲同工，所以我们认为领导者首先要具备以下素质：有足够的正能量，有执行力和决断力，有正派的作风，能保持充沛的激情；用多出的能量去激励他人，这种激励他人的能力就是驱动力，这种驱动力除了来自愿景、价值观和文化的感召力外，主要来自领导者的典范作用。

执行力就是结果导向、业绩导向，就是立即、现在、马上执行的风气，就是把企业愿景和战略经营目标转化为行动的能力。执行力就是在事中的时候能正确调配、安排，促使团队最大化发挥能力以完成任务；事毕懂得总结和褒奖。决断力就是事前比别人看得远，更有洞察力，更具备承担责任和风险的勇气。

领导者将自己的正能量发挥出来，成为团队的一种精神，这也是与作风有联系的。

二、领导的特点和有效性

（一）领导的特点

1. 领导是一个社会组织系统

这个系统由领导者、被领导者和环境三个要素构成。

（1）领导者是在领导这一社会组织系统中处于组织、决策、指挥、协调和控制地位的个人或集体。其在领导活动中处于主导地位。

（2）被领导者就是按照领导者的决策和意图，为实现领导目标，从事具体实践活动的个人和集团。其构成领导活动的主体，是实现预定目标的基本力量。

（3）环境是独立于领导者之外的客观存在，是对领导活动产生影响的各种因素的总和。

2. 领导是一个动态的行为过程

领导是为实现既定目标，对被领导者进行指挥和统御的行为过程。领导的三要素表现为两对基本矛盾。

（1）领导者与被领导者之间的矛盾。领导者与被领导者之间存在服从还是不服从、真服从还是假服从、表面服从还是内心服从等诸多矛盾，需要不断博弈才可以实现相对平衡与和谐。

（2）领导活动的主体与领导活动的客体之间的矛盾。领导活动的主体受到领导活动的客体的影响，领导活动的客体又受风俗、传统、能力、组织结构、组织发展状况等诸多环境因素的影响，存在诸多不确定性。

3. 领导是高层次的管理活动

领导是高层次的管理活动，即宏观管理活动，主要处理带有方向性和原则性的重大问题，独立性强。

4. 领导具有权威性

领导的权威性表现在领导者与被领导者的关系上。领导既反映出领导者的权力和威望，也反映被领导者对这种权力和威望的服从、认可。

 课堂讨论

假如你是副职，你的领导是一个能力较差但工作认真、负责的人，你如何与他相处、做好工作？

（二）领导的有效性

具有代表性的几种领导有效性理论如下。

1. 权变理论

权变理论由弗雷德·菲德勒提出，它的主要观点是，领导的有效性取决于领导者所处的情境。这些情境包括领导者与下属的关系、任务结构以及领导者的职权等三个因素。根据这三个因素的不同组合，可以有三种领导行为供领导者选择，即任务导向型、关系导向型和社会中立型。

弗雷德·菲德勒认为：任务导向型的领导者无论是在有利的情境下还是在不利的情境下，都会产生较好的绩效；关系导向型的领导者则只会在中等有利的情境下产生较好的绩效。

 课堂讨论

有一家上市公司，为了提高各部门主管的责任心、主动性和创造性，决定推行"紧逼问题管理法"，要求每位主管把发现问题和解决问题作为管理的重点。为了强化这种管理思想，这个公司的总经理要求每位夜班值班经理每次值班必须至少发现六个问题，否则就按渎职论处。

请问：该公司这位总经理的这种思想会导致下属的什么行为？这位总经理的行为是有效的吗？

---

2. 路径-目标理论

路径-目标理论是权变理论的一种，它研究的是领导者和单个下属的相互作用。

路径-目标理论认为，如果领导者的行为能增强目标的吸引力并能增强下属完成目标的信心，那么领导者的行为就是有效的。

路径-目标理论提出了四种领导行为，即指导型、支持型、参与型和成就导向型，并指出：当下属承担的是非结构化或不明确的任务时，指导型领导行为最有效；当下属承担的是令人灰心、压力较大或令人不满的任务时，支持型领导行为最有效；当下属承担的是明确的、非重复性的或很有挑战性的任务时，参与型领导行为最有效；当下属承担的是模棱两可、非重复性或挑战性极强的任务时，成就导向型领导行为最有效。

3. 下属成熟度理论

下属成熟度理论认为，领导的有效性取决于下属对特定任务或目标的成熟度。所谓成熟度，就是指工作愿望和工作能力的综合程度。

下属成熟度理论提出了四种领导行为，即指示型、推销型、参与型和授权型，并指出：面对低能力、低愿望的下属，指示型领导行为最有效；面对高能力、低愿望的下属，推销型领导行为最有效；面对低能力、高愿望的下属，参与型领导行为最有效；面对高能力、高愿望的下属，授权型领导行为最有效。

4. 管理方格理论

管理方格理论认为，可以把是关心人还是关心工作任务作为考察领导行为的重要因素，以此来分析哪种领导行为更有效。这样，领导者也可以据此找到自己相应的位置，以调整自己的领导行为。

三、领导权力和领导能力

在欧美国家，权力的定义大致可分为三种，分别是能力说、强制意志说和关系说。具体来说，如马克斯·韦伯认为，权力是"一个人或一些人在某一社会活动中，甚至是在不顾其他参与这种行动的人的抵抗的情况下实现自己意志的可能性"。克特·W. 巴克认为，权力是"在个人或集团的双方或各方之间发生利益冲突或价值冲突的形势下执行强制性的控制"。布洛克等人在《枫丹娜现代思潮辞典》中认为，权力是指它的保持者在任何基础上强使其他个人屈从或服从自己的意愿的能力。可见，权力的内容可以分解为权益和力量，权力的主体往往是某种利益冲突的主体，即为了某种共同的利益而组成的一个整体,同时要实现这种利益,使其他主体服从其意志,就必须有某种强制力来保障,这种强制力或者说支配力就是权力。

权力在领导者和其他成员之间的分配是不平等的,领导者具有影响追随者的能力或力量。领导是一种艺术创造过程,领导的目的是通过影响下属来实现组织目标。

(一)权力与领导的关系

权力与领导最主要的差别在于目标的相容性。权力不要求构成权力关系的双方有着一致的目标,而领导则要求领导者与被领导者有着相互一致的方向。

日本企业家松下幸之助说:"当我的员工有 100 名时,我要站在员工前面指挥部署;当员工增加到 1000 人时,我必须站在员工中间,恳求员工鼎力相助;当员工达到 10000 人时,我只要站在员工后面,心存感激即可。"美国第 32 任总统富兰克林·罗斯福说:"当你试图挥师前进的时候,最可怕的是回头发现身后空无一人。"美国管理学家瑟夫·吉尔伯特说:"人们喜欢为他们喜欢的人做事。"

(二)领导特质理论

领导特质理论着重研究领导者的人格特质,以便发现、培养和使用合格的领导者。19 世纪末 20 世纪初,随着管理学和心理学等学科的产生和发展,人们对领导特质进行了较系统、科学的探讨,产生了一系列领导特质理论。

1. 传统领导特质理论

传统领导特质理论开始于 20 世纪初,被称为"天才论""伟人论"。

在传统领导特质理论时期,研究者们进行了大量的研究,以求发现领导者在个性、生理和智力等因素方面有别于非领导者的特点。

1) 亨利的观点:成功的领导者应具备十二种品质

亨利认为,成功的领导者应具备以下十二种品质:成就需要强烈;工作积极努力;尊重上级,与上级关系较好;组织能力强,有较强的预测能力;决断力强;自信心强;思维敏捷,富有进取心;竭力避免失败,不断地接受新的任务,树立新的奋斗目标;讲求实际,重视现在;眼睛向上,对上级亲近而对下级较疏远;对父母没有过多情感上的牵绊;效力于组织,忠于职守。

2) 吉普的观点:天才领导者应具备七种个性特点

吉普认为,天才领导者有以下七种个性特点:外表英俊潇洒,有魅力;善于言辞;智力过人;具有自信心,心理健康;善于控制和支配他人;性格外向;灵活敏感。

随着研究的深入和根据实践的反馈,传统领导特质理论受到了各方面的异议。归纳起来,对传统领导特质理论的异议主要反映在以下三个方面:

(1)各种传统领导特质理论众说纷纭,甚至互相矛盾;

(2) 进一步的研究发现，领导者与被领导者、卓有成效的领导者与平庸的领导者有量的差别，但并不存在质的差异；

(3) 许多被认为具有天才领导者特质的人并没有成为领导者。

2. 现代领导特质理论

20世纪70年代以来，人们逐步认识到，领导者的特质并非天生的，而是在实践中形成的。现代领导特质理论一反传统领导特质理论夸大遗传、天赋的片面观点，强调领导者的个性特征和品质是在后天的实践中形成的，并且可以通过培养和训练加以造就。

现代领导特质理论家的研究一般从两个方面着手：一是采用心理测量法对领导者的气质、性格和行为习惯进行测验，并通过心理咨询加以矫正或治疗；二是根据现代企业的要求提出评价领导者素质的标准，并通过专门的方法训练、培养有关素质。

1) 包默乐的观点：企业领导者应满足十个条件

包默乐认为，企业领导者应满足以下十个条件：有合作精神、有决策才能、有组织能力、精于授权、善于应变、勇于负责、勇于求新、敢担风险、尊重他人和品德超人。

2) 吉色利的观点：领导者素质可分为能力、个性品质和激励三大类

吉色利将领导者素质分为能力、个性品质和激励三大类，如表1-1所示。

表1-1　领导者素质

能力	个性品质	激励
管理能力 智力 创造力	自我督导 决策 成熟性 工作班子的亲和力 男女性别差异	职业成就需要 自我实现需要 行使权力需要 高度金钱奖励需要 工作安全需要

经过大量研究，我们得出这样的结论：具备某些特质确实能提高领导者成功的可能性，但没有哪一种特质一定就是成功的保证。

现代领导特质理论在解释领导行为方面并不成功，这是因为：

(1) 它忽视了下属的需要；

(2) 它没有对因和果进行区分；

(3) 它忽视了情景因素。

3. 领导行为理论

领导行为理论认为：一个领导者是否成功，最重要的不是领导者个人的性格特性，而是领导者采用什么领导方式，形成怎样的领导作风，领导者具体怎么做。

领导行为理论是一个不小的"家庭"，它包括许多子理论。

1）俄亥俄领导行为模式（即"关心人"与"关心组织"的领导行为倾向理论）

领导行为理论始于俄亥俄州立大学20世纪50年代早期的研究。俄亥俄州立大学的研究者首先拟出了1000多种领导行为特征，后经不断提炼，概括、归纳为"关心人"与"关心组织"两大方面。由于每一方面都有高、低之别，因而将两大方面联系起来便构成四种情况，形成领导行为四分图，如图1-1所示。

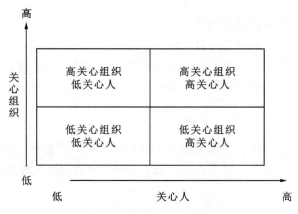

图1-1　领导行为四分图

领导者在"关心人"与"关心组织"两大方面的投入度不一样，因此在工作成就与协调人际关系、稳定人们的情绪方面的效果也大不一样。

2）管理方格理论

管理方格理论是由美国管理学者布莱克和莫顿在领导行为四分图的基础上，进一步研究后提出的。他们把领导行为四分图的纵、横坐标都分为九等分，纵横交错便形成有81种领导风格的图形，如图1-2所示。

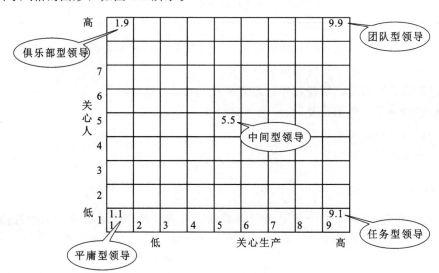

图1-2　管理方格图

（三）领导系统模式

领导系统模式具体如表 1-2 所示。

表 1-2　领导系统模式

领导作风	极端专制	仁慈专制	民主协商	民主参与
下级对领导者的信心与信任	毫无信心与信任	有点信心与信任	有较大信心与信任	有充分的信心与信任
下级感到与领导者在一起的自由度	根本没有自由	只有非常少的自由	有较大的自由	有充分的自由
在解决工作问题方面领导者征求和采纳意见和建议的程度	很少采纳下属的意见和建议	有时采纳下属的意见和建议	一般能听取下属的各种意见和建议并积极采纳	经常听取下属的意见和建议，总是积极采纳和运用这些意见和建议
奖惩措施	恐吓、威胁和偶然报酬	报酬和有形或无形的惩罚	报酬和偶然惩罚	优厚报酬

课堂讨论

1. 领导理论有哪些主要类型？各类领导理论的主要思想是什么？
2. 领导行为理论有哪些？你认为其中哪种理论较有实用价值？

四、领导的类型

关于领导，至今还没有一个公认的最好的分类，在这里我们简单介绍美国社会学家罗夫·怀特和罗纳德·李皮特提出的三种领导方式理论。

罗夫·怀特和罗纳德·李皮特所提出的三种领导方式早已为人们所熟知，它们分别是权威式领导、参与式领导和放任式领导。

（一）权威式领导

权威式领导者几乎决定所有的政策；所有计划及具体的方法、技术和步骤由他们发号施令，并要求下属不折不扣地依从；工作内容、资源的分配和组合，也大多由他们单独决定；平时他们对下属的接触、了解不多。大多数权威式领导者为人教条而且独断，往往借助奖惩的权力实现对别人的领导，对下属既严厉又充满要求。

（二）参与式领导

参与式领导者一般会在理性的指导下及一定的规范下，使下属为了目标做出自主自发的努力，他们往往认真倾听下属的意见并主动征求下属的看法。

参与式领导者将下属视为与自己平等的人，给予他们足够的尊重。在参与式领导者管理的团队中，主要政策由组织成员集体讨论、共同决定，领导者采取鼓励与协助的态度，并要求下属积极参与决策；在确定完成工作和任务的计划、方法、技术和途径上，组织成员也有相当的选择机会。通过集体讨论，领导者使下属对工作和任务有更全面、更深刻的认识，并就此提出更为切实可行的计划和方案。

参与式领导按照下属的参与程度又可分为以下三种不同的类型。

1. 咨询式

领导者在做出决策前会征询下属的意见，但对于下属的意见，他们往往只是作为自己决策的参考，并非一定接受。

2. 共识式

领导者鼓励下属对需要决策的问题加以充分讨论，然后大家共同做出一个大多数人同意的决策。

3. 民主式

领导者授予下属最后的决策权力，他们在决策中的角色则更像是一个各方面意见的收集者和传递者，主要从事沟通与协调工作。

（三）放任式领导

放任式领导者喜欢松散的管理方式，极少运用手中的权力，他们几乎把所有的决策权下放，并鼓励下属独立行事。他们对下属基本上采取放任自流的态度，由下属自己确定工作目标和行动。他们只为下属提供决策和完成任务所必需的信息、资料、资源和条件，提供一些咨询，并充当组织与外部环境的联系人，而尽量不参与也不主动干涉下属的决策和工作过程，只是偶尔发表一些意见，任务的完成几乎全部依赖下属的自主工作。在这种领导方式下，虽然领导者的控制力较弱，但对专业人员可以收到不错的效果。

五、领导的风格

为了更好地理解丹尼尔·戈尔曼的领导风格理论，有必要先对情商进行简要介绍。根据丹尼尔·戈尔曼的概括，领导者的情商包括以下四个方面的内容。

一是自我意识能力，即了解自己情感的能力，包括情感的自我意识、准确的自我评估和自信。

二是自我管理能力，即控制自己情感的能力，包括自我控制、适应能力、责任心、值得依赖、成就导向和开创精神等。

三是社会意识，即了解别人情感的能力，包括组织意识、服务导向和移情能力等。这里的移情能力是指理解他人立场和感受他人情感的能力。

四是关系管理，即影响别人情感的能力，包括想象力、影响力、沟通力、建立人际网络、激励他人、催化变革、管理冲突、合作意识和团队精神等。

在情商研究的基础上，丹尼尔·戈尔曼提出了六种基本的领导风格。

（一）远见型领导风格

具有远见型领导风格的领导者会动员下属为一个共同的想法和目标而共同努力。同时，领导者为每一位下属具体采用什么样的方法和手段来实现目标留下了充分的余地。也就是说，在确定完成工作和任务的计划、方法、技术和途径上，下属都有一定的选择机会。

具有远见型领导风格的领导者的情商能力基础是自信、影响力、组织意识和移情能力。

（二）关系型领导风格

具有关系型领导风格的领导者以人为中心，十分关注下属的需求是否得到了满足，他们会努力搞好与下属的关系，并总是毫无例外地运用漂亮的词汇赞扬下属，以期在组织中营造一种"乡村俱乐部式"的和谐氛围。相反，他们对工作业绩和成果的关注并不足够。

具有关系型领导风格的领导者的情商能力基础是社会意识能力和关系管理能力，包括沟通力、影响力、管理冲突、移情能力和建立人际网络等。

（三）民主型领导风格

民主型领导风格的中心在于通过下属的共同参与而达成一致。具有民主型领导风格的领导者将下属视为与自己平等的人，给予他们足够的尊重，善于倾听下属的意见；重要决策主要由组织成员集体讨论、共同决定，领导者主要采取鼓励与协助的态度，并要求下属积极参与决策；即使是由领导者单独决策，其也会把下属的意见考虑进去。通过集体讨论，领导者使下属对工作和任务有更全面、更深刻的认识，并就此提出更为切实可行的计划和方案。具有民主型领导风格的领导者的情商能力基础是沟通力、合作意识、团队精神和组织意识等。

（四）教练型领导风格

具有教练型领导风格的领导者通过积极培养和发展人才来增强组织能力。他们会帮助下属确定自己的优点、缺点、职业性向，并且将这些与下属的个人志向和职业发展联系起来，并为下属的长期学习和发展积极创造机会和环境，甚至会为此以短期的失败为代价。具有教练型领导风格的领导者往往比较擅长为下属分配工作和任务，并将下属的工作和学习有效地结合起来。具有教练型领导风格的领导者的情商能力基础是自我意识、组织意识和移情能力等。

（五）示范型领导风格

具有示范型领导风格的领导者期望通过自己的示范效应带动组织中的其他成员改善绩效，他们往往会追求完美，树立极高的绩效标准，并且会带头做出榜样。具有示范型领导风格的领导者在工作中总是强迫自己又快又好，而且以自己的标准要求周围的每一个人，要求他们的表现都像自己一样。不幸的是，结果往往事与愿违，许多时候下属不仅难以按照其要求完成任务，反而给其造成极大的心理压力，甚至使其产生行将"被压垮""崩溃"的感觉。

具有示范型领导风格的领导者的情商能力基础是自我控制、责任心、成就导向和开创精神等。

（六）命令型领导风格

命令型领导风格以领导者为中心，领导者往往单独做出决策，工作内容、资源的分配和组合也大多由领导者决定；领导者往往要求下属立即服从，快速行动，而且不折不扣地依从。具有命令型领导风格的领导者的情商能力基础是自我控制、成就动机和开创精神等。

具有单一领导风格的领导者并不多见，而且也不是最好的。卓越的领导者应该掌握并能在不同的场合、不同的情景，针对不同的管理对象灵活运用多种领导风格。

第二节　领导的特点和素质要求

一、领导的特点

1. 领导具有明显的执行性

执行，原义是贯彻施行、实际履行等。在法律上，执行主要是指公安机关等将人民法院已经发生法律效力的判决、裁定付诸实施的行为。在企业管理中，如何促使员工执行任务并实现企业目标是一门很重要的学问。美国企业家拉里·博西迪为此专门写了一本书《执行》。拉里·博西迪曾任霍尼韦尔国际公司总裁兼CEO，是全球较受尊敬的CEO之一，在企业管理方面鲜有人能与他匹敌。

2. 领导具有鲜明的政治性

首先要了解什么是政治。20世纪80年代，中国政治学界对政治概念的主要看法如下。

（1）政治是各阶级为维护和发展本阶级利益而处理本阶级内部以及与其他阶级、民族和国家的关系所采取的直接的策略、手段和组织形式。

（2）政治是一定阶级或集团为实现其经济要求而夺取政权和巩固政权的活动，以及实行的对内对外全部政策和策略。

（3）政治是主要由政府推行的、涉及各个生活领域的、在各种社会活动中占主要地位的活动。

（4）政治是阶级社会的产物，是阶级社会的上层建筑，集中表现为统治阶级和被统治阶级之间的权力斗争、统治阶级内部的权力分配和使用等。

违背了统治阶级的意志的举动即犯了政治性错误的举动，而领导者是利益集团的守护者，因此领导具有鲜明的政治性。

二、领导者的职位、职权和责任

（一）领导者的职位

1. 领导者的职位的含义

行政领导者的职位是指国家权力机关或国家人事行政部门根据法律与行政规程，按规范化程序选择或任命行政领导者担任的职务和赋予其应履行的责任。职务和责任是构成行政领导者职位的两个不可缺少的要素。只有担任了某一职务，才负有与其相应行政部门的工作指挥与统御权；而担任某一行政领导职位的人，就负有对该组织的领导责任。

2. 领导者的职位的特点

（1）领导者的职位是以"事"为中心确定下来的。
（2）领导者的职位的设置有数量的规定性。
（3）领导者的职位本身具有相对的稳定性。

（二）领导者的职权

1. 领导者的职权的含义

法定的与职位相当的权力，就是领导者的职权。领导者的职权，是领导者行使指挥与统御过程的支配性影响的实质条件。职权不仅意味着领导者具有从事一定行为的可能性，而且意味着领导者必须从事这一行为，否则就构成失职。

2. 领导者的职权与职位的关系

一方面，职权是与职位联系在一起的，职权是由职位衍生出来的，职位的性质决定职权的性质；职权与职位有对称关系，职权的大小与职位的高低、责任的轻重相适应；职权是法律认可和确认的权力。另一方面，职权是有限度的权力。

（三）领导者的责任

1. 领导者的责任的含义

领导者的责任是指领导者违反其法定义务所引起的必须承担的法律后果。

2. 领导者的责任的内容

（1）政治责任，对企业领导者而言，政治责任更多的是指企业经营要有政治意识，要遵循国家的方针、政策。

（2）工作责任，工作责任是指领导者承担应当承担的工作任务，完成应当完成的工作使命，做好应当做好的工作。

（3）法律责任，法律责任是指领导者所负有的遵守法律、自觉维护法律尊严的义务。

三、领导的基本素质要求、领导班子的素质结构和领导制度

（一）领导的基本素质要求

鉴于领导素质的多样性、复杂性和广泛性，将其大致分为政治素质、道德素质、知识素质、能力素质和心理素质五个方面。

1. 政治素质要求

一方面，政治素质要求领导者有深厚的政治理论素养，要了解马克思主义的世界观和方法论，并以其切实指导自身的社会实践；另一方面，政治素质要求领导者有坚定的政治立场和鲜明的政治态度，坚决拥护中国共产党的正确领导，坚持走群众路线。

2. 道德素质要求

一方面，道德素质要求领导者有无私奉献的精神。领导者必须意识到自身地位的重要性和自身所具有的影响力的不可忽视性，要以身作则、乐于奉献。另一方面，道德素质要求领导者时刻本着公平、公正的原则。由于领导者拥有一定的权力，这些权力有些关系着被领导者切身的利益，甚至关系着组织目标的实现，因此领导者必须保证这些权力的正确利用，必须要坚持公平、公正的原则。此外，领导者还要抵制诱惑、廉洁奉公。正是由于领导者自身拥有很多权力，其所面对的诱惑也会多于常人，而为了保证领

导权力的正确利用、领导权威的持续作用和领导目标的实现，领导者必须能够抵制诱惑、廉洁奉公。

3. 知识素质要求

一方面，知识素质要求领导者具有一定的基础知识。作为一个领导者，必须拥有一些基础的哲学知识、法律知识、管理知识和必要的经济知识。另一方面，知识素质要求领导者有一定的专业知识。俗话说"术业有专攻"，每一个行业也有其特性与规律。一名合格的领导者，必须了解甚至要灵活运用本行业的特性和规律，以达到有效领导、实现组织目标的目的。此外，领导者还要广泛地涉猎各类知识。由于联系具有普遍性，普遍存在于社会发展之中，为了充分把握事物间的联系、为可能遇见的问题做好预先准备，领导者必须尽可能多地了解其他各类知识，以便能灵活地应对领导活动中出现的各类问题和特殊情况。

4. 能力素质要求

由于能力素质涉及条件很多、范围很广，能力素质的内容也极其丰富。概括来说，对领导者的能力素质要求如下。第一，在决策和领导活动实施之前，领导者要有一定的预见力。领导者要能够意识到所要做的决策的利弊和可能得到的结果，尽可能地保证决策最优化、应对自如化。第二，在决策实施过程中，领导者要具有组织协调和灵活应变的能力。领导者只有具有一定的组织能力，才能保证领导活动有序进行。即使再周密的计划也可能会遇见突发状况，为保证领导活动顺利进行，领导者必须有一定的应变能力，以解决突发问题和状况。第三，在决策实施结束后，领导者应具有一定的总结和自省能力。任何一个领导活动的过程都可能存在或多或少的瑕疵，为保证以后的领导活动更加完善和高效，领导者必须善于总结和自我反省。此外，领导者还应该具有决断能力、决策能力、创新能力、辨别能力、学习能力和承受能力等其他能力。

5. 心理素质要求

由于人的内心情感丰富和生活环境复杂，心理素质也涉及多个方面，很难全面记述。总体来说，领导者应具备的主要心理素质如下。

首先要有自信心和自尊心。自信心和自尊心是每一个人都应该具备的素质。对于个人而言，自信心和自尊心影响着一个人的行为方式和精神面貌；对于一个领导者而言，自信心和自尊心影响着领导者的决策方式和组织的整体形象。

其次应该有宽容心。一方面，领导者在选才用人上要拥有一颗宽容之心。领导者是选才用人的关键，领导者所选出的人才的好坏直接关系到组织未来的发展的快慢。而选才用人最忌讳的就是妒贤嫉能，因此领导者在选才用人上要有一定的宽容心。另一方面，领导者在日常工作中要有一颗宽容之心。领导者要能够包容被领导者所犯下的错误，这样才能做到礼贤下士，争取到被领导者的支持。

最后要有事业心和意志力。事业心是推动领导者不断进步的动力，是领导者不断发展、进步的关键之一。意志力，对于每一个人来说都很重要，对于领导者而言更是如此。领导者只有具有一定的意志力,做事情才能有始有终,才能百折不挠地为实现组织目标而奋斗。

此外,领导者还应具有责任心、进取心和平常心等心理素质。

领导者除了以上应该具备的政治素质、道德素质、知识素质、能力素质和心理素质外,还应该具备健康素质等其他必要的素质。

(二)领导班子的素质结构

1. 合理的静态结构

领导班子是有机的整体。从静态意义上说,领导班子的素质结构包括以下四个方面。

1)年龄结构

年龄结构是指领导班子是由不同年龄的领导个体合理构成的最佳年龄结构,是根据不同的领导层次,由各年龄段的管理者按合理的比例构成的综合体。

2)知识结构

领导班子应有较高的文化知识水平,注重各类人才的合理搭配。

只有将各种"专才"很好地组合,构成整体的"全才"或"通才",才能胜任综合而复杂的领导工作。因此,配备领导班子时应将有不同专长的人有机地进行结合,形成既有较宽的知识面又有精深专门知识的立体知识结构。

3)智能结构

领导班子应是由不同智能类型的领导个体合理构成的。

人的智能结构有差异。在优化行政领导班子素质结构时,应根据这种差异,将不同智能类型的领导个体组合到领导班子中来,形成高智能的、多才多艺的整体。

4)气质结构

领导班子应是由不同气质类型的领导个体合理构成的。

人的气质可分为胆汁质、多血质、黏液质和抑郁质四类,它们各有特点。在领导班子的气质结构方面,应注意不同类型气质的互补,以求得领导班子人际关系的和谐化和行为的高效化。

2. 合理的动态结构

领导班子的动态结构是指在动态领导过程中,领导班子所形成的合力,包括合力关系和合力状态。

1)合力关系

一般来说,能进入高层领导集团的人,大都素质较高、形象较好。但领导集团的整体素质并不等于领导成员素质的机械相加之和,而取决于各领导成员在领导活动中能否形成良性互补、互动的合力关系。

一是经验和阅历的互补关系。在领导集团面临新的压力和挑战时,在领导成员间形成良好的经验和阅历互补关系,可增强领导集团克服困难的信心和能力。

二是专业知识和能力的互补关系。当领导集团遇到重大非程序性决策时,领导集团对决策方案的选择能力,取决于领导成员的专业知识和能力。只有当领导成员的专业知识和能力形成良好的互补关系时,才能最大限度地扩大领导者的有限理性,提高集团领导者的决策能力。

三是品德互动关系。"近朱者赤,近墨者黑",在领导活动中,领导者的人品、道德素质是相互作用、相互影响的互动关系,主要包括道德互动和责任互动。如果多数领导成员能廉洁自律、勇于负责,就可以对个别领导成员形成威慑力,而每个领导成员都能廉洁自律、勇于负责,就可以使领导集团树立起廉洁奉公、对整体负责的良好形象。

2)合力状态

在领导活动中,主要从以下几个方面来衡量领导集团素质的高低。

一是团结合作能力。团结合作能力是领导集团的生命线,是实现组织目标的可靠保证。不团结是领导集团素质的腐蚀剂,会给管理组织造成复杂紧张的关系、导致较大内耗,严重的可以毁掉组织发展的一切努力。没有团结,就没有合作,合作的基础是团结。

二是科学决策和处理复杂事务的能力。科学决策是领导集团的首要任务。领导集团素质的高低,主要看其能否有效地进行科学决策,决策质量的高低直接关系到组织的生死存亡。同时,还要看领导集团对突发事件的反应能力和处理复杂事务的能力,这些能力直接决定着领导集团乃至整个组织的社会形象。

三是社会动员和社会统御的能力。能否有效地动员社会和群众参与管理是领导能力的集中体现。有效地动员社会和群众参与管理是树立领导形象的有效途径。社会动员能力和社会统御能力相辅相成,不可偏废。只有社会动员能力,没有社会统御能力,领导活动就没有控制力,导致社会混乱;而只强调"统御",不注意动员群众,就不可能获得群众的支持及有效地动员社会的力量和资源,即使正确的决策,也无法有效地执行。

四是清除积弊和开拓进取的能力。领导活动难以避免地带来一些负面效果,弊端积累到一定程度,必须加以清除。一个素质较高的领导集团,能及时发现和正视这些问题,并不断地解剖自己,锐意改革,积极进取。

(三)领导制度

1. 集体领导和个人分工负责制

1)集体领导的含义

集体领导是集体决策、共同负责的制度,即对重大问题,由领导集团全体成员讨论,做出决策和决定。一经决定,则必须共同遵守。

2）个人分工负责制的含义

个人分工负责制就是领导集团内各成员为执行集体领导的意志而密切配合、各司其职、各尽其责的制度。

3）集体领导与个人分工负责制的关系

集体领导与个人分工负责制是辩证的统一，是不可偏废或分割的。集体领导是个人分工负责制的前提，个人分工负责制是集体领导的基础。集体领导的决策是个人分工负责制的方向、目标，个人分工负责制是集体领导意志实现的途径。离开集体领导的个人分工负责制就是无政府主义和自由主义；离开个人分工负责制的集体领导，只能是"清谈馆"。坚持集体领导与个人分工负责制相结合，就要反对个人说了算和不敢负责的官僚主义倾向。

2. 首长负责制

首长负责制是相对于委员会制而言的，是民主集中制和集体领导与个人分工负责制相结合的一种具体形式。它是指重大事务在集体讨论的基础上由首长定夺，具体的日常行政事务由首长决定，首长独立承担行政责任的一种行政领导制度。

第三节 领导力人人可以学习模仿

一、中国对领导力认识的转变

新中国成立前，中国传统经济长期坚持以农业为主，两千多年的农业立国政策极大束缚了工业的发展，工业提供的就业岗位很少，以至于农业以外的各行各业竞争非常激烈。从前的手艺人带徒弟都要留一手，总是把关键技术攥在手心，决不轻易传授给徒弟。有的技艺不传外姓，甚至传嫡不传庶、传男不传女。封建社会不管是传统手工业还是儒家都采用类似"玄学"的教学模式，都不讲清楚，让徒弟们自己顿悟，问题是大部分徒弟都没有这种能力，导致培养的人才量少质不高。

孔子的教育理念之一是"因材施教"，优秀的学生跟他周游列国，其他资质平平的主要从事农业劳动。在农耕社会，结构层级稳定，少量聪明的人就足以管理其他大量的平民了。

王阳明龙场顿悟道："始知圣人之道，吾性自足，向之求理于事物者，误也。"史称"龙场悟道"。圣人之道是什么，就是良知，良知人人都有。判断事情对错是非，标准是良知，而不是外在的一些事物。明武宗正德三年（1508年），心学集大成者王阳明在贵阳文明书院讲学，首次提出知行合一说。

古代菜谱中的盐"少许""适当"到底是多少？针对一般的秤而言，2克很有可能便是最少的了，假如再少就要用天平秤了。"少许""适当"为什么不定量表示为小于2克的量？现阶段早已有很多的2克装盐勺。在特殊时期，很多原本不会做菜的人通过标准化菜谱学会了做菜。可见，人才是可以标准化培养的。

从教育部、人力资源和社会保障部召开的2024届全国普通高校毕业生就业创业工作视频会议中获悉，2024届高校毕业生规模预计达1179万人，同比增加21万人。如今中国人才的培养和管理需要采用现代化管理思维，才可以大批量培养现代化人才。

二、西方国家认为领导力是一系列工具

柏拉图的教学方法和孔子的很不一样，是运用逻辑。有一次，他的学生问他："什么是人？"他说："人是无毛的两腿动物。"学生找来一只鸡，把这个鸡的毛全部扒光问老师说："老师您看，根据您的定义这就是人。"

很明显这个答案是不对的。但是这种教学方法的好处是，学生不需要很聪明，只需要按照大前提、小前提、结论这样的三段论去逻辑推理就可以了。

为什么现代管理理论起源于西方？

现代管理理论起源于西方的原因有以下几点。

1. 工业革命的兴起

西方国家在18世纪和19世纪经历了工业革命，这导致生产方式和组织结构的变革，需要新的管理理论来适应这些变革。

2. 经济体系的发展

工业革命之后的西方国家的经济体系相对于其他国家更加发达，需要更高效的管理方法来保持竞争力。

3. 文化和历史背景

西方国家的文化和历史背景影响了管理理论的发展。例如，西方文化强调个人的自由和权利，这促进了个人主义和创新的发展，而这些都在管理理论中得到了体现。美国乃至各个西方国家的文化，其本质上带有强烈的扩张性。

4. 教育和研究

西方国家的大学和研究机构在管理理论的研究和教育方面具有领先地位，这促进了管理理论的发展和传播。

综上所述，现代管理理论起源于西方是由多个因素共同作用的结果，包括经济、文化、历史和教育等方面的因素。

三、管理可以学习模仿，领导力可以复制

1. 管理可以学习模仿

计划、组织、领导、控制、创新这五项职能是一切管理的基本职能。计划是指"制定目标并确定为达成这些目标所必需的行动"。管理者必须制定符合并支持组织总体战略的目标。另外，其必须制订一份支配和协调其所负责的资源的计划，从而能够实现工作小组的目标。计划的执行需要靠他人的合作。组织工作正是源自人类对合作的需要。应根据工作的要求与人员的特点设计岗位，通过授权与分工，将适当的人员安排在适当的岗位上，用制度规定各个成员的职责和上下左右关系，形成一个有机的组织结构，使整个组织协调地运转。组织目标的实现需要依靠全体成员的努力，需要有权威的领导者进行领导，指导人们的行为，通过沟通增强人们的相互理解与信任，统一人们的思想和行动，激励每个成员自觉地为实现组织目标而共同努力。控制的实质就是使实践活动符合计划，计划就是控制的标准。控制的时效性越强，控制的定量化程度也越高；越是高层的管理者，对控制的时效性的要求就越弱，而控制的综合性越强。控制与信任不完全对立。管理中可能有不信任的控制，但不存在没有控制的信任，没有控制就没有管理。近年来，由于科学技术的发展、社会活动的空前活跃、市场需求的瞬息万变，社会关系日益复杂，不创新就无法维持。成功的关键就是创新。

选择合适的管理工具对于提升个人和组织的效率至关重要，不同类型的工具可以根据具体情况灵活运用。

（1）时间管理工具。如四象限原理、80/20法则、ABC控制法，有助于合理安排时间，确保重要事项得到优先处理。

（2）目标管理工具。如SMART法则、目标多叉树法、6W3H法，有助于设定明确、可衡量的目标，并细化分析。

（3）计划管理工具。如PDCA循环、标准化管理、有效计划法，有助于实施和控制计划，确保计划的顺利执行。

（4）压力管理工具。如正确评估自己的压力水平、压力管理曲线，有助于管理者有效应对工作压力。

（5）思维创新工具。如鱼刺因果图、SWOT分析、五个为什么分析法，有助于分析问题，识别机会，促进创新思维。

（6）员工管理工具。如根据意愿与能力对员工进行分类、权衡效率与效果，有助于激励和评估员工。

（7）高效沟通工具。如沟通反思环等，避免沟通中出现的问题，有助于提升沟通效果和团队协同。

（8）职业规划工具。如剥洋葱法等，认真做好职业生涯规划、理清自己的愿景和使命，有助于个人职业发展和管理。

(9) 团队学习工具。如头脑风暴法、深度对话，有助于促进团队成员间的交流和知识分享。

(10) 流程改进工具。如价值流程图等，用于分析和改善工作流程，提高工作效率。

(11) 质量管理工具。如排列图法、5W1H 分析、鱼骨图等，有助于识别问题的根本原因，并采取改进措施。

2. 领导力可以复制

1993 年初，首位非 IBM 内部晋升的 CEO 郭士纳临危受命。他认真研究分析了 IBM 失败的原因之后，以强硬的手段废除了臃肿、庞大的"对人不对事"的官僚体制，建立了以绩效和流程标准为主导的决策机制；废除 IBM 已经僵化、落伍的企业文化，建立了"以客户为导向"的企业文化。同时，针对 IBM 技术强大但反应迟钝的顽疾，郭士纳大胆采用 IPD（集成产品开发）研发管理模式，从流程重整和产品重整两个方面来缩短产品上市时间并提高产品利润，并最终使 IBM 完成了由技术驱动向市场驱动的商业模式的转型。

华为在发展过程中也全面学习了 IBM 的先进管理经验。任正非加速推动《华为基本法》出台并对外宣布华为将成为世界一流的设备供应商之后，1998 年 8 月 10 日，召集了由上百位副总裁和总监级干部参加的管理会议，华为师从 IBM：宣布华为与 IBM 合作的"IT 策略与规划"项目正式启动，内容包括华为未来 3~5 年向世界级企业转型所需开展的 IPD（集成产品开发）、ISC（集成供应链）、IT 系统重整、财务四统一等 8 个管理变革项目。

马斯洛需求层次理论是心理学中的重要理论，包括人类需求的五级模型，通常被描绘成金字塔内的等级。从层次结构的底部向上，需求分别为生理、安全、情感、尊重和自我实现。这种五阶段模式可分为不足需求和增长需求。前四个级别通常称为缺陷需求，而最高级别称为增长需求。马斯洛指出，人们需要动力实现某些需求，有些需求优先于其他需求。领导人可以据此做出针对性的管理工作安排。

哈佛商学院管理相关知识非常丰富，美国教育界有这么一个说法：哈佛大学可算是全美所有大学中的一项王冠，而王冠上那耀眼的宝珠，就是哈佛商学院。

互联网时代，大家都可能成为管理者。领导力已不再是某些人的专属能力，而成为每一个人生存、发展所需的硬技能。领导力不是天生的基因带来的能力，而是一系列可操作、可模仿、可践行的工具：沟通视窗、目标管理、倾听反馈……如果你想在这个时代抢占先机，充分实现自己的人生价值，那么领导力便是你的人生必修课。

 案例讨论题

日本著名实业家稻盛和夫一生打造两家世界 500 强企业

稻盛和夫，日本两家世界五百强企业——京瓷和 KDDI 的创始人，被誉为

"日本经营四圣"之一（另三位是松下的创始人松下幸之助、索尼的创始人盛田昭夫、本田的创始人本田宗一郎），他的"阿米巴经营法"广为人知。

一个人，一辈子创业成功一次就很了不起了，一个人，一辈子经营出一家世界500强企业，就足以让无数人顶礼膜拜了，稻盛和夫呢，这样的了不起就搞了双份。

一次成功，你还可以说是运气，屡屡打造世界顶级企业，这就让人不得不服气了。可以想见，稻盛和夫的经营理念里面，确实有一些经典的、值得我们学习的东西。

稻盛和夫的经营理念是什么？他的人生哲学是什么？他拥有什么样的领导智慧？

在稻盛和夫传奇的商业故事中，重建日本航空公司（以下简称"日航"）是其最知名的"集大成之作"。

2010年1月，日本航空公司以2.3万亿日元的负债额申请适用"公司重建法"，即事实上的破产，由此成为日本自第二次世界大战结束以来最大一宗非金融企业破产案。

为了使日本航空公司得以重建，稻盛和夫答应了政府的再三请求，就任日本航空公司的会长。当时，稻盛和夫已经78岁高龄。他提出了两个条件：一是以零薪水出任日航CEO；二是他不带团队去日航，因为他公司内部没有人懂航空运输。

尽管周围的人都强烈反对，稻盛和夫还是接受了这个艰巨的挑战。其原因是出于下面3项社会责任：一是为了防止二次破产对日本整体经济的恶劣影响；二是为保住留任日航员工的工作；三是为了维护合理的竞争环境，确保国民的利益。

刚破产的日本航空公司，对于公司倒闭的危机感和责任感都十分欠缺，员工们更是一盘散沙。舆论都认为重建是不可能的事。在这样的情况下，稻盛和夫带着"稻盛哲学"与"阿米巴经营法"来到日航。

通过制定"日航哲学"，不但诞生了日本航空公司共有的价值观，同时也推进了全体员工的意识改革。此外，通过导入"阿米巴经营法"，使每一位员工都萌生了经营者的意识，全体员工开始思考如何提高自己部门的销售额，如何削减经费。

在稻盛和夫的带领下，此前一直亏损的日本航空公司，重建开始后的第二年度就取得了1884亿日元的营业利润，创造了日航60年历史上也是世界航空公司的最高利润，堪称实现了一个大"V"字的起死回生。

值得一提的是，这一利润还是在日航宣告破产、规模缩小到原来的三分之二、销售额缩小到前一年的四分之三的情况下达成的，稻盛和夫仅用了424天，就打破了日本舆论圈关于"日航必将二次破产"的预言，让其一跃变身为世界航空领域收益最高的企业，堪称商业奇迹。除了利润世界第一，日航还做到了准点率世界第一和服务水平世界第一。

2012年9月，日航在宣布破产后仅仅用了2年零8个月就实现了重新上市。因此，日本经济新闻称，稻盛和夫是日本经济界的灵魂人物。

（来源：每日经济新闻2022年8月30日，略有改动）

课后思考

1. 领导者如何管束追随者的梦想与欲求？
2. 一个优秀的领导者需要具备何种情怀与特质，才能使追随者"生死相随"？
3. 优秀领导者的思维方式到底是怎样的？

第二章

成为魅力型领导

公元前121年，骠骑将军霍去病击败匈奴，消息传到长安，汉武帝大喜，遂命人送了3车江阳美酒给霍去病，皇帝赐的酒是当世美酒。当时跟随霍去病出征匈奴的士兵有六七万人，3车美酒根本没办法分。面对御赐美酒，极具魅力的霍去病想了个办法。他先是传令全军人马，每人拿一个大碗。然后，让大家都聚集在山泉流水的泉眼边，把御赐美酒打开，全部倒在泉眼里，然后振臂高呼："今日同饮庆功酒，不灭匈奴不归家！"这个故事被传为佳话，这个泉眼就被称为"酒泉"，这里也被命名为"酒泉郡"。

第一节　领导的方式与艺术

一、领导应有爱才之心和识才之眼

"多士成大业，群贤济弘绩。"无论古今，人才聚则事业兴。习近平总书记指出，要树立强烈的人才意识，做好团结、引领、服务工作，真诚关心人才、爱护人才、成就人才，激励广大人才为实现"两个一百年"奋斗目标、实现中华民族伟大复兴的中国梦贡献聪明才智。

关于人才，楚汉之争的赢家刘邦给领导者们提供了一个很好的范例：领导者不一定要有很高深的专业知识，但一定要懂得领导艺术，特别是识人、用人之术。懂人才是大学问，聚人才是大本事，用人才是大智慧。领导者要有爱才之心、识才之眼、容才之量、用才之能，善于发现能人、敢于使用强人、勇于起用新人，坚持用当适任、用当其时、用当尽才。尽其才，要有爱才之心。在用人上，领导者要注意感情投入，拢住人心。雪中送炭人人领情，坦诚相助显示真情。领导者使用人才当然要讲究组织原则，但必须要配之以积极的思想工作，多考虑一些细节，多一些人情味，多一些发自内心的关爱，以引起人才心底的暖意和感动，产生意想不到的精神动力。

尽其才，要有容才之量。"海纳百川，有容乃大。"大凡善用人、易成事者必有包容之心。对待人才,领导者要有端正的态度,有容纳多元思想的心胸和气度。心怀是否宽广,是对待人才态度的总开关。胸怀宽广,慧眼、气魄、感情、方法就能随之而来。用人之长,容人之短,创造一个宽松良好的用人环境和适合人才干事业的环境,才有利于人才潜能的充分发挥。

尽其才,就要放手使用。在现有的人才存量中,有很多人才仍困在办公室,有很多成果仍躺在实验室里,有的还"墙内开花墙外香"。领导者必须搭好桥、铺好路,制定好相关政策,进一步把各类人才解放出来,把创新能量释放出来,搭建产学研一体化平台,实现研发生产的"零距离"对接。尊重不同层次、不同类型人才的需求,不断创造和谐的人文环境,让人才到最能发挥其所长的地方,到最能使其更快成长的地方去释放才干,让人才在实践中磨砺成长。领导者要善于捕捉人才的闪光点,及时给予其肯定、褒奖。有时,领导者的一句表扬、一个鼓励,往往能唤醒人重新认识和审视自身存在的价值,并焕发出让人意想不到的积极性、主动性和创造性,去做本来他或其他人可能认为是不会做或做不成的事。

是否能够发现人才、选拔和用好人才是检验领导者称职与否的重要标志。一个优秀的领导者要有爱才之心,要有识才慧眼,要有用人所长之明,要有容才之量和护才之胆。人才是一切资源中最宝贵的资源,人才的资源配置是一切资源配置中最高层次的配置。领导者作为资源配置的组织角色,其一个重要职能就是识才、聚才和用才。因此,一个优秀的领导者应具备以下一些品质。

(一)要有爱才之心

古今中外,但凡欲成事业者必先得人才,而要得人才必先得其心。其一,爱才要心"诚",心"诚"则招天下才。自古以来,成大事者必求才若渴。例如,周公爱才有"一沐三捉发,一饭三吐哺"之举,春秋时期燕昭王构筑黄金台广求天下人才,萧何月下追韩信,刘备三顾茅庐等。可见,古人深知人才难得的道理,既有爱才之心,自然就会有求才之渴。领导者只有这种礼贤下士、尊重人才的精神,才能以爱心换诚心、以情感人,从而凝聚起各方面的人才来成就他们的事业。

现代社会的人才与领导者之间的关系是一种平等的关系,人与人之间相互尊重已成为社会交往中一项十分重要的道德要求。但领导者首先应当从心底重视人才、从感情上贴近人才,只有这样才能真正做到吸引人才,使事业兴旺发达。

其二,爱才而不妒才。领导者爱才,就不应该妒才,更不能搞"武大郎开店",生怕别人超过自己。否则,就是对自身个人价值的自我贬损,会导致人心背离,最终失败。所以,领导者必须不断地提高自己的道德素养,要撇开个人利害得失,以公心换人心。

其三,爱才重在理解和信任。但凡真正的人才都有一种实现自身价值的强烈愿望,他们较为关心和看重的是领导对自己是否尊重和信任。领导者对人才尊重和信任,既能进一步激发人才的创造力,又能更好地调动人才的积极性。真正理解人才就会对人才有感情,就会千方百计地去发现人才、精心招募人才、用心留住人才、关心爱护人才、为人才排忧解难。可以说,爱才之心是领导者慧眼识才的先决条件。领导者只有像爱护自己的眼睛那样去爱护人才，只有把人才当作最重要、最稀缺、最宝贵的资源去对待，才能把企业的各项工作建立在永续发展的根基之上。

（二）要有识才慧眼

用人以知人为先，善用人才首先要知人。善任以知人为前提，不知人不可能善任，不知人只会盲用。然而，"知人之事，自古为难"，这就要求领导者具有识才慧眼，即具有科学的人才观。

首先，识才要看实质，不能光看表面。看实质就是看其在德、识、勤、绩、能等方面的实际表现，而不能光看文凭、资历和身份。学历、资历高的，固然可能是人才，但学历、资历不高的人，也不一定就不是人才。"试玉要烧三日满，辨才须待七年期。"领导者识别人才既要做全面考察，又要靠长期观察。三国时的诸葛亮将知人之道概括为"七观"：一是问之以是非而观其志；二是穷之以辞辩而观其变；三是咨之以计谋而观其识；四是告之以祸难而观其勇；五是醉之以酒而观其性；六是临之以利而观其廉；七是期之以事而观其信。

其次，识才要有开阔的眼界。领导者要善于识别不同类型的人才。世界上真正的全才不多，人才通常也是各有所长，如有的人会打仗，有的人擅长谋略；有的人善经营，有的人长于管理。领导者要掌握人才的特点，识人所长，因才制用。此外，不同的人才观，也具有不同的识才标准。在传统社会中，循规蹈矩、有才能者是人才。而在科学技术发展日新月异的今天，那些不循常规、敢于大胆创新的人，当然也是人才。所以，领导者要具备识人慧眼，还需要有与时俱进的科学人才观。

最后，领导者要有全面的视角。既不能以貌取才，以言取才，更不能目中无人，总认为人才都在他山外，自己身边的人都不合格，以这样的眼光看人，即使是人才，也会错过。所以，识才，既要听其言、观其行，更要目中有人。否则，不具慧眼，不仅会埋没人才，甚至会错把庸人当人才而铸成大错。

（三）要有用人所长之明

人才是成就事业之本，用人应用其所长。不同的岗位，对人才有不同的要求；不同的人，对岗位也有不同的适应性。这就需要领导者根据不同人才的才能和素质，为其安排相应的岗位，既要防止大材小用、浪费人才，也要防止小材大用、虚占其位、贻误事业。拿破仑说："最难的倒不是选拔人才，难点在于选拔后，怎样使用人才，使他们的才能发挥到极致。"领导者本身也不是样样都行、样样才干过人，但他必须善于用人。用人要用其所长、避其所短。据史书记载，萧何、张良和韩信三人都是西汉的开国功臣。前两人是刘邦的谋士，为刘邦出谋划策，但在战场上横刀立马、统兵千万、冲锋陷阵方面，这两人就不如韩信。刘邦登上皇位后，总结其战胜项羽的经验时说："夫运筹策帷帐之中，决胜于千里之外，吾不如子房；镇国家，抚百姓，给馈饷，不绝粮道，吾不如萧何；连百万之军，战必胜，攻必取，吾不如韩信。此三者，皆人杰也，吾能用之，此吾所以取天下也。"可见，凡重用众才之能者必兴，凡善聚众智之光者必明。

第一，任何一个人才只有把他放在最能发挥其优势的位置上，才能显其长、隐其短，他才会干得出色。因此，聪明的领导者在于用人扬其长、避其短。否则，放错了位置，不但做不出成绩，反而会贬损人才的价值，对人才也是一种浪费。第二，领导者要善用强人，特别是要用能力"强过自己的人"，只有敢于用，才能善于用，使人才自身才能得到超强发挥，才能使事业有超常的发展。第三，领导者要用人不疑。任何一个领导者都不可能包办一切，一定要大胆、充分地使用人才，用人不疑，疑人不用。对人才既用之，就要给予充分的信任，做到放心、放手、放权，让人才在事业的舞台上有充分的发展。如果用人不信，处处存戒心、设防线，不仅会压抑被用人才的积极性、主动性和创造性，限制其聪明才智的发挥，而且会造成人际关系紧张，影响团结，既不利于人才的健康成长，也会给整体带来损害。

（四）要有容才之量

容才之量，就是要以开阔的眼光和宽广的胸怀选才用才。领导者要善于包容、吸纳、凝聚各种各样的人才。首先，领导者要走五湖四海、唯才是举的正确路线。毛泽东同志曾说过，在使用干部问题上，我们民族历史中，从来就有两个对立的路线，一个是任人唯贤的路线，一个是任人唯亲的路线。前者是正派的路线，后者是不正派的路线。领导者要有高度的事业心和责任感，只有这样才能做到胸怀豁达。其次，领导者需要有较高的思想品质和豁达的政治胸襟。求才不易，用人亦难，容才就更难，原因是人才虽有所长，但也必有所短。正如有的人优点突出，同样他的缺点也突出，加之恃才傲物、不拘小节、"文人相轻"等是一些人才的通病，人才之间、人才与领导者之间的矛盾难以避免。这就需要领导者具有较高的思想品质和豁达的政治胸襟，既然大家是为了事业组合在一起工作，彼此就要容得下你高我低，容得下言语差错。虽然工作分工不同，职务有高有低，但表现在工作上就是互相信任、互相支持的关系。加强沟通，才可能相互体谅。所以，领导者在必要时自己多受委屈，多承担责任。

此外，容才有量，不等于一团和气。领导者既要尊重人才，关心人才，容得下人才，又不能无原则地任意迁就人才的缺点和错误。领导者对人才的包容，是指允许不同意见存在，鼓励人才发展个性，绝不是纵容、迁就其缺点和错误。否则，就不是真正爱才，而是糟蹋人才。

（五）要有护才之胆

"木秀于林，风必摧之；堆出于岸，流必湍之；行高于人，众必非之。"一个公正的领导者，不仅仅是把各类人才尖子选拔出来，委以重任，更要经常加以关心和爱护。应当说，爱护人才有时需要领导者具有过人的胆量和魄力。通常有以下三种情况。其一，既是人才，就可能有某种超常的见解，由于暂时不能为多数人所理解和接受，往往会处于孤立的不利地位。领导者要明辨是非，敢于站出来保护这类具有超常见解的人才。其二，既是人才，就容易做出超人的成绩，并获得相应的荣誉。此时，往往谤随誉生，对此，领导者就要敢于仗义执言，扶持正气，保护人才。其三，即便是人才，也难免有缺点、犯错误。对此，领导者既要敢于批评教育，帮助人才改正缺点和错误；同时，又要敢于为人才承担责任，有效地保护人才。

总之，当今世界各种政治、经济、军事和科技的竞争，归根结底，都是人才的竞争。人才已成为世界上所有资源中最重要、最具有决定意义的资源。努力把优秀人才集聚到社会主义建设上来，是我们事业兴旺发达的重要保证。各级领导干部是否有爱才之心、识才之眼、用人之能、容才之量、护才之胆，能否把举贤任能作为自己的重要职责，已成为我国在新的历史时期实现全面建成小康社会目标的关键所在。

二、领导如何识别人才

当今世界，科学技术突飞猛进，知识经济迅速发展，人才在经济社会发展中的地位和作用日益突出。"人才资源是第一资源"的科学论断日益深入人心。一个企业家要想成功，就必须是一个善于识才、长于求才的赢家，就必须本着求贤若渴、诚心诚意和唯才是举的态度，千方百计地为企业发现和寻求急需的人才。

（一）识别人才要注意的方面

1. 识别人才的独特优势

千里马之所以能成为千里马，是因为它日行千里，速度惊人，有其他马无法比及之优势，也就是我们所说的独特性。领导者在识别人才时，一定要看其独特的地方，无论是在性格上的、能力上的、还是在境遇上的等。例如，日本电产公司在识别人才时，看一个人饭吃得快，很可能办事效率高；一个人说话声音洪亮，很可能胆子比较大。当然，领导者在识别人才时，并非要像日本电产公司识别人才一样看谁饭吃得快、说话声音洪亮，这里只是说明识别人才要看其独特优势，任何人才都有其独特优势，关键是看领导者怎样使用。

2. 识别人才的行为方式

一个人的行为方式，能够体现其思想道德水平、价值观等。曾经有一个企业招聘，故意在面试地点的大门外放置了一个倒地的扫把，进出面试的人很多，但对倒地的扫把都熟视无睹，这令在暗处观看的老总感叹当今人们思想素质的日益低下。后来，终于有一位应聘者在进门时捡起扫把放在了墙角处。再后来，这位捡扫把的人成为面试的唯一合格者。这其实是一个很普通的例子，但就是通过这样一个举手之劳的行为反映了一个人的思想道德水准。领导者在识别人才时要识别人才的行为方式，不仅要看其说得怎么样，更要看其做得怎么样，看其是否言行一致。那些只说不做、光说不练或者口是心非、表里不一的人不是所需要的人才。

3. 识别人才的价值取向

识别人才行为方式背后的价值取向，就是看其行为方式的动机。每一个人的行为背后都有他的价值观、价值取向。所以，领导者在识别人才时，不仅要看其行为方式，还要看其行为方式背后的深层次原因，即价值取向。

4. 识别人才的业绩

人才不是通过查档案、听汇报、看出身的方式识别的，而应通过其真正的业绩来衡量其水平。识别人才的关键是看其工作业绩，工作出色、业绩突出的人很可能就是我们寻找的人才。

（二）识别人才要避免六个效应

识别真正的人才其实是不容易的，因为真正的人才一般不会显山露水，只有那些"伪人才"才会到处显示自己、吹嘘自己。那么，领导者在识别人才时如何才能做到去"伪"求"真"呢？这就需要领导者避免以下六个效应。

1. **避免晕轮效应**

晕轮效应是指认知者对一个人的某种品质或特点有清晰的知觉，形成较深刻的印象后，倾向于据此推论该人其他方面的特征的现象。领导者在识别人才时，不能因为他的一点优点而看不到他的缺点，这些缺点有可能影响他所从事的工作。

2. **避免马太效应**

马太效应是指好的越好、坏的越坏，多的越多、少的越少，富的越富、穷的越穷的现象。识别人才往往需要一个考察的过程，在这样一个过程中，领导者要根据每个人的实际能力，量才而用，把最合适的人放在最合适的岗位上，不能因为某人在某一方面暂时表现突出就给予他更多，而忽视了其他人。

3. **避免首因效应**

首因效应也称第一印象作用，或先入为主效应。人们对人、对事的第一印象作用较强，持续的时间也长，比以后得到的信息对人、对事整个印象产生的作用更强。首因效应是指个体在社会认知过程中，通过"第一印象"最先输入的信息对客体以后的认知产生的影响作用。在识别人才时，往往根据第一印象来判断其是不是人才。第一印象固然重要，但长期的出色表现才是企业所需要的。因此，领导者在识别人才时，应该全面地看人，不能顾头不顾尾，不能用最初的印象影响对其进行客观评价。否则，用的可能是"伪人才"或造成"真人才"的流失。

4. **避免近因效应**

近因效应与首因效应相反，是指交往中最后一次见面给人留下的印象在对方的脑海中也会保留很长时间。例如，多年不见的朋友或老同学，在我们脑海中的印象较深的，其实就是临别时的情景；一个人最近的表现不错，我们就把他原来的一些不好的表现忽略了，或是一个人最近的表现不好，我们就把他以前的功绩给抹杀了。因此，在识别人才时，领导者不能只看他近期的表现，综合地、全面地看整个过程才是智者之举。

5. 避免投射效应

投射效应是一种"以己论人"的效应，就是常说的"以己之心度他人之心"或"以小人之心度君子之腹"。人们在日常生活中常常不自觉地把自己的心理特征（如个性好恶、欲望、观念和情绪等）归属到别人身上，认为别人也具有同样的特征。比如说：自己喜欢什么东西，就认为别人也喜欢这个东西；自己讨厌什么东西，就认为别人也讨厌这个东西。可事实上，别人的观点可能与自己的观点大相径庭，我们不能将自己的观点强加于人。因此，在识别人才时，领导者要避免投射效应，不能只挑选和自己习性相同的人委以重任，而那些和自己性格、志趣不同的人却遭受冷遇，这样的结果很可能造就一批投领导者所好的人，而那些有真材实料的人却郁郁不得志。

6. 避免刻板效应

刻板效应又称刻板印象，指人们对某人或某一类人产生的一种比较固定的看法。刻板印象通常不是以直接经验或事实材料为依据，而是单凭一时的偏见或道听途说而形成的。比如，人们通常认为北方人豪爽、南方人精明，这就是刻板印象，不一定正确。北方也有很多精明之人，而南方也有很多豪爽之人。因此，在识别人才时，领导者不能因为一些固定的看法而不去深入了解他，这些固定的看法有些往往是片面的，甚至是错误的，不能凭一些固定的看法而导致"千里马"的埋没。

当今社会，人才是制胜之本，21世纪的竞争就是人才的竞争，谁拥有了人才谁就拥有了制胜的法宝。识人是用人的基础和前提，识对人才能用对人。因此，识人尤为重要。领导者识别人才，当好"伯乐"并不是一件容易的事，既要注重"四个方面"，又要做到"六个避免"。

（三）如何识别优秀人才

1. 怎样是优秀人才

优秀人才有理想，能创新，敢担当。优秀人才大致来说可以分为两大类，一类是优秀的科技人才，另一类是优秀的经营管理人才，包括企业家、经理人和广大党政领导干部。这两类人才的不同点在于掌握知识的结构大相径庭：优秀的科技人才拥有的知识更多的是技术知识，是专、深、尖的专业知识；优秀的经营管理人才拥有的知识更多的是领导知识，是广、博、通的社会知识。优秀的科技人才更多地采用直线思维，专业能力强，但人际关系能力和宏观大局相对较弱；优秀的经营管理人才更多地采用曲线思维，管理能力强，但对具体技术问题可能不是特别了解。创新驱动是两轮驱动，一轮是科技创新驱动，一轮是制度创新驱动。科技创新驱动需要优秀的科技人才，制度创新驱动需要优秀的经营管理人才，两类优秀人才的有机结合才能真正形成创新驱动的合力和活力，取得一批在世界范围内领先的创新成果。

尽管优秀的科技人才和优秀的经营管理人才各有特点和优势，但二者同样作为优秀人才，有着共同的标准。一是有理想。优秀人才往往有浓厚的家国情怀，有强烈的社会责任感，这种情怀和社会责任感会通过时间的沉淀和实践的历练转化为其植根于内心深处的对国家、对事业的使命感，为了国家的富强和事业的发达愿意去拼搏、去奋斗。"修身齐家治国平天下""为天地立心、为生民立命、为往圣继绝学、为万世开太平"，这些思想为一代又一代优秀人才所尊崇和践行。二是能创新。创新是优秀人才的核心特质，也是区分普通人和优秀人才的关键指标。优秀人才必然能够勇立潮头，引领创新。科技人才重在科技创新，经营管理人才重在理论创新、制度创新和文化创新等。三是敢担当。在全面深化改革的新时期，优秀人才更需要担当精神和责任意识。面对世界各国竞争加剧的趋势，优秀人才必然要有舍我其谁的勇气和气概，既要坚持国家至上、民族至上、人民至上，敢于争先、敢于奋斗，又要能够坚持实事求是、客观公允，守住做人的底线和尊严。

关于优秀知识分子的具体形象：当老师，就要心无旁骛，甘守三尺讲台，"春蚕到死丝方尽，蜡炬成灰泪始干"；做研究，就要甘于寂寞，或是皓首穷经，或是扎根实验室，"板凳要坐十年冷，文章不写一句空"；搞创作，就要坚持以人民为中心的创作思想，深入实践、深入群众、深入生活，努力创作出人民群众喜爱的精品力作。尽管科技人才和经营管理人才的形象表现因为工作岗位的差别有很大不同，但他们展现出的都是全心全意为人民服务的公仆形象。

2. 怎样识别优秀人才

识别优秀人才的理念要多元化，标准要以实践为导向，要靠"赛马"而非"相马"。怎样识别和培养优秀人才是人才思想要回答的第二个问题。优秀人才的识别和培养重点应当遵循执政规律和人才成长规律。遵循执政规律意味着应当根据党和时代的需要去培养人才，遵循人才成长规律意味着应当根据人才的特点去培养人才。优秀人才的最大特点是具有创新性和多样性，究竟是不是优秀人才，必须在创新实践中去识别，而优秀人才也必须在创新事业中去培养。

识别优秀人才的理念要多元化。优秀人才的最大特点就是能创新，创新的人才必然千人千面，各不相同。特别是科技人才，更是不能用常规思维去识别和判断。这就决定了识别优秀人才时要坚持多元化的识人理念，不能用一把尺子量到底。互联网领域的人才，不少是怪才、奇才，他们往往不走一般套路，有很多奇思妙想。对待特殊人才要有特殊政策，不要求全责备，不要论资排辈，不要用一把尺子衡量。

识别优秀人才的标准要以实践为导向。识别人才时，主要还是看他做了什么事情，做成了什么事情，市场效益和社会效益如何，重在以实践和业绩为导向识别人才。这是遵循市场经济规律的重要体现。因此，识别优秀人才特别是优秀的科技人才要以实际能力作为标准，突出优秀人才的专业性、创新性和实用性。专业性看的是同行评价，创新性看的是与众不同，实用性看的是社会效益。

坚持优秀人才识别的实践导向，就是坚持优秀人才评价的专业导向、市场导向和社会导向，而非官员导向、政府导向和权力导向。领导者要首先坚持"自下而上"的评价路径。识别优秀人才的方法是"赛马"。历史的经验证明,优秀人才的识别和发现,最有效的机制是"赛马"而非"相马"。优秀人才的识别和评价是优秀人才成长、发展和使用优秀人才的重要风向标,而优秀人才识别和评价的渠道和方法直接影响到人才的流向问题,人才的流向最终又关系到人才的成长和发展。

疾风知劲草,优秀人才的识别必须在火热的创新实践中才可能真正实现。是否能够真正在创新实践中选拔优秀人才,是直接关系到优秀人才队伍建设的根本问题。创新的实践和创新的事业离不开国家发展的战略需求导向,换言之,全面深化改革的新时期就是识别优秀人才最好的创新实践土壤。识别优秀人才应当在遵循市场经济规律和人才发展规律的基础上创造性地开展工作。

3. 怎样把优秀人才用起来

为优秀人才成长提供合适的平台,创造宽松的环境,营造宽容的氛围。将优秀人才识别出来后,关键还是要使用,切实让优秀人才发挥出积极的作用,为社会和国家做出实实在在的贡献。习近平总书记强调,环境好,则人才聚、事业兴;环境不好,则人才散、事业衰。归纳起来,要把优秀人才用起来,有三个方法也是三个步骤,重在营造环境:一是提供合适的平台,把优秀人才安排在合适的岗位上,满足优秀人才的事业需求;二是创造宽松的环境,使优秀人才没有过多的压力和后顾之忧,满足优秀人才得到尊重的需求;三是营造宽容的氛围,使得优秀人才心情舒畅,能够畅所欲言,营造激发创新的氛围,满足优秀人才的成就需求。

为优秀人才成长提供合适的平台。把优秀人才用起来,第一步就是给优秀人才提供合适的平台,提供合适的岗位。是科技人才,就安排到科研岗位上;是经营管理人才,就安排到经营管理岗位上。用人所长,越用越长。如果用人非所长,没有给优秀人才提供合适的岗位和平台,不但优秀人才难以发挥积极作用,而且会妨碍他们的成长和发展。对于既有科技特长又有管理能力的领军人物,要让他们有职有权,遵循科研工作的规律,发挥领军人才在把握创新前沿和人才培养方面的优势。很多科学研究要着眼长远,不能急功近利,欲速则不达。要让领衔科技专家有职有权,有更大的技术路线决策权、更大的经费支配权和更大的资源调动权,防止瞎指挥、乱指挥。为优秀人才成长创造宽松的环境。在基础研究领域,包括应用科技领域,要尊重科学研究灵感瞬间性、方式随意性、路径不确定性的特点,允许科学家自由畅想、大胆假设、认真求证。不要以出成果的名义干涉科学家的研究,不要用死板的制度约束科学家的研究活动。

为优秀人才成长营造宽容的氛围。对于优秀人才来说,创新就是生命,而宽容的氛围则是激发创新的关键。营造宽容的氛围有两个关键,一是宽容优秀人才的创新失败,二是宽容优秀人才的创新错误。知识分子的思维特点决定了改变其已有的认识和观点往往有一个过程,领导者要有更多的耐心和更广阔的胸怀,为优秀人才营造宽容的氛围,激发、激励优秀人才的创新精神和创新能力。宽容的氛围是对优秀人才特别是知识分子最大的信任和激励。

领导者要善于同知识分子打交道，做知识分子的挚友、诤友。此外，党管人才是原则，也是优秀人才能够发挥作用的关键。因此，优秀人才的识别与使用过程中离不开党组织的把关作用，离不开各级领导者有效的工作方法与高超的领导能力。做好人才工作，尤其是新时期优秀人才的创新工作，广大领导者必须遵循市场经济规律、遵循人才成长规律、遵循知识工作特点和规律，因势利导、因人施策，切实为优秀人才营造能够最大限度地发挥他们创新优势的环境。

三、领导如何使用人才

企业领导者应该善于发现人才，让下属感到自己受到重视和赏识，以充分发挥才能。因此，视才而用是企业领导者必须坚持的管理观点，否则就会不分良莠，冲淡那些有用之才的积极性和创造性。视才而用是因事设人的前提和基础。

企业领导者要使用下属，首先要了解下属的特点。十个下属十个样，有的工作起来利落迅速，有的则非常谨慎小心，有的擅长处理人际关系，有的却喜欢独自埋首、默默工作。

对于但求速度、做事马虎的下属，领导者要求他事事精确、毫无差错，几乎是不可能的。对于此种做事态度的下属，能要求他既迅速又正确吗？难矣！可是，许多领导者明知这个事实，却仍性情急躁地要求其达到不可能有的工作效率。

每个公司的人事考核表上，都印上很多有关处理事务的评估专案，能够取得满分者才称得上是一位优秀职员。于是，有颇多的领导就死守着这些评估专案，将其作为人事考核的依据。世上真有万能的职员吗？其实所谓满分者，往往是上司高估了他，给予了他过高评价。

要让工作的正确度更高，必须花费许多时间来增加磋商的次数，而不得不放弃速度。有些部下为力求快速而省去许多磋商，没有发生枝节，只是纯属侥幸，或是因为具备丰富的经验和高超的技能。这些领导者往往不多加考虑，仅依据一张人事考核表，就凭着自己的主观意识而对下属妄下断言。

简单地说，在人事考核表上观察一个人的工作情形，合计各项评估的分数，是没有多大意义的。领导者应该采取实际的观察，给予下属适当的工作，再从他的工作过程中观察他的处事态度、速度、准确性和成果，如此才可真正测出下属的潜能。唯有如此，领导者才能灵活、成功地使用自己的下属，促使业务蒸蒸日上。

对下属有明确的认识，领导者才能妥善地分配工作。一件需要迅速处理的工作，可以交给动作快速的职员，然后由那些做事谨慎的职员加以审核；相反地，若有充裕的工作时间，就可以将工作交给谨慎型的职员，以求尽善尽美。万一下属都属于快速型的，那么要尽可能选出办事较谨慎的，将他们训练成谨慎型的职员。只要肯花时间，必然可以做得到。

视才而用的基本原则为：该下属是什么样的人才？该下属是什么样的专才？该下属能否被别人取代？该下属能给公司带来什么样的效益？假如该下属不可替代，那么他就可以被视为有用之才。

不管是因人设事还是因事设人,都强调视才而用,因为用人都是以尽量发挥人才的长处为原则的。

(一)扬长避短,各尽所能

人的知识和才能,由于受天赋、阅历、环境和教育背景等因素的限制,表现出不同的特点。首先,领导者要了解每一个下属的长处和短处、优点和缺点、能和不能,用心分析每个下属的特点。其次,领导者要善于用人所长、避其所短,要能短中见长、变短为长。领导者要树立人人都是可用之才的观念,每一个人没有大用有小用。魏源说过:不知人之短,不知人之长,不知人长中之短,不知人短中之长,则不可以用人,不可以教人。所以,领导者用人不仅要扬长避短,更要善于变短为长,使每一个人都能各得其所。而且领导者要注意将不同人的长处组合起来,形成一股合力。

(二)重业绩,看能力,不论资排辈

业绩是人们工作实践的结果,是人的能力、品德、思想行为和所付出的工作绩效的综合体现。领导者使用人才,最主要的就是要在实践中看他为企业做了哪些实实在在有益的事情。这也是评价干部的实践标准。在实践中检验和选拔干部,是辩证唯物主义认识论的客观要求,也是选拔人才工作必须遵循的基本规律。

领导者用人要不拘一格,敢于起用能人。人才不是完人,领导者要认识到世界上没有完人,只有具有不同个性的人。往往才能越高的人,其缺点也越明显。管理学家杜拉克在《有效的管理者》中说:"谁想在一个组织中任用没有缺点的人,这个组织最多是一个平平庸庸的组织。谁想找'各方面都好'的人,只有优点没有缺点的人,结果只能找到平庸的人,要不就是无能的人。才干越高的,其缺点往往也越明显。有高峰必有低谷,谁也不是全能的人。"

(三)热情关心,积极保护

领导者对人才的热情关心、积极保护,包括下述一些具体要求。

1. 真心爱护人才

爱护人才,才能用好人才。有些能力出众的高级人才,往往也存在某些短处,可能有时不为多数人所理解,工作中会遇到各种阻力和障碍,甚至在某种程度上与领导者和同事处于矛盾状态之中。这些问题直接影响人才工作的积极性。领导者对此应有正确的认识和明确的态度,要采取积极的措施关心、爱护人才,甚至在特殊情况下勇于保护人才。

2. 热情关心人才

领导者应在政治上热情关心人才的成长、进步,帮助他们树立正确的世界观、人生观和价值观,鼓励和支持他们关心政治,使他们积极参与领导决策活动,充分发挥他们的智慧。在工作上放手使用人才，积极为他们创造条件，做好服务。领导者在生活上要关心人才，帮助他们解决困难，为他们解除后顾之忧，使他们能更好地做好工作。

3. 勇于保护人才

首先，领导者要帮助人才尽快摆脱困境。人才的真知灼见、改革行动、工作积极和受到表扬等，常常会遇到某些人的妒忌、非议，甚至是公开的讽刺、背后的诽谤。此时领导者应采取积极措施保护人才，使人才尽快摆脱困境，继续发挥作用。其次，领导者要敢于为人才的失误承担责任。人才不是"神"，在工作中难免会犯错误。领导者既要批评和帮助人才改正错误，又要主动承担责任，绝不能怕受牵连一推了之。最后，领导者要敢于抵制对人才的无原则吹捧和不适当使用。领导者应该善于制止这些不恰当的吹捧和使用，并且帮助人才正确地对待组织、同事和自己。

（四）赏罚分明，善于激励

人才的管理，重在赏罚分明，将"一碗水端平"。人才都是有较强的上进心和荣誉感的人，他们非常重视领导者对他们工作的评价是否合理和正确。因此，奖优罚劣、赏善罚恶，不仅是对群体的思想和行为进行规范的有效措施，而且会对人才产生较大的激励作用。

赏罚措施要准确合理，具有权威性。要使赏罚准确合理，领导者就必须掌握下属的第一手资料，客观地评价其功过是非。领导者对下属的激励行为是十分复杂的过程，激励方式、方法多种多样，有物质激励、精神激励、认同激励、荣誉激励和目标激励等。领导者要善于了解人、理解人，使人才得到较合理的安排和使用，充分调动人才的积极性、主动性和创造性。

（五）有效开发，合理流动

人才是世界上最重要的资源。领导用人不仅重在使用，而且需要不断开发和管理人才，在使用中开发人才，在开发中使用人才，通过使用促进开发，把使用与开发有机地结合起来。

制定人才开发规划。制定人才开发规划和一系列有利于人才成长的政策法规是有效开发人才的基础和前提。

加强人才开发机制建设。企业应深化干部人事制度改革，努力形成广纳群贤、人尽其才、能上能下和充满活力的用人机制，把优秀人才聚集到企业的各项工作中来。

四、领导应该具备的方式与艺术

领导方式指领导者管理被领导者时所展示出的习惯化的行为模式，按照不同的标准又可对其进行更进一步的类别划分。领导艺术是指领导者的人格魅力、智慧、学识、胆略、经验、作风、品格、方法和能力在领导实践中的具体体现。领导者运用领导科学的一般原理、原则或领导方法的高超技巧，即为领导艺术。

（一）领导的方式

1. 强制方式

强制方式注重正式组织结构、组织规章和纪律的作用，采取通过行政系统发布有权威性、非执行不可的指示与命令的领导方式实施领导。

2. 说服方式

说服是指领导者在工作中通过启发、劝告、诱导、商量和建议等，使被领导者接受并贯彻自己的意图。

3. 激励方式

激励是指领导者运用物质或精神激励的手段激发被领导者的工作积极性，以达到工作目标。

4. 示范方式

示范方式是指领导者以本人"身教"或者树立榜样典型，供组织成员仿效、学习的领导方式。

（二）领导的艺术

1. 授权艺术

授权就是上级授予下级一定的权力和责任，使其在一定范围内有处理问题的自主权，这是行政领导者的分身术和成事术。对于领导者来说，重要的是要有全局的眼光和战略的眼光，在大事上精明，全力抓好大事，小事则委托下属办。运用授权艺术的原则有授权留责、适度合理授权、因事择人、视能授权、逐级授权、加强授权后的监督控制和防止反向授权。

2. 用人艺术

用人是领导者的一项主要职责，为了合理使用人才，做到人尽其才，必须讲究用人艺术，掌握用人之道；要有宽阔的胸襟，用人不求全责备，不埋没人才，要善于用人。运用用人艺术的主要原则有扬长避短、待人诚恳、注重激励和爱护下属。

3. 处事艺术

处事艺术要求领导者干好本职工作，专心致志于本业，不超越职权，不去管不该管、管不了、管不好的事情。另外，领导者要统筹安排工作。

4. 运时艺术

运用运时艺术的主要原则有：检查时间耗费情况，合理、有序地安排时间；集中时间抓主要工作，提高时间使用效率；精简机构，善于授权；开好会议，节省时间；善于科学地挤时间等。

 课堂讨论

我们翻阅了一下某市副市长办公桌上的台历，那密密麻麻的字里行间，记载着他来去匆匆奔波操劳的足迹。以2023年8月4日为例：早上6时，去火车站欢迎从北京载誉归来的"全国五一劳动奖章"获得者；上午8时，参加地方工业品展销大厦落成开业剪彩仪式；上午9时，到市工人文化宫向"十位优秀青年企业家"颁发奖状；上午10时，在市委听取全市上月工业生产情况的汇报；中午12时，赶到某宾馆与某省工业厅的领导共进午餐；下午2时，参加市长办公会议；下午6时，应邀参加一个兄弟城市市长来本市参观结束后的答谢宴会；晚上7点30分，出席市青少年宫举办的青年员工文艺会演，向优胜单位和个人颁发奖杯和奖品；晚10时，前往火车站为兄弟城市的市长送行；晚11时，回家批阅文件到深夜12点半。据悉，这一天，该副市长还有两个重要的会谈，因实在挤不出时间而推迟了。登门拜访或请示汇报工作的人可能也不少，然而都扑了空。难怪有人感慨道："副市长真忙，也真难找啊！"

请你运用领导的有关理论分析这位副市长一天的工作。副市长怎样才能摆脱繁杂的日常事务，履行好自己的职责？

第二节　权力的基础

一个人要行使他的权力，首先要弄清楚权力的基础。一般来说，权力可分成弱的和强的两大类。弱的里面有三种权力，即合法权、报酬权和强制权；强的里面有两种权力，即专家权和典范权（见图2-1）。领导者最需要的权力是其中两个比较强的权力，即专家权和典范权。不同的领导，其专家权和典范权的强度是不一样的。

一个管理人员不能用知识去教育下属，不能用自己的行为去引导下属，就不能在下属中树立起威信。

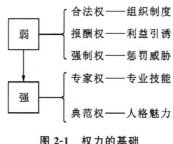

图 2-1　权力的基础

一、弱的权力

（一）合法权

平时大家常说的权力，基本上都是指合法权。合法权也就是组织安排你担任某种职务，它其实是最弱的一种权力。下属表面上承认你、服从你，私下有什么想法就不一定知道了。在一个组织里，下属的服从性怎么样，最主要是看这个组织的管理者在下属心里认可程度的高低。仅靠组织制定的合法权是没有多大的约束力的，最主要是靠大家共同的支持和认可，所以组织制定的合法权是所有权力里最弱的权力。

（二）报酬权

报酬权是指公民付出一定劳动后应该获得物质补偿。劳动者与用人单位所协商的劳动报酬不能低于集体合同的标准，更不能低于国家的最低工资标准。广义的劳动报酬包括工资、奖金和津贴三种收入形式。报酬权包括报酬协商权、报酬请求权和报酬支配权。报酬协商权是劳动者与用人单位通过劳动契约协商确定劳动报酬的形式和水平的权力。其核心是协商劳动报酬的水平，即协商确定自己劳动力的价格。国家和社会团体的力量在劳动法上的作用不断增强。

"重赏之下必有勇夫"的意思是在丰厚赏赐的刺激之下，一定会有勇敢的人接受任务挑战。报酬权，也就是利益引诱，即如果别人按你的要求去做了，你能给予他什么样的"好处"。

（三）强制权

强制权是指渠道领袖拥有经济权力可迫使其他成员顺从。这种权力可能是负面的。强制权并不像其他类型的权力是基于互利的权力移转，渠道成员有可能是因不想受到惩罚才顺从渠道领袖的要求。

譬如，公司供应产品给 A 公司这种大零售商，一旦失去这个渠道将在经济上遭受重大损失，因此较愿顺服 A 公司的要求。强制权，也就是惩罚威胁，如果别人不按你的要求做，你让他得到什么样的"惩罚"。

二、强的权力

（一）专家权

广义的专家权一般指专业、技能。但我们现在所强调的专家权，实际上是狭义上的专家权，也就是平时所掌握的理论知识和现场业务技能。一个管理者，从基层开始做起来，技术能力和专业技巧会随着职务的提升而慢慢变得更好，观念化的能力会随着职务的提升而慢慢提升。一个管理者，越往上，越要具备多元化的技术、观点和能力，更要懂专业技术以外的管理学、心理学和社会学，甚至要懂政治、财税法规，有时还要懂一点艺术、美学。

如果一个领导者具备这样的专业技能，具备这样的专家权，其属下的员工就自然而然地服从他，把他当成相关技术的领导者、相关知识的拥有者，他自然就呈现出了经理人的权威。所以，领导者要每天抽一点时间来提升专业技能。

古希腊哲学家苏格拉底曾经这样描述具有知识的人所产生的影响力："无论在什么情况下，人们总是最愿意服从那些他们认为是最棒的人。"所以，当人得病的时候，他容易服从医生；当人在轮船上，他容易服从领航员。医生和领航员都是他们所在领域里具有技能的人。

在企业内部，尤其是高科技企业内部，专家权的影响力有时会远远大于职位的影响力。专家可能不是管理者，却是团队的领导者。

（二）典范权

典范权，一般指人格魅力，也就是平时强调的以身作则、以德服人，用自己平时的所作所为、一言一行来影响他人，以自己为榜样，身体力行带头来服众。一个人越有个人魅力，他的典范权就越大。精神领袖的典范权很大。英国戴安娜王妃在没有去世以前换顶帽子，就有女人跟着换帽子，这是一种个人魅力。美国著名歌手迈克尔·杰克逊，拿起电吉他一唱一跳，就有人为之疯狂，这也是个人魅力。

三、领导威信构建

领导威信是指领导者在被领导者心目中的威望和信誉，它是使被领导者信任和服从领导者的一种精神感召力。作为一个领导者，他的威信如何对事业的成败至关重要。那么，领导者应如何树立自己的威信、塑造权威领导力呢？领导者威信从何处来？以己正人、以德服人、以情感人、以形悦人。

一个领导者，倘若想要具备一定的果决力和执行力，他一定得有些威信力。至少老子是这样看的。老子说："古之善为士者，微妙玄通，深不可识。"他认为，当领导的，要尽量少说些话，少表现些喜好，让人无法完全了解和认识他的内心世界，让人感觉这个上司有着深刻的内涵和魅力。老子把领导分成以下四个等级。第一级："下知有之"。

员工因为打心底里爱领导者,所以心里没有压力和惧怕。第二级:"亲而誉之"。管理者很有能力且绩效明显,员工亲近他、赞誉他。第三级:"畏之"。管理者常常板着一张脸,管理非常严格,员工对他很畏惧。第四级:"侮之"。管理者没什么能力还常常发号施令,员工经常和他发生冲突,瞧不起他。

好的领导者之所以会领导,关键是因为他具有威信力。领导者只有具有强大的威信力,才能吸引下属心甘情愿地为其努力工作。威信,来自管理;威信力的高低,决定领导力的高低。

领导者之所以能服人,就是因为其声望高,有影响力、感召力和说服力,能做到振臂一呼、应者云集。领导者必须具备一定的威望。威望是领导者实现领导意图、实施有效管理的无形资产和基本素质,是提高领导力的不二法门。然而威望并不是上级能任命的,也不是花钱就能买到的,它必须靠日积月累的努力才能获得。建立和提高领导威望,领导者需要在以下几个方面不断努力、不断提高。

(一)以德立威

以德为先,德包括道德、品行和作风等。拥有优秀的思想品质和良好的道德情操是领导者受人敬仰的基本条件。领导者要想树立较高的威望,做到"德可以服众,威可以慑顽",首先必须强化道德修养,陶冶情操,净化心灵,树立正确的价值观、地位观和金钱观,不为名所累,不为权所缚,不为利所驱,不为欲所惑,做到严于律己、宽以待人,吃苦在前、享受在后,这样才能达到"不言而信,不怒而威"的境界。

(二)以廉生威

"公生明,廉生威",自古以来廉洁奉公、两袖清风的官员会受到人民群众的拥戴。"己身不正,何以正人?"领导者要常修为官之德,常思贪欲之害,常怀律己之心,常弃非分之想,常省己身之过;要耐得住寂寞,抗得住诱惑,正确行使手中的权力,做到堂堂正正、光明正大。

(三)以才增威

一个领导者,知识的多少、能力的强弱对其威望的高低也有直接的影响。一个不学无术、说话破绽百出、遇事束手无策的领导者,自身品德再好,也不过是一个老好人,无法成为一个优秀的领导者。因此,领导者要不断学习业务技术,努力优化自身的知识结构和能力结构,增强自己的才干,进而增加威望。

(四)以绩树威

骄人的业绩是领导者树立较高威望的又一撒手锏。领导者所具有的渊博的业务知识、丰富的管理经验和高超的工作能力等,最终都必须通过业绩才能得以检验。领导者如果能带领下属干出实实在在的业绩来,肯定会赢得下属的拥护和信赖,从而提高自己威望的含金量。

（五）以勤补威

勤就是要身先士卒、率先垂范，就是要在工作上尽职尽责、兢兢业业。勤奋是成功之本，实干是成事之基。无数的事实说明，空谈误国，实干兴邦，坐而论道不行，纸上谈兵也不行。身教重于言传，领导者只有苦干、实干加巧干，才能让下属争先恐后地追随。应注意的是，领导者不是大事、小事都抓，而是要做到三勤：一是脑勤——多思考、多谋划；二是嘴勤——多了解、多请教；三是手勤——多做事、多干事。

（六）以诚取威

诚就是诚实和守信。诚实就是实话实说，不欺瞒，不做作；守信就是说到做到，不失言，不爽约。人无诚信不立，家无诚信不和，业无诚信不兴，国无诚信不宁。领导者要提高自己的公信力，就要做到为人厚道、做事诚信、表里如一，工作要胸怀坦荡，承诺要一诺千金。唯有如此，领导者才能在下属心中树立较高的威望。

（七）以公助威

领导者做事要公开、公平、公正、公道。领导者能公道处事，就能聚人、聚心、聚财、聚威；反之，就会导致离心、消极、涣散、丧威。因此，领导者对待下属务必一视同仁，不能厚此薄彼，不能分亲疏、拉帮派，要将一碗水端平，坚持公平、公正，按制度、按程序办事。

（八）以和养威

领导者在管理中要平易近人，不能用官压人，不能摆架子，要与下属在平等的基础上谈心、交流。如果领导者装腔作势、高高在上，下属就会敬而远之，领导者就没有办法与下属进行思想情感方面的沟通。即使是批评下属，领导者也要对事不对人，把握分寸，不要伤害下属的自尊心。只有做到这些，领导者才能使得整个团队团结和气，上下和衷共济，才能赢得下属的尊敬和爱戴。

（九）以情育威

无数的管理经验都证明了这样一个道理：不讲原则就没有战斗力，不讲感情就没有凝聚力。领导者威望的树立过程其实就是一个情感沟通的过程。除了要做好以上几点之外，领导者还要有情有义，要体现出浓郁的人情味，对下属要多沟通、多交流、多关心、多支持、多换位思考，设身处地为下属着想，及时解决下属在生活和工作中遇到的实际困难，使他们由衷地对其产生亲近之情，继而与其成为工作上相互支持的同事、生活上亲密无间的挚友。

总之，一个人威望的提高靠任何外力都没有用。领导者要想有威望，就必须靠自己努力，用自己的行动去树立。

第三节　塑造权威领导力

在新时代，各项事业蓬勃发展，大家的机会很多，我们都有可能成为领导者（干部、组织管理者等），领导者该如何带领自己的员工？如何塑造自己的权威？权威来自哪里？权威是强还是弱？员工凭什么听你的？拿破仑说过：成功是努力加机会。一个人努力却没有机会是不行的，一个人有很多机会却没有领导的特质也是不行的。

一、领导的特质

有研究者从社会学家、科学家和军事家视角总结出二十个成为优秀领导的方法，后又把这些方法精简为五个。优秀领导的五个特质如下。

（一）毅力

毅力就是坚持，毅力就是努力。毅力也称为意志力，是指人们为达到预定的目标而自觉克服困难、努力不懈的一种意志品质。毅力是人的一种"心理忍耐力"，是一个人完成学习、工作、事业的"持久力"，将它与人的期望、目标结合起来后，它会发挥较大的作用。毅力是一个人自信、专注、果断、自制和能忍受挫折的结晶。

从心理学角度来看，与毅力相关的传统概念包括坚持不懈、勇敢、恢复力、雄心壮志、成就感需求和责任心等。

（二）监督力

监督力主要表现为脚踏实地的作风。达·芬奇画鸡蛋不是乱涂鸦，在他失败时，他脚踏实地、认认真真地练习，耐得住寂寞，坚持得住，审视自己的不足，苦练基本功，最后才成为赫赫有名的画家。越王勾践在遭到失败后并没有心灰意冷，他明白成功不会是一蹴而就的，需要的是脚踏实地的作风，于是才有了"苦心人，天不负，卧薪尝胆，三千越甲可吞吴"的传奇，吴王夫差败就败在缺少越王勾践那股脚踏实地的作风上。

我们要记住古人用生命"写"给后人的启示，发扬脚踏实地的精神，把我们工作或学习中的每一件平凡的事做到极致，以有朝一日振翅飞翔，且一飞冲天。

如果没有李时珍几十年如一日的收集整理，怎么会有《本草纲目》的诞生？如果没有曹雪芹十载披阅、增删数次的呕心沥血，又如何有鸿篇巨制《红楼梦》的问世？如果洪战辉没有在还是孩子的时候就承担起对妹妹的照顾，没有支撑起困境中的家庭，又如何会感动得神州赤子热泪盈眶？个人的飞翔，同样需要脚踏实地。

脚踏实地不是事必躬亲，居里夫人就曾对她父亲说过她没有时间擦椅子。脚踏实地不是好高骛远，孙楠曾经干过很多工种，后来才将他那美丽的歌声带给我们。脚踏实地不是一蹴而就，刘备一生转战，屡败屡战最终才开创蜀汉。刘邦带领萧何、张良和韩信成就伟大帝业，艾森豪威尔带领麦克阿瑟、蒙哥马利、马歇尔取得伟大军事业绩，都是脚踏实地的例子。

（三）自信

自信本身就是一种积极的表现，自信就是在自我评价上的积极态度。狭义地讲，自信与积极的事情密切相关。没有自信的积极，是软弱的、不彻底的、低能的、低效的积极。自信是发自内心的自我肯定和相信。自信无论在人际交往上、事业上还是在工作上都非常重要。只有自己相信自己，他人才会相信你。自信是对自身力量的确信，深信自己一定能做成某件事，实现所追求的目标。把许多"我能行"的经历归结起来就是自信。

（四）积极主动

积极主动即采取主动的态度，为自己过去、现在和未来的行为负责，并依据相关原则和价值观，而非情绪或外在环境来做决定。积极主动的人是改变的催生者，他们扬弃被动的受害者角色，不埋怨别人，发挥了人类的四项独特禀赋——自觉、有良知、有想象力和有自主意志，同时以由内而外的方式来创造改变，积极面对一切。

如果你不向前走，谁又会推你走呢？因此，态度积极主动，是实现个人愿景的原则。客观条件受制于人不足惧，重要的是，我们有选择的自由，并且可以积极主动回应现实环境。人要对自己的生命负责，为自己创造有利的机会，做一个真正"操之在我"的人。现代社会的重要特征是，社会的个体拥有选择的自由。每个人都可以选择自己想要的生活，潜规则不能妨碍他人选择的自由。个人必须为自己的选择所引起的结果承担责任。当外界出现刺激时，积极主动的人必须能够根据自己的价值判断做出属于自己的选择，然后给出具有个人特色的回应。这种自由被视为"人类最终的自由"，即在任何环境中，人有能力自由选择自己的态度和回应方式。这给广大没有做出选择的人提供了一线光明和希望。

我们经常说"我不小心忘记了……""我迟到，是因为……""其实是有原因的……"我们每天都在不停地找借口或抱怨，其实我们应该积极主动地创造未来，实现梦想。所以，有效能的人士为自己的行为和一生所做的选择负责。他们致力于做有能力去控制的事情，而不是被动地忧虑那些没法控制或难以控制的事情；他们通过努力提升效能，从而扩展自身的关切范围和影响范围，同时以积极的心态获取"选择的自由"。

（五）果决

果决即口语中讲的魄力，是指一个人处理和对待问题时，能发挥自身能动性，忽略不重要细节对整体的影响而做出正确的决定或选择，关键时刻能够显示自身的才干、思维和特点。从不拖泥带水是魄力的一个重要表现，从容、干练，有一定的鼓动性或带动性，是一种人格魅力。

做到有魄力，要求：一是知识全面，这是基础；二是性格强势、干练、突出，看问题从整体着眼，这是先天条件；三是以上两点优势的结合。

二、争当魅力型领导

（一）什么是魅力型领导

魅力型领导是指对下属的情感会产生深刻影响的领导。魅力型领导理论是管理心理学中的术语，它是 20 世纪 80 年代西方涌现的几种领导理论之一，是指领导者利用其自身的魅力鼓励追随者并做出重大组织变革的一种领导理论。

魅力型领导理论是由美国管理学家罗伯特·豪斯于 1977 年提出的理论。他认为，魅力型领导者具有非凡的自身特征所产生的魅力，能对下属产生深远的、情感上的影响，使得下属表现出对领导者的追随，进而对工作和组织有更高的满意度和更好的绩效。魅力不能单独存在于领导者身上或其个人品格中，只能存在于领导者的人格和动机特征与其追随者的需要、信仰、价值观以及环境的相互作用之中，是领导者特征、下属特征与环境条件共同作用的产物。

罗伯特·豪斯认为，魅力型领导者具有以下三种个人特征：① 高度自信；② 有支配他人的倾向；③ 对自己的信念坚定不移。

沃伦·本尼斯认为，魅力型领导者具有以下四种共同的能力：① 有远大目标和理想；② 能明确地对下级讲清这种目标和理想，并使之认同；③ 对理想的贯彻始终和执着追求；④ 知道自己的力量并善于利用这种力量。

魅力型领导可分为以下两种类型。

(1) 个人化的魅力型领导：一种自我膨胀的、掠夺性的、独断性的魅力型领导。

(2) 社会化的魅力型领导：一种无私的、集体主义的和平等主义的魅力型领导，他们的存在更为普遍。

从 20 世纪 80 年代起，随着经济全球化的发展，市场竞争日趋激烈，各类组织，尤其是企业组织，迫切需要魅力型领导的改革和创新精神，以应对环境的挑战，这使得魅力型领导理论日益受到研究者的重视。罗伯特·豪斯及其他研究者就魅力型领导者如何唤醒、引导和转化追随者的动机进行了深入、细致的研究，形成了魅力型领导的激励理论和基于价值观的领导理论。

（二）变革型领导

1. 交易型领导行为和变革型领导行为

伯恩斯、巴斯等人认为，传统的领导行为可以看作是一种契约式领导行为，整个过程类似于一场交易，所以传统领导也被称为交易型领导。

交易型领导行为聚焦于领导的管理方面，是指监控业绩、纠正错误和奖励成绩这样的行为。变革型领导行为是一种领导向员工灌输思想和道德价值观，并激励员工的行为。

2. 变革型领导的特征

变革型领导的特征包括：超越了交换的诱因，重视激励；集中关注较为长期的目标；引导员工为他人和个人的发展承担更多的责任；能在组织中制造兴奋点，也能帮助个人发现工作和生活的价值和兴奋点。

（三）明确价值观

早期的魅力型领导理论认为领导者的行为对追随者具有深远的影响，但未对如何获得这种效能进行详细说明。莎莫、罗伯特·豪斯和阿瑟提出了更为完整的理论来说明魅力型领导理论的激励作用。激励理论进一步解释了魅力型领导者如何变革追随者动机的过程，认为诉诸终极价值及强化追随者的自尊和价值意识是这一过程的关键。

1. 从被激励者（追随者）的角度来看

从被激励者（追随者）的角度来看，激励理论假定个体动机能被下列因素激发。
（1）唤醒个体的归属、成就和社会影响这样一些潜意识需求的领导者行为。
（2）坚守终极价值，并坚信这些价值是和领导者共有的。
（3）能够对追随者的自我概念产生如下影响的领导者行为：追随者依据他们对愿景、使命、共同价值和集体的认知，对自我价值进行评价。

2. 从激励者的角度来看

从激励者的角度来看，杰出的领导者通过以下行为对追随者的动机产生正面影响。
（1）清晰地提出一个超验的、意识性的目的，该目的体现的是与追随者所信奉的相一致的终极价值。
（2）有选择地唤醒与愿景实现相关的追随者的动机，以使追随者的自我评价在更大程度上以目的实现为基础。
（3）表现出对追随者的信心和对其取得优秀业绩的期望，以增强他们的自尊和自我价值意识。
（4）将目标及为之进行的努力同追随者自我概念中的积极方面联系起来，利用自我表现、自我肯定的动力，进一步强化追随者的自尊和自我价值。
（5）强调意识性的、集体的终极价值，以此鼓励追随者从工具理性取向转为道德取向，从关注个人所得转向关注为集体所做的贡献。

罗伯特·豪斯认为，一个有魅力的领导者比一个没有魅力的领导者更能影响下属的行为。该理论说明了追随者的自我牺牲行为及其对愿景和集体的认同，说明魅力型领导变革了追随者的自我概念，把追随者的认同和组织的集体认同联系在一起。

（四）基于价值观的领导理论

罗伯特·豪斯认为，价值在领导者激发追随者的过程中扮演着关键角色，特别是在需要追随者完成一些与个人利益无关的任务时。在激发追随者的过程中，领导者首先提出蕴含组织核心价值的富有感染力的愿景。这里的核心价值要求是能够诉诸追随者情感、产生强大激励作用的终极价值。然后领导者通过对愿景、对自身和对追随者的信心并且树立角色榜样，强化组织核心价值，进而激发追随者的持久动机和热情，提高追随者的自我效能感，最后追随者去实现愿景。

基于价值观的领导对下属的影响过程如下。

（1）明确表述一个清晰的、有吸引力的愿景，包括组织的核心目的、组织存在的深层原因和核心价值、组织的基本原则，以及组织要努力实现的或者做出较大改变后才能实现的目标。

（2）用强烈的、富有表现力的方式来传达愿景，并在愿景和实现愿景的可靠战略之间找到明确的联系，以便说服追随者。

（3）展现强烈的自信和实现愿景的信心。领导者的信心、乐观和热情是有感染力的。反之，领导者如果自己失去了信心，变得犹豫不决，也就不必期望追随者相信愿景。

（4）传达信息，即对追随者抱有很高的期望，对其能力充满信心。

（5）领导者以身作则，树立榜样角色，以强化内在于愿景中的价值观。

（6）授权追随者去实现愿景。

罗伯特·豪斯等人还在理论中说明了易于出现基于价值观的领导的情境，如环境压力大、不确定性强、目标不清晰和绩效-奖励关联不明确等，其中部分情境因素的影响已通过研究得到验证。

 案例讨论题

刘邦有何魅力，建立大汉江山？

众所周知，汉高祖刘邦是出身较为卑微的皇帝之一，起家时只是一个小小的亭长，却以其非凡的智慧和卓越的格局，开创了划时代的伟业。

刘邦只是一介平民百姓，可在秦末群雄中脱颖而出，夺得天下，开创汉室基业，可谓中国夏、商、周以来平民当皇帝的第一人；在漫长的中国历史上，也不多见。刘邦由一介平民当上了皇帝，有人说他无赖，有人说他脸厚心黑，有人说他是一个痞子……而在司马迁等历史学家的笔下刘邦差不多就是一个"无赖"。

刘邦是一个现代意义上的流氓吗？

南宋词人辛弃疾有一首很有名的词《清平乐·村居》：

　　茅檐低小，溪上青青草。
　　醉里吴音相媚好，白发谁家翁媪？

> 大儿锄豆溪东，中儿正织鸡笼。
> 最喜小儿亡赖，溪头卧剥莲蓬。

"最喜小儿亡赖，溪头卧剥莲蓬"，这里的"亡"通无。"亡赖"在此处指小孩顽皮、淘气。现代汉语与古代汉语的"无赖"一词意思差别是很大的，不管怎么样，刘邦就是刘邦：一个大海中的弄潮儿，一个时代的骄子，不可能是今天人们心目中的"无赖""流氓"。

他顺应了时代的潮流，创建了彪炳千秋的赫赫功绩，他与秦始皇、唐太宗相比，一点儿也不逊色。

何以形成了刘邦的性格？这与刘邦的出身关系十分密切。

毛泽东十分注意人物的出身和生平遭际，对刘邦这样的开国皇帝，其着眼点尤其如此。毛泽东说：刘邦能够打败项羽，是因为刘邦和贵族出身的项羽不同，比较熟悉社会生活，了解人民心理。在毛泽东看来，刘邦的成功，与他出身底层很有关系。

早年的刘邦不喜劳作，确有游手好闲的无赖之嫌，但他以布衣之身提三尺剑而取得天下建立大汉基业，因为刘邦知道如何处理人际关系，与人友善，喜欢施舍，善交游，为人大度，心胸豁达，素有大志，能仗义行事，勇于承担责任，有领导才能。成功在于"能斗智时决不斗力"，且情商高的刘邦知人善任，具有高超的用人、驭人的领导能力。

刘邦出身平民，自小在农村长大，逐渐养成了一种大大咧咧的习惯，对什么事情都既认真也不认真，加上左邻右舍不是兄弟就是熟人，喜欢动心眼，因而被现代人定性为"太极性格"，其性格如水。水不是居于高处，而是居于低处，每个人的一生都有这样一个过程，因而为人处世也是如此，时刻保持一种谦虚的态度。如果善于选择低姿态，善于适应艰难的环境，就能经受磨炼，塑造自己的才能和品格。"上善若水"——最上等的"善"就像水，最上等的德行莫过水的德行。

为什么以水作为"善"的比喻，这是由水的性质来决定的。其一是，水善利万物，善于付出而不求索取；其二是，水与众不同，处众人之所恶而心甘情愿。

老子用"渊"用来形容"道"，认为"渊兮，似万物之宗"。也就是说，为人做事要像水那样深沉宁静，透彻明净，敢于抛弃很多物欲约束，不冒险，不强求，顺应自然，保持心胸宽广。胸怀宽广，是古今之成大事者必须具备的胸怀，所以说"心善渊"。"心善渊"就是不能把自己的意志强加在别人身上，就是要抛弃成见，多听意见。即使是不好的甚至反对的意见，也要能够有选择地接受。可是刘邦的这种性格一直保持着，而项羽的本质是火，所以一旦得势就原形毕露。

刘邦处于劣势，遇到顽石（秦军或项羽），就会绕行，不与之硬拼，而是以柔克刚，处人所不愿处的劣境，最终形成了"坚持不懈"的性格，形成了"屡败屡战"的习惯。

除了以上原因之外，最主要的还是刘邦的个人魅力。刘邦经历的很多，自己也是底层出身，对于曹参、萧何、韩信这类人来说，看起来就会显得格外的亲切。刘邦的个人魅力主要体现在以下三点。

第一点：靠谱，有担当。试想一下，如果让你去给古代的一个诸侯带兵打仗，你最怕的是什么？最怕的就是自己上了前线，结果是去当炮灰的，想要支援的时候很有可能要不到，因为这个诸侯很难与你做到患难与共。但是刘邦可以，他从小在市井中长大，十分讲义气，做事有担当。

第二点：知人善任。这是一个领导必备的能力，对于刘邦来说，自己不需要太过于精通兵法、谋略等，专业的事情交给专业的人来做，只需要将对的人放在合适的岗位上，自然整个体系就运转开了。很显然刘邦做到了。韩信在此之前并无任何带兵经验，在萧何的推荐之下，刘邦敢把军权直接交给韩信，足以看出他识人准。当然刘邦不是一眼就看出来韩信有才能，而是他清楚萧何推荐的准没错。

第三点：从谏如流。这一点项羽和刘邦形成了鲜明的对比。项羽这个人就是太刚愎自用，凡事只按自己的想法去做，下属很少有施展的机会。诚然项羽是有才能的，但是成就大业靠的不是一个人的智慧。这方面刘邦做得很好，下属说什么他都愿意听，只要是觉得有道理的都会接受。哪怕有些话有点忤逆刘邦的意思，刘邦都会听从建议。所以刘邦底下的人都可以甩开膀子干，谋士也都敢进言。

（来源：根据网络相关文章整理而成）

讨论题：

1. 在工作中，领导应该使用什么样的方式和艺术？
2. 魅力型领导的特点体现在什么地方？

第三章

构筑愿景

尤瓦尔·赫拉利的畅销书《人类简史：从动物到上帝》指出，虚构故事可以让人类"一起"想象，从而集结人力、灵活合作，实现前所未有的进步。也正是这种能力——创造并且相信"虚构的故事"，使人类最终得以成为地球的主宰。心理学家霍华德·加德纳也曾这样说："那些帮助个体思考和感觉他们是谁，他们从哪里来，他们到哪里去的故事，是领导者的文字'军火库'中最重要的单一武器。"

第一节　讲故事也是一种领导力

知名企业家罗永浩说过："为什么有这么多人喜欢看我们的发布会，关注度这么高？无非就是故事讲得好。"

资深媒体人罗振宇也说过类似的话："不管是日常社交还是职场，做营销还是做管理，只要你想影响他人，那讲故事的能力就是你不能缺的核心能力。"

一、为什么要成为会讲故事的领导者

故事是我们作为人类联系的方式，当领导者花时间学习如何讲故事时，追随者自然会增多。讲故事是领导者必须培养的技能，它需要在公开场合演讲的自信，并对成功故事的结构和流程有敏锐的理解。

（一）人们会记住故事并分享故事

储存在人类大脑中的记忆往往是各种故事，哪怕听者忘掉你的数据，他们仍会记得你的故事，以及其中所隐含的智慧。如果你的故事是真实而吸引人的，他们会非常乐于与他人分享。很多源自个人经历的领导力故事，会在企业或社交网络上广泛传播。

（二）故事会引起感觉、记忆和情感

做个小试验：我现在禁止你想象一头紫色的大象，然后，不要想象这头紫色的大象

穿着溜冰鞋，以100千米的时速从山路上滑下，它的脖子上系着一条在微风中飘动的鲜红围巾，不要想象它在滑行过程中脸上挂着喜悦而自由的微笑。

结果如何？事实上，一旦你读了上述句子，就立刻在想象中成功建立了这样一头紫色大象的形象。同时，你又利用自己的记忆，产生了高速、兴奋、鲜红和紫色等联想。当你饶有兴致地构想这些形象时，你甚至有可能露出会心的微笑。

（三）故事能让听者得出自己的结论

假设你有一个基于个人真实经历的故事，在这个故事中，你或另外某个人经历了一项非常艰巨的挑战，经历了很多挫败和阻碍，由于选择不当而犯了很多难堪的错误，但最终克服了所有困难，获得了杰出的成绩。

对于听众来说，聆听这个故事也是一个间接的学习过程。他们会对这个故事给予很大的关注，首先会判明情况，感受到这些失败决策所带来的痛苦，以及结果的不确定性所带来的压力，关注这个人如何克服了失误，感受到他们最终成功的喜悦。由于你采取了故事的模式，听者会自动吸收关键的经验，并且轻松地记住它们。

（四）故事能建立信任

人们不喜欢你命令他们做什么，但是他们喜欢你用故事来告诉他们怎样做是有效的，并且乐于把学到的经验用于未来的情境中。

实际中，通过讲述你个人的失败故事，你还会得到人们更多的信任。当你把犯错和失败的例子讲给他人时，就是展示了自己人性化的一面，他们会自然而然地更喜欢和信任你。因此，故事可以让你从一个"任务"型领导者变成一个专注于构建基于信任的人际关系的领导者。

（五）故事能帮人们想象并拥抱一个更光明的未来

肯尼迪曾经去美国航空航天局（NASA）访问，他看见一位男士正在洗手间拖地板，便感谢他把房间打扫得这样干净。那个男人马上回答："不，先生，我不是在拖地板，而是在帮助大家登月。"

深受感动的肯尼迪将这个故事分享给了其他人，这个故事迅速火了起来。在这个故事中，NASA就是这样一个各个层级的人充分投身宏伟愿景的组织，不管他们每个人的日常工作是什么。不妨想象一下，如果你的公司的员工也有类似的激情会怎样？你的员工是否因一个激动人心的愿景而兴奋，还是他们只是简单地在拖地板？

花点时间努力成为一个会讲故事的人，具有令人信服的理由。

二、通过讲故事表达观点，传授企业文化

一个真正优秀的领导者是不会和员工讲道理的，而是和员工讲故事，通过讲故事来表达一种观点，引起员工的思考和认同。那么，应该如何讲故事呢？纵观历史和当今社

会，所有成功的领导都是心理学专家，都是沟通高手，都善于讲故事。如果想提升沟通力，让听众明白自己的意思，就要多讲故事，少讲道理。抽象的理论讲一万句，不如生动的故事讲一个。故事让人印象深刻，在思想中扎根。

在企业职场内能够运用"故事法"，可以在员工之间产生很大的效益。实际上，讲职场故事不仅和企业文化有不可分割的关系，更是建立企业独特文化以及改变员工表现不可缺少的工具。

（一）透过故事传授企业文化

不少著名的大企业，尤其在服务及销售行业，差不多每一个不同的行业机构，都流传着自己独有的企业故事。在不少企业培训课程中，尤其针对企业文化、品牌确立或员工团队精神的时候，都会在训练内容中加入该机构的"故事"，这些真实个案，发生在现实的员工及顾客身上，这些事实都变成了建立企业文化的基石。

事实上，职场故事有助于改变员工们的工作态度，因为故事在改变一个人的行为表现方面起到较大的说服作用。运用故事推行企业文化，令员工透过理解故事而接受企业文化的基础观念，从而达到改善工作的目的。

华为公司主要创始人任正非不仅是一位企业家和商业思想家，还是一位讲故事的高手。创立华为公司以来，他给华为的员工讲了很多故事，在华为广为流传。行伍出身的任正非喜欢讲战争故事，用军事术语描述商业运作。如一线炮火、红军蓝军、少将连长、班长的战争等，他讲得激情投入，员工们听得热血沸腾，从而引发代入感。故事生动有趣，振奋人心，而且易记，因此深受华为的员工的欢迎。

（二）引起共同的感受，促进共识

职场故事对员工来说会更接近他们实际的工作情况，故事化难为易、化理性为感性、化复杂为简单易明，令员工较易接受及理解有关重点。职场故事的新颖性或实时性，可以加强吸引力及引发员工的共鸣。如果讲故事的领导能够善用辞令抑扬顿挫地表达，就可以在职场内营造一种预期的气氛，不论是愉快的气氛，抑或严肃气氛，都容易令员工们在气氛中接纳故事中所包含的文化意义，从而达到说服员工的作用。

当员工接受了故事的引导，引起了共同的感受，对企业的理念便会产生信任，故事中的道理会变成员工处理日常工作的标准。员工从故事中所认知的理念，通过实践和个人的验证后，就更能加强员工的认同感及团队的凝聚力，因为大家都会以故事中的成效作为努力的目标。

用故事法展现出来的员工价值观和意见，较易于得到大家的理解，避免出现不必要的冲突，而故事的道理也就是他们共同努力的道理。所以，细心想想，在企业中，有哪些积极向善或感动人心的职场故事，在员工们之间流传着呢？

但凡成功的领导者，都善于讲故事。

课堂讨论

一个团队的管理者,要如何通过讲故事来凝聚人心、提高向心力,打造无往不胜的团队?

三、学会讲三种故事

(一)自己的故事

《三国演义》中的刘备武比不过关羽、张飞,文不如诸葛亮,为何能成就一番宏图大业呢?笔者觉得其中很重要的一点是,刘备是个善于讲自己的故事、推销自己的高手。

东汉末年,天下大乱,英雄辈出。刘备一出场,就跟张飞介绍自己:"我本汉室宗亲,姓刘,名备。"张飞顿时高看他一眼,说话语调由原来的厉声变成了和风细雨,刘备趁机收服了张飞,后来又拉拢了关羽。刘备到底是不是汉室宗亲还有待考察。笔者高中一老师说刘备压根跟汉室宗亲没有关系。但刘备不管这些,因为自己姓刘,逢人就介绍自己,中山靖王刘胜之后,汉景帝阁下玄孙。一个卖草鞋的,一贫如洗,但就是敢有这样的豪气。刘备这样的吹嘘自己的本事自小就有,小时候与众多小孩一起在树下玩耍,戏言:"我为天子,当乘此车盖。"从小就懂得给自己造声势。

自此,刘备就跟皇室攀上了,人称刘皇叔。后来更有刘皇叔北海救孔融,陶恭祖三让徐州。孔融乃孔子之后,刘备救孔融,更有利于传播自己仁义的美名。陶谦几次让贤,刘备都拒绝,并非他真的不想要,而是怕因小失大,毁了自己仁义的名声。最后陶谦病死,刘备才领徐州。

与演讲主题有关的任何关于你的故事,哪怕只是稍微有点儿关系,你也可以通过自己的故事转入正题。管理者更应该讲自己的故事,这样才能激励团队。领导者首先要讲好"我是谁"的故事。通过讲述自己的成长进步奋斗史,人们知道你有过哪些犹豫和彷徨,受过哪些打击,自己如何坚持信念,矢志不渝,通过努力奋斗,变成现在的自己。讲好"我是谁"的故事,就能提高个人魅力,就有了跟随者和崇拜者,就会有一群人愿意跟着你走。

领导在讲"我是谁"的故事的时候,目的就是赢得他人信任,让下属心甘情愿跟随自己。有的领导者通常热衷于分享他的过去给听众,因为那是塑造他成功的经历、辉煌的荣耀,是世界给他的礼物。对任何一个人来讲,只有理解了你的过去,才能理解你的现在,也才能理解你的想法和做法。

有的领导者热衷于分享失败的经历给团队成员,现在成功的领导,不怕分享过去的失败。这种分享可以告诉团队成员,失败是很正常的事,失败乃成功之母,不要害怕失败。失败的经历不会让受众感觉到你是在说教,没有人喜欢被说教。分享自己失败或者失落的故事时，需要把自己的姿态拉低，可以迅速和他人达成共鸣。我也失败过，败得比你还惨呢！我也焦虑过，你怕什么呢？很多明星在讲自己的经历时，也经常讲自己艰难的成长史，就是为了让观众感受到亲和力。当你有了这个亲和力，和员工的沟通及交流就比较顺畅了。

不管讲自己成功的故事，还是失败的经历，都是为了建立信任。成功的故事，让别人对我们有信心。失败的经历拉近了距离，让人们相信现在的失败或者不成功，并不是不可改变的，只要渴望成功，跟着我们，就能帮助大家成功。

（二）别人的故事

如果你找不到与演说主题相关的自己的故事，那你只能讲别人的故事。但是这个"别人"最好是你身边的亲戚、朋友等比较熟悉的人，这样更能体现出故事的真实性。

企业管理者都在追求更有效的管理，如果能够学着主动地倾听身边的故事、学习一些管理小故事，并用这些故事来向团队说明你的想法，管理也就容易很多。故事自有其力量，能大大提高沟通效率，提升沟通质量，降低对人员和工作的管理难度。沟通是管理的基础，而讲故事则是有效沟通交流的最佳途径之一。

但是现实中很多管理者喜欢和员工讲大道理，他们讲得最多的就是奉献啊，情怀啊，自律啊，集体主义啊，"为了国家，为了团队，为了家庭，你应该怎么怎么样"。这样的话讲多了，员工就认为是唠叨，不愿再听领导讲话，也不再信任领导。整日讲如何干工作、如何加快发展，却很少考虑下属的切身利益的领导是不得民心的，他们只顾自己，不了解下属的工作生活情形，没有同理心，不会换位思考。

有些领导则善于通过生动的小故事来讲大道理，这样既能让下属感到有意思，又能让下属明白大道理。身边的小故事较容易引起下属的共鸣。

（三）某个品牌或者产品的故事

这一类故事对演说者的要求比较高，它必须是一个有关成功或失败的故事。为什么强调管理者要会讲故事？因为故事易于记忆，方便传播。

其实不仅管理需要讲故事，做品牌、企业文化都需要讲故事，讲好故事，才能让别人记住你。德芙巧克力的经典品牌故事，与十分凄美的爱情有关。这个故事起源于1919年，讲述的是卢森堡王室后厨当帮厨的莱昂与出身王室一个分支的芭莎公主相爱却不能在一起的爱情故事。芭莎公主联姻离去后，莱昂就在做好的巧克力上刻下了"Do you love me"的缩写"DOVE"来表达爱意，这也就是德芙品牌名称的来源。德芙通过这个凄美的爱情故事进行情感营销，获得了较大成功和突破。

20世纪80年代张瑞敏砸冰箱的故事，砸出了海尔冰箱的质量。1985年，有客户反映新品牌冰箱有问题，他第一时间组织了相关的管理人员对仓库里的冰箱进行了检查，发现其中的76台冰箱确实存在不合格的问题。对于这些不合格的产品，有人提出可以将其作为福利，以较为便宜的价格销售给企业员工，因为这些冰箱的不合格之处并不影响使用，但是张瑞敏直接否决了这一提议并做出了将这些不合格产品全部砸掉的决定。

他将全场员工召集到一起，谁生产的不合格冰箱就由谁亲自当众砸毁，而他本人挥起了第一锤。当时这种冰箱的售价是 800 元左右，而工人的平均工资大概是 40 元，普通工人想要买下这样一台冰箱差不多要攒下两年的收入，这样一锤子砸下去的心疼可想而知。但也就是这众目睽睽之下的一锤又一锤砸醒了全厂工人的质量意识，虽然损失了部分效益，但是质量意识从此深深地烙印于所有员工的心中。这样的故事，比每次开会强调质量要好得多。

第二节　展望令人激动的未来，感召他人

东汉时期，曹操率军讨伐张绣，然而行军路上天气酷热难当，士兵口干舌燥，行军速度很慢；曹操为了激励士气，传令道："前边有一片梅子林，果实酸甜，可以解渴。"士兵因为联想起梅子，嘴里冒出口水，精神大振，最后加速行军，找到了水源。望梅止渴这个故事告诉我们，我们要利用对成功的渴望来激励自己，这样在遇到困难时，就可以鼓起勇气去战胜困难，摆脱困境，实现成功。

一、激发下属想象未来各种可能的画面

"人类是唯一思考未来的动物。"哈佛大学心理学教授丹尼尔·吉尔伯特说，"人类大脑最伟大的功能就是能够想象那些超乎现实的对象和事情，这使得我们可以畅想未来。"人类大脑就是一部预测机器，展望未来是它最重要的功能。

针对未来的想象力，使人能够在对现实做出应激反应之外，还能对脑中的世界做出应激反应。

（一）想象力的概念与内涵

想象力是指人类思维的一种能力，通过构建虚拟的概念、场景或形象，超越眼前的事物，产生新颖的观念、思路和创意。它是我们心灵的飞翔，是对世界的无限探索和扩展。

想象力不仅包括视觉上的构想，还包括对声音、感觉、情感、抽象概念等多个方面的表达与联想。它使我们能够以非线性、跳跃性的方式进行思考，并将看似不相关的事物联系起来，从而发现新的可能性。

想象力可以激发人类的创造力和创新精神，推动社会进步和发展。在科学、艺术、工程、技术等领域中，许多伟大的成就都源于人们的想象力。科学家通过想象力发现了许多自然规律和现象，艺术家通过想象力创作出了许多令人惊叹的作品，工程师和技术人员通过想象力创造出了许多改变人类生活的技术和产品。

（二）想象力推动科技创新和科学发现

以牛顿的万有引力定律为例，牛顿通过观察苹果从树上落下的过程，想象出在地球

表面和月球之间存在着相互吸引的力量。这个简单的观察和想象，使他后来构建了经典力学，并开启了物理学的新纪元。而特斯拉的电磁感应理论是特斯拉通过丰富的想象力得到的成果。在他的头脑中构建起各种电场和磁场的运动形象后，他成功地发明了交流电发电机和变压器，从而引领了电力工程的革命。

想象力在航空航天领域发挥了关键作用。航天工程师伯顿提出了前瞻性概念，构思了世界上第一架喷气式飞机。这个创意引领了航空工业的变革，并开启了现代航空时代。想象力促成了无线通信和移动通信等技术的创新。贝尔的想象力催生了电话的概念，他设想人们可以通过电信号进行远程交流。这项技术推动了通信领域的巨大进步，并为全球范围内的即时沟通打下了基础。出色的想象力对医学科学的进步产生了深远影响。例如，帕斯特成功地设想了微生物学的概念，揭示了微生物与疾病之间的关系。这一想象力驱动的科学发现奠定了现代医学的基础，并推动了抗生素和疫苗等重要医学技术的发展。

想象力在计算机科学的发展中起到了关键作用。图灵的想象力引领了计算机科学的飞速发展。他设想出了通用可编程计算机的概念，并提出了图灵机的理论模型，为计算机科学的基础奠定了重要基石。想象力对环境保护技术的创新起到了重要推动作用。例如，鲍尔斯设想了可持续发展的概念，并提倡人们采用更环保的能源技术。这种想象力推动了可再生能源的发展，如太阳能、风能和水能等，为应对气候变化和能源危机提供了解决方案。想象力是人工智能领域的重要推动力。通过想象未来可能的机器智能和自动化应用，科学家们开发出了人工智能算法、语音识别和计算机视觉等技术。这使得机器能够模拟人类思维和行为，并在许多领域实现了重大突破，如自动驾驶、医疗诊断和智能机器人等。

我们今日之衣食住行，哪一件不是人类几万年来不断想象，然后将想象变成现实的？我们今日之车船飞机，哪一个不是人类从想象开始？近年来，元宇宙的概念被提出。元宇宙指向互联网的终极形态，元宇宙是与现实世界高度互通的虚拟世界，具有同步和拟真、开源和创造、永续、闭环经济系统四大核心属性。人类从此进入了一个无法穷尽的虚拟世界，这也是人类想象力的结果。

二、引导下属思考和谈论长远的计划

计划是管理者开展活动的有力依据，计划是管理者降低风险、掌握主动的手段，计划是管理者提高效益的重要方法，计划是管理者进行控制的标准。狭义的计划指为实现既定目标所制定的具体行动方案。广义的计划指为实现组织既定的目标，对未来的行动进行规划和安排的活动。

（一）确定目标

确定目标是为了让员工知道工作的重点和方向。目标应该具体、明确、可衡量和能实现。

（二）分析任务

分析任务是指对工作计划中包含的任务进行评估和规划。任务的分析应该考虑以下几个方面。

(1) 任务的性质和目的。任务的性质和目的应该与工作计划的目标一致。

(2) 任务的难度和优先级。不同任务的难度和优先级不同，需要根据情况合理安排。

(3) 任务的时间要求。对于时间要求比较紧急的任务，需要优先安排。

（三）制订计划

在确定目标和分析任务的基础上，应该制订一个完整的工作计划。制订计划的过程应该包括以下内容。

(1) 制定任务清单。根据任务的重要程度和时间限制，制定一个任务清单。

(2) 安排任务的完成时间。根据任务清单中任务的性质、目的和要求，合理安排任务的完成时间。

(3) 制定时间表。根据任务清单和安排的时间，制定一个时间表，将任务按照顺序排列。

（四）实施计划

在制订计划之后，需要按照时间表和任务清单的要求开始实施计划。在实施计划的过程中，需要注意以下几点。

(1) 合理安排时间。根据任务的重要程度和难度，合理安排时间。

(2) 保持专注和效率。专注于一项任务，并尽可能高效地完成任务。

(3) 安排充足的时间。避免在任务完成期限前进行过度工作，应该安排充足的时间以应对潜在的延迟或错误。

（五）监督和评估

监督和评估有助于确定计划是否按照预期执行，并确定是否需要进行调整。监督和评估过程应该具体、明确和可操作。

人是一种"目标性动物"，总是在心中描绘出自己认为理想的情况，并为之而努力。正是因为这样，一个简简单单询问下属工作目的的问题就能让下属的想法产生变化——心中"被迫听命行事"的感觉减弱了，而"想要实现理想目标"的工作心态增强了。

因此，当发现下属缺乏工作意愿时，领导一定不要忘记通过发问——问下属类似"我们要取得的理想结果是怎样的"，来改变下属的工作表现。比如，会议开始但下属缺乏工作意愿时询问"今天开会的目的是什么"，安排工作时询问"今天工作结束时，获得怎样的成果才是最棒的"，等等。

值得注意的是，接下来，请务必再询问下属"那么为了此目的该做些什么才好""我所担任的角色是什么""在这个阶段该做些什么"等问题。

三、表达激情，描绘愿景

（一）点燃下属的工作激情

员工的高绩效来自哪里？员工要想做好工作，本身的知识和技能储备很重要，合理的、正确的以及向上的心态和动机也很重要。

管理者如何点燃下属的工作热情？

1. **管理者先从自己做起，起到标杆作用**

想让下属努力工作，管理者自己首先要能够做到。己所不欲，勿施于人。如果连管理者自己也不想、不能，则最好不去要求下属能够做到。

管理者如何起到标杆作用？让自己的外在看起来更阳光；多用正面的、积极的词汇；多赞扬下属，少去批评他们；不要动不动就说不可能、不行、不可以；自己带头遵守规章制度。

2. **在团队内营造良好的工作氛围**

如果一个团队的氛围是乌烟瘴气的，则这个团队一定是没有战斗力的，也是没有工作热情的。高效的团队一定是重视工作氛围的建设的，团队成员乐于上班、乐于合作，也有心思去想如何提升团队战斗力。那么，如何营造良好的工作氛围？要定期举办团队活动，打造融洽的氛围；既强调分工，明确每个人的岗位职责，也强调合作；重视非正式渠道的沟通，将正式沟通和非正式沟通结合在一起；多使用项目制推进工作；考核过程中既要强调业绩指标，也要强调价值观指标。

3. **学会激励**

员工激励非常有必要。员工激励能够激发员工的动机，有动机才会有各种行为，然后才会有结果。古语讲，重赏之下必有勇夫。只要激励到位，员工自然会努力工作。激励要多样化，物质激励与精神激励相结合，长期激励与短期激励相结合；激励要因人而异，每个人的激励方法都应该与他的需求相一致；激励要足够具有诱惑力。要重奖，只有有诱惑力才能激发员工的战斗欲望；激励要及时，不要等到事情过去很久了之后才想起来要激励；激励要做到公平，不公平可能会给团队带来较大的损害。

4. **注重目标**

其实目标与工作本身也是非常好的激励手段，也能激发员工的工作热情。如何利用好目标去激发热情呢？目标应该与激励结合在一起，完成目标就能收获高奖金；目标应该是上下级充分沟通的结果；目标要与战略相挂钩，要让下属对企业的战略有认知；目标应该是拼一拼、跳一跳能完成的，不至于太低，也不至于太高。

5. 仪式感很重要，让工作也充满仪式感

生活要有仪式感，这样才温馨、幸福。工作也要有仪式感，这样才让员工感觉正式、舒服。工作的仪式感有哪些？目标制定好了以后，最好有一个启动的仪式，还要有目标承诺的仪式；项目完成以后，美食最好不要少；员工转正，弄一个转正仪式会让员工感觉更贴心；年终的时候，年会是最好的总结，也是最好的朋友圈素材。

好的管理者一般能够找到正确的方式去激发员工的热情，好的管理者也懂得如何让员工收获高回报，一定是有投入还有回报，这样的良性循环才能激发员工。

（二）描绘愿景

愿景就是公司对自身长远发展和终极目标的规划和描述。愿景是理想，是抱负，是信念，是梦想，是基于当下着眼未来的，它是企业的核心价值，也是企业存在的价值。缺乏理想与愿景指引的企业或团队会在风险和挑战面前畏缩不前，它们对自己所从事的事业不可能拥有坚定的、持久的信心，不可能果断决策、从容应对。愿景包含共同的目标、平等的伙伴关系和分享胜利与成果。它既是对意义的求索，也是对利益的搜寻。与使命不同的是，愿景往往是有时间性的，是实现使命的阶段性目标。开启共同的愿景是非常重要的手段之一。

以下为部分世界知名公司的愿景：

  迪斯尼公司的愿景：成为全球的超级娱乐公司。
  华为公司的愿景：丰富人们的沟通和生活。
  京东公司的愿景：成为全球最值得信赖的企业。
  通用电气公司的愿景：使世界更光明。
  格力电器公司的愿景：共创人类美好生活。
  通用汽车公司的愿景：成为全球领先的交通产品和服务供应商。
  Google 公司的愿景：通过提供信息让全世界受益。
  字节跳动公司的愿景：建设全球创作与交流平台。
  特斯拉公司的愿景：推动全球向可持续能源转型。
  微软公司的愿景：让地球上每个家庭都拥有自己的电脑，而且每个电脑都使用微软的软件。

毛泽东用一段话十分形象地比喻了愿景：它是站在海岸遥望海中已经看得见桅杆尖头了的一只航船，它是立于高山之巅远看东方已见光芒四射喷薄欲出的一轮朝日，它是躁动于母亲腹中的快要成熟了的一个婴儿。

愿景在一个公司中最重要的作用是给人力量。要使企业员工看清楚前方，领导者必须描绘一个激动人心的、崇高的未来并让大家相信这个未来。明确愿景的过程就是反思过去，关注现在，然后展望未来。领导者如果期望大家跟随他，就必须十分清楚自己的

愿景。同时，领导者也要明白，人们愿意跟随的不是某个人的愿景，领导者不能带他们去一个他们根本不想去的地方。

蒙牛集团的发展过程能够很好地说明愿景的力量。蒙牛集团在呼和浩特刚刚建厂房的时候，面对那一大片荒地，牛根生就站在荒地上，面对蒙牛的核心团队成员说："兄弟们，好好干，几年之后，这个地方就是一片现代化的牛奶生产车间，旁边就是宽阔的高速公路！"当时，那里的的确确就是一片荒地，可是牛根生的一席话让大家心中充满了希望，充满了对未来的憧憬，身上也有了干劲和动力。在这样的感召下，大家齐心协力，牛根生勾勒的愿景果然兑现成真了。

企业愿景最开始往往是领导者心中的图腾，但要实现，最终需要兼顾员工的个人愿景，把它变成大家的共同追求。公司的愿景最终要与员工奋斗的意义紧密联系。找到企业与员工发展及利益的趋同性，展现大家能够从逐渐实现企业愿景的过程中所能实现的价值、所能得到的利益。这需要将企业愿景和员工个人愿景进行趋同性统一。

随着时间的推移，产业范畴会变，市场环境也会变，但其愿景的核心精髓在不停地累积与传承。领导者所提出的愿景一定要和团队成员利益相关，对无关的事情他们没兴趣。只有和团队成员利益相关，愿景对他们才能发挥作用。所以，领导者一定要站在团队成员的角度，而不是仅仅站在领导者自己的角度来提出愿景。领导者首先要倾听，倾听团队成员的声音，了解自己的团队，了解自己的团队中所有的人，并以此为基础，帮助团队成员找到他们认为有意义的事情，帮他们找到他们为之献身的理由。这个理由决定了团队成员与领导者是否能够"上下同欲"。美好的愿景让人心怀憧憬，进而产生无穷动力，美好的愿景更需要去实现。

第三节　科学决策，制定战略

一、科学决策

每个人每天都面临多个决策，小到今天穿什么，晚餐吃什么，喝哪一种咖啡，大到该把简历投给哪一家公司，该接受哪一家公司的 offer，该投资哪一个项目……

可以说，决策不仅决定了我们的人生走向，更会直接影响我们未来的发展。

虽然决策很重要，但并不是每个人都能把决策做好。不少人成为决策困难户，遇到问题左思右想，无法决断，把自己绑缚在各种各样的矛盾中纠缠。

 课堂讨论

做决策其实也就是决策对我们最有益处的路，可现实往往是利与弊各占一半，我们卡在天平两端，小心翼翼，难以取舍。

比如一个最常见的现象就是，很多职场人在考虑职场去与留的问题上犯难。去与留各有利弊，怎么选都有其合理性，但也都有着各自的顾虑。

也有人在面对决策时，感性决策，被一时的感受蒙蔽双眼，最后导致职场处处不顺，甚至遭遇职场"滑铁卢"。领导和团队成员，如何做好决策？

科学地做好决策，需要遵循以下7个步骤。

（一）明确目的，锁定目标

决策是服务于目标的，是为了解决问题。所以，决策的第一步，就是要找出问题，明确目标。明确所做出的决策最终是为了什么，要达到怎样的结果。

有的时候会有这样一种情况，决策路径本身是优质的，但如果它不能直达目标，那么对于我们而言，也就不是最优路径。

（二）收集足够的决策信息

所有准确的判断都要建立在掌握大量信息的基础之上，否则我们很难真正权衡利弊。决策分析需要我们透过现象看本质，它的前提是需要我们对现象有全面的把握。

比如每一个品牌在进行营销策略决策时，都会提出多个方案，并反复论证，才能做出最终决策。而在这个决策过程中，不仅要针对产品本身进行多维度的分析和研究，而且要收集大量市场数据，充分了解目标消费群体的特征、需求、习惯、消费心理，以及市场竞品的卖点、市场策略等。如果一个产品，完全不顾消费者需求、市场趋势、竞品营销策略，在市场上必将寸步难行。

因此，在做出最终决策之前，一定要通过多种途径，掌握多个维度的信息，以保证自己的决策不会因为信息偏差而导致方向性错误。

（三）确定选项

决策信息能够为我们提供多角度的决策思路和决策方案，在掌握了充分的决策信息后，我们需要据此列出可选方案。你可以准备一张白纸，言简意赅地写出你的每一项可选方案，然后逐一写下每一项方案的现状，越详细越好，再列出每一项方案的优势劣势。当你能够耐心地梳理好每一项决策的相关信息，那么在你做决策的时候，也就多了一份决策依据。

（四）评估方案

做决策其实也就是在不同的方案中选出最科学的、最能满足当下需求的方案，决定达成目标的路径和方法。在这个对比思考的过程中如何取舍，这需要我们从多个角度，对每一项方案进行评估从而做出取舍。其实所谓最合适的决策，也就是投入产出比最高的那一个。哪一种决策能够使我们以最小的成本撬动最大的利益，便是我们最终要寻找的那条路径。

你所需要付出的成本包括了你的时间、精力等。对成本的分析越详细，对方案的掌握就越精准。在预估决策结果的时候，我们需要考虑的不仅仅是决策所带来的直接的显性结果，同时还要考虑隐性结果，也就是在未来会给我们带来怎样的价值。

除了要对正向结果进行预判，也需要预估到糟糕的一面。预判你的每一种方案的最坏结果是什么，是否在自己可承受的范围内。这样在你完成决策执行的过程中，一旦发生意外情况，就可以有充足的心理准备及危机预案。

（五）做出决策

通过对比分析，选出最终方案。需要注意的是，做任何一个决定时，都会从多个角度去考虑，站在事件相关人的立场去看问题，便更容易看到事情的另一面。在养成这样的思维习惯后，分析问题也会更透彻，更能权衡利弊，做出科学的决策。这其实属于一种"替身决策思维模型"。把自己代入另一个角色，去考量这个问题。

延展到职场中也就是，当你准备为某件事情做决策时，不光要考虑自己的利益得失，更要考虑到你的同事、领导等事件相关人。而如果一件事情只关乎自己，不妨去找信赖的前辈和朋友，或者相关专业人士，倾听他们的声音。当你看问题时能够拥有多元化的视角，决策依据也就越充分，决策也会更靠谱。

（六）落实决策

执行是决策的落脚点，在做出决策之后要依据决策方向，执行计划。在这个过程中，需要分阶段地评估成果，用实际行动对决策形成动态反馈。决策服务于目标，所以在执行决策的过程中，应根据实际情况，对决策进行相应调整。

（七）评估决策

在决策达成某种结果后，应该对决策进行复盘。对决策执行过程及结果进行评估，检查决策效果。如未能达到目标，则需要分析其中的原因，并分析决策中可能存在的问题，对后续的决策进行控制。

通过对决策结果的评估，可以快速积累有效的决策经验，提升决策水平。

以上就是决策的整个过程，领导在面对任何职场问题时都可以依据决策流程的指导，循序渐进地做出恰当的决策，这是一种极为实用的思维工具。

二、现代领导者的战略管理思维

（一）战略管理

战略管理既是公共管理（尤其是政府管理）的新实践模式，又是公共管理研究的新视野。它的兴起受到私人部门战略管理的示范性影响，也是公共管理改革和环境变化的必然结果。战略管理是一个过程，具有鲜明的特征，包括战略规划、战略实施和战略评价三个功能环节。作为一种新模式，战略管理并未成熟，在实践应用中出现了一些难题，但它对我国政府管理方式的转变具有重要借鉴作用，对我国公共管理知识体系的创新也具有重要参考价值。现阶段，我国政府部门的管理理论与实践迫切需要战略管理思维。

一般意义上，战略是指未来的、重大的、全局性的谋划。战略管理是指使组织能够达到目标、跨功能决策的艺术和科学。战略管理的任务就是在资源配置的基础上发展组织的核心能力。战略管理就是战略的形成、选择、实施和评价的全过程。

（二）战略管理的历史演进

战略管理的实践和研究兴起于20世纪60年代。自兴起以来，战略管理经历了三个历史发展阶段，产生了十大学派。

1. 第一阶段：以理性主义为特征，主要致力于战略的制定

在这个阶段，主要产生了设计学派、计划学派和定位学派。

1）设计学派

设计学派认为，战略是对公司实力和机会的匹配，是领导者有意识但非正式的构想过程。设计学派构建了著名的SWOT分析模型（见表3-1）。该模型考察了组织面临的威胁和机会（外部评价）以及组织本身的优势和劣势（内部评价），充分体现了组织内、外部评价对制定战略的重要性。但设计学派将战略管理静态地划分为战略形成和战略实施两个阶段，割裂了它们之间的动态联系。

表3-1　SWOT分析模型

项目	优势（S） 列出优势	劣势（W） 列出劣势
机会（O） 列出机会	SO战略 发挥优势，利用机会	WO战略 利用机会，克服劣势
威胁（T） 列出威胁	ST战略 利用优势，规避威胁	WT战略 减少劣势，规避威胁

SWOT中，S是指组织内部的优势（Strengths），W是指组织内部的劣势（Weaknesses），O是指组织外部环境的机会（Opportunities），T是指组织外部环境的威胁（Threats）。SWOT分析法是指在战略制定和战略实施之前，对组织所处的外部环境所造成的影响，以及组织内部的资源状况进行综合判断的一种方法。

2）计划学派

与设计学派的做法相似，计划学派把市场环境、定位和内部资源能力视为制定战略的出发点。设计学派认为，企业战略的制定过程应该是一个正规化、条理化的计划过程，不应该只停留在经验和概念的水平上。例如：企业应采用什么方法去评价自己和外部环境，以保证对 SWOT 的分析是客观的；哪些优势、劣势、机会和威胁对企业最具有战略意义等。基于这样的理念，计划学派引进了许多数学、决策科学的方法，提出了许多复杂的战略计划模型。

3）定位学派

定位学派的创始人是哈佛大学商学院的迈克尔·波特教授。他提出，企业战略的核心是获得竞争优势，而竞争优势取决于企业所处行业的盈利能力，即行业吸引力和企业在行业中的相对竞争地位。因此，战略管理的首要任务就是选择最有盈利潜力的行业，其次还要考虑如何在已经选定的行业中进行自我定位。定位学派将战略分析的重点由企业转向行业，强调企业外部环境，尤其是行业特点和结构因素对企业投资收益率的影响，并提供了诸如五种竞争力（供应商、购买者、当前竞争对手、替代产品厂商和行业潜在进入者）模型、行业吸引力矩阵和价值链分析等一系列分析技巧，这些分析技巧可帮助企业选择行业并制定符合行业特点的竞争战略。

这三大战略管理流派对战略管理理论的形成和发展做出了奠基性的贡献，但是也存在相应的缺陷。设计学派注重机会分析，认为在同行业中竞争的大多数企业一般控制着基本相同的资源和实施基本相同的战略，一般管理技术是一种可以任意转移的能力，但忽略了对内部条件，包括组织结构、管理机制和企业文化等的分析。计划学派过分强调理性思维、数量方法和精密模型的运用，忽略了战略管理思维的非理性方面和环境变化对企业的影响。定位学派将企业的成败归因为企业外部的行业因素，过分依赖对行业的选择，相对忽略了企业内部因素，尤其是企业内部资源、核心竞争力对企业战略选择的影响。在这些思潮的直接影响下，美国在 20 世纪 60 至 80 年代出现了以并购为主的多元化发展浪潮，但结果并不理想，有人认为对此应负有责任的正是这些学派。

2. 第二阶段：强调非理性因素，注重行为因素的研究

企业家学派、认识学派、学习学派、权力学派、文化学派和环境学派等六大学派，都是在这个阶段产生的。

1）企业家学派

企业家学派认为，具有战略洞察力的企业家是企业成功的关键。企业家学派的最大特征在于它强调领导的积极性和战略直觉的重要性。它一方面将战略制定归功于个人直觉，另一方面认为不存在规范的战略制定过程。能使一个企业在某个环境中获得成功的领导者，并不一定在另一个企业和另一个环境中也能取得同样的成功。如果一个企业遇到了经营困难，最好的办法就是换一个新的具有直觉力的领导者。企业家学派的战略管理理论比较适用于新建企业和处于转变时期的企业，因为在这两种情况下，格外需要强有力的和具有敏锐直觉的领导者来决定企业的方向和活动范围。

2）认识学派

认识学派认为，战略实质上是一种直觉和概念，战略的制定过程实质上是战略者的认识过程；战略者所处的环境是复杂的，这种复杂性限制了他们的认识能力；面对大量真假难辨的信息和有限的时间，战略过程可能被歪曲。战略在很大程度上依赖个人的认识，所以不同的战略者在战略风格上差异会很大。学习和了解认识学派研究结果的意义就在于，认识学派探讨了认识过程和认识特征对战略形成的作用。

3）学习学派

认识学派的研究表明，设计学派、计划学派和定位学派研究的静态战略制定过程不适用于实际战略制定所处的复杂、变化的环境。但是，如果战略制定者不依靠静态的程序和方法，除了依靠直觉，他们如何制定战略呢？学习学派认为，战略制定者通过学习过程制定战略。战略的形成与发展就是思想与行动、控制与学习、稳定与改变相结合的艺术性过程。由于战略的过程导向，在战略的形成和发展过程中单个的领导者需要学习，作为整体的领导系统也必须学习；领导的作用不再是预先决定战略，而是组织战略学习的过程。高层管理人员特别要关注战略学习过程中的有关人员，推动学习的组织结构和体系建设，准备对可能出现的战略做出承认、修改和引导。

4）权力学派

权力学派认为，整个战略制定的过程实际上是各种正式和非正式的利益团体运用权力、施加影响和不断谈判的过程。对战略制定发生作用的不再是某个人，而是一群人。这群人利用自己的权力既互相争夺又妥协合作，使得战略制定过程成为谈判和讨价还价的过程，这时组织的活动不再受某一共同利益的驱使，而是受一些局部利益的驱使。在这种情况下，总是存在对战略认识的争议，不存在共同认可的战略意图，很难形成统一的战略和统一的战略执行活动。

5）文化学派

文化学派认为，战略制定过程是观念形态的形成和维持过程；战略制定过程是集体行为的过程，建立在组织成员所共同拥有的信仰和价值观之上；战略采取了观念的形式，以组织成员的意愿为基础，表现为有意识的行为方式；由于存在共同的信仰，组织内的协调和控制基本上是规范的；战略的变化不会超出或违背企业的总体战略观点和现存文化。

6）环境学派

环境学派没有将战略的制定归结为组织内部的某个成分，而是将注意力转移到组织外部，重点研究组织所处外部环境对战略制定的影响。环境学派认为，组织和领导成为被动成分，战略源于组织受环境影响的被动反应；组织必须适应环境，并在适应环境的过程中寻找适合自己生存和发展的位置。环境学派还认为，事实上并不存在组织内部的战略者,也不存在任何内部的战略过程和战略领导;环境迫使组织进入特定的生态位置,从而影响战略,拒绝适应环境的企业终将难以生存下去。

上述六个学派从非理性角度完善了对企业战略的认识,真实描述了种种现实因素对战略制定的影响力。但这六个学派各执一词,观点过于分散,许多战略管理学者试图将这六个学派的观点兼收并蓄,从多个方面而不是一个方面反映企业战略的本质特性。于是,对战略管理的研究进入了下一个阶段,出现了一个新的学派——综合学派。

3. 第三阶段:综合阶段

综合学派认为,企业战略制定过程是一个典型的由一系列因素构成的集合的形成过程。在此过程中,某一特定类型的企业在某一特定时期内,采取了某一特定行为,恰好与某一特定类型的环境相吻合。

4. 对战略管理历史演进过程的总结

对战略管理的历史演进过程可总结如下。

(1) 战略管理起源于具有激烈竞争氛围的 20 世纪 60 年代。随着时间的推移,战略管理的重要性日益凸显。战略管理的实质是,摆脱自由竞争,实现战略竞争。战略的制定具有前导性、主观性和独特性三大特色,其实质是以"与众不同"来换取未来的收益。信息时代的战略主要表现为创新。

(2) 战略制定过程可以是一个概念设计的过程(设计学派),可以是一个正规计划的过程(计划学派),可以是系统分析的过程(定位学派),可以是知觉认识的过程(认识学派);战略制定过程可以是组织中某一个人的认识过程(企业家学派),可以是一个集体的学习过程(学习学派),可以是权力作用的过程(权力学派);战略制定过程可以是由个别领导推动(设计学派、计划学派、定位学派和企业家学派等),也可以由企业文化推动(文化学派),还可以由外部环境推动(环境学派)。上述种种选择都必须与企业所在的时期和条件相适应。

(3) 在实践的基础上,战略管理理论逐步由静态转为动态,由战略制定与战略实施相分离转为战略制定与战略实施相结合,由单一转向综合。面对技术创新加剧、竞争日益激烈、顾客需求多样化以及网络对社会生活方式和商业活动的较大冲击,我们可以预言,战略管理理论必将面临新的挑战。

(三)领导的战略管理

1. 领导重视战略管理的原因

领导重视战略管理的原因如下:环境具有不确定性;政府部门角色发生变化,以适应市场经济发展;国际化和国际竞争力的影响;公共利益的挑战。

2. 战略管理的基本特征

战略管理的基本特征如下:为未来导向;着重于较长远的、总体的规划;是一个组织寻求成长和发展机会及识别威胁的过程；直觉和理性分析有机结合；是一个具有持续性和循环性的过程。

3. 战略管理的原则

战略管理的原则如下：关注长期管理；将目的与目标整合成一贯的层级体系；战略管理与规划不是自我执行；强调外部观点，要适应环境，而且要预测和影响环境的变迁。

（四）战略管理的过程与方法

1. 战略管理的步骤

战略管理的步骤如下：确定组织当前宗旨、目标和战略；分析环境；发现机会和威胁；分析组织的资源；识别优势和劣势；重新评价组织的宗旨和目标；制定战略；实施战略；评价结果。

2. 战略管理的过程

战略管理的过程如下：环境分析；分析组织内部和外部环境；战略规划——远景、问题、价值、重点、策略和方案；战略实施——明确目标，资源配置，组织结构，促进变革，组织实施；战略评估——检查战略基础，绩效评估，纠正偏差。

3. 战略规划的性质和过程

（1）战略规划的性质：具有稀少性；具有重大性；具有指导性和长远性。

（2）战略规划的过程：发展初步共识；确认组织的法规及使命；进行SWOT分析；确认组织所面临的战略议题；战略选择。

4. 战略管理的效果、问题、制约因素和改进

（1）战略管理在政府部门应用的正面效果：提供战略性发展方向；指导资源配置的优先顺序；强化组织对环境的适应能力；设定追求卓越的标准；提供控制和评估的基础。

（2）战略管理的问题：描述失实；过程过于呆板；正式的过程与创造性和革新相违背；引入外部时出现一系列问题；责任问题；目标设定困难。

（3）制约战略发展计划的因素：对目标的选择存在制约因素；可供政府部门战略管理执行人员选择使用的手段有限；目标与手段的配合经常受到制约。

（4）战略管理的改进：战略管理思维比计划更重要；注重战略规划与战略实施间的有效配合；注重战略管理的实施；注重战略管理过程中良好的沟通协调机制的建立；注重组织长期目标的设计。

 **案例讨论题**

人类的祖先智人如何占据这个星球?

1856 年 8 月,两名矿工在德国尼安德特河谷,无意间挖到一根人类腿骨,当他们继续向下挖时,又发现了一具人骨化石——尼安德特人。在人类古老的演化史中,尼安德特人与智人的关系最为密切,两者有着共同的祖先——海德堡人。约 80 万年前,海德堡人分为两支,一支向北迁移到欧洲,另一支仍然停留在非洲大陆。欧洲的海德堡人逐渐进化成了尼安德特人,留在非洲的那一支演变成了智人。尼安德特人骨骼强健、四肢粗壮、额头扁平,看起来十分"彪悍"。这让他们拥有了出色的狩猎能力,甚至可以捕猎犀牛和成年猛犸象。对于当时瘦弱的智人来说,尼安德特人有着明显的身体优势。

尼安德特人与智人的两次交锋:约 10 万年前,智人第一次走出非洲,面对身体强壮的尼安德特人,智人被打得节节败退,智人第一次走出非洲失败了。约 6 万年前,智人开始了第二次走出非洲的尝试,这次尼安德特人强壮的身躯再也无法阻挡智人的脚步。在接下来的 1 万多年时间里,尼安德特人的生存空间不断被压榨,直到最后灭绝。

物竞天择,适者生存。尼安德特人之所以与智人竞争失败,有以下原因。

第一,尼安德特人在创造力上比智人逊色很多。弓箭是智人的杰作。当缺乏创造力的尼安德特人举着长矛、石器等近战武器向前冲锋时,智人已经学会了在远处放箭,根本不和尼安德特人正面对抗。

第二,尼安德特人之间存在近亲繁殖,智人群落联系紧密。尼安德特人主要以家庭为单位,过着隔离般的穴居生活。这种小群体的存在,势必会导致近亲繁殖,增加了得上遗传类疾病的概率。反观智人,由于其拥有出色的社会群体能力,群落与群落之间的联系更紧密,不同的部族和群落可相互通婚,从而避免了亲近繁殖现象。

第三,智人战胜尼安德特人的决定性因素,是会讲故事,促进了宗教和艺术品的发展。当时地球处于冰河时代,智人、尼安德特人都在寒冷中挣扎,也都在为争夺食物、地盘而战斗。智人有更好的工具,尼安德特人有更强壮的体魄,并且,尼安德特人先到达欧洲,有先到者优势。刚开始时,双方基本势均力敌。但智人有一样尼安德特人没有的——会讲故事,这促进了宗教和艺术品的发展,这是智人战胜尼安德特人的真正法宝。会讲故事,智人可以相互间交流情感,宗教抚慰了死伤的勇士,告诉他们为了组织牺牲可以升上天国得道,这样在激发斗志的同时也安定了团队的心灵。同时,处于饥饿状态的人可以交换艺术品和物品,交换猎物信息,从而组成了一个大集体。"物竞天择,适者生存"。尼安德特人最终走向灭绝，在进化的方向上就有些问题。但不可否认的是，智人的出现，加快了尼安德特人灭绝的脚步。

课后思考
1. 领导对下属应该怎样表达激情、描绘愿景？
2. 战略对一个组织的发展的作用体现在什么方面？

第四章

注 重 激 励

美国心理学家认为，一切内心要争取的条件、愿望、动力等可构成对人的激励。心理学家认为，人类的一切行动都是由某种动机引起的。

第一节 人性的假设及其发展

如何看待"人"，是经济学和管理学的基本假设基础之一，影响着企业人才管理和组织变革。正确认识"人"，才能制定与之匹配且行之有效的管理、激励机制，才能有效激发个体和组织活力，帮助企业持续健康发展。经济人假设（X理论）即假定人的思考和行为都是目标理性的，唯一试图获得的经济好处就是物质性补偿的最大化。

通俗地讲，经济人假设就是理性地尽最大努力实现自己的目标或者利益最大化，这是经济学中很基本的一个假设概念。众所周知，社会人假设（人际关系理论）是依托霍桑实验所得出的。社会人并不是把物质利益看成首要的，而是注重社会关系、工作关系及其衍生。

"士为知己者死，女为悦己者容"，这句话是中华文化中的一句名言，意思是说，男人愿意为赏识自己、了解自己的人努力工作甚至献身，女人愿意为欣赏自己、喜欢自己的人而打扮。如果都是经济人假设，就不能说明"士为知己者死，女为悦己者容"的现象。"重赏之下必有勇夫"这句话的意思是，当有丰厚的奖赏时，就会有勇敢的人去争取。如果都是社会人假设，就不能说明"重赏之下必有勇夫"的现象。

可见，经济人假设和社会人假设都不全面，都具有不科学性。由此，产生了其他诸如自我实现人假设、Y理论、复杂人假设和超Y理论。

一、如何看待经济人假设和社会人假设

正确认识"人"，才能制定与之匹配且行之有效的管理、激励机制，才能有效激发个体和组织活力，帮助企业持续健康发展。

（一）经济人假设

1. 经济人的含义

什么是经济人？一般来说，经济学家都回避对经济人的直接定义，因为这一说法尚存在着争议之处。概括而言，对经济人概念比较一致的观点如下。

（1）自利：追求自身利益是人的经济行为的根本动机。这种动机和由此而产生的行为有其内在于人本身的生物学和心理学根据。

（2）理性行为：经济人是理性的。所谓理性，指的是经济人能根据市场情况、自身处境和自身利益之所在做出判断，并使自己的经济行为适应于从经验中学到的东西，从而使所追求的利益尽可能最大化。

（3）经济人的灵魂：只要有良好的法律和制度保证，经济人追求个人利益最大化的自由行动会无意识地、卓有成效地增进社会的公共利益。这是经济人假设中最有意义的问题。

（4）X理论的主要观点：人的本性是坏的，一般人都有好逸恶劳、尽可能逃避工作的特性。由于人有逃避工作的特性，因此对大多数人来说，仅用奖励的办法是不够的，必须进行强制、监督、指挥、惩罚，才能使他们努力完成工作目标。一般人胸无大志，通常满足于平平稳稳地完成工作。

2. 经济人的局限性

一是忽视了人的需求的多样性。马斯洛需求层次理论告诉我们，人作为一种社会存在，除了物质经济利益之外，还追求安全、自尊、情感、社会地位等。人所做出的选择，必须建立在他个人的社会经验、不断学习的过程以及构成其日常生活组成部分的个人之间相互作用的基础之上。因此，人的行为是直接依赖于他生活在其中的社会文化环境的，要从每个人的现实存在和他与环境的关系上去理解人，去解释人的经济行为。

二是现实中的人追求的可能是满意解，而非最大解。现实中的人受到自身在认识和计算能力方面固有的限制，以及信息不完全、时间有限的制约，只能在力所能及的范围内进行选择。因此，不论主观愿望怎样，人们都只是追求可以实现的"满意的状态"而不是"最大化"。

三是经济人假设适用的研究领域有限。有相当多的研究领域，如经济体制、经济分配、福利有效性、就业、货币、资本流动、区域合作等，不适合运用经济人假设。在经济人假设提出时，很少有人考虑经济产品的公益性与私利性问题。随着人们认识的进步，几乎大多数经济产品都存在公益性与私利性问题，只是程度不同而已。这样，经济人假设的运用就更受局限了。现代经济学研究发现，无论是有形产品，还是服务产品，随着它们本身的公益性和私利性的差异，经济人假设适用的程度也有很大的不同。可以说，公益性程度越高的产品，如教育、桥梁、国防等，其经济人假设适用的程度就越低。因为人们在消费和购买这些产品时，常常无法根据利益最大化原则做出选择。于是，在经济学中对不同产品的消费者选择进行研究时，原来的经济人假设就要部分或全部被放弃。这时就不能为了"简单"而对人进行过多的抽象和假设，而必须将其还原成具体的人。

四是经济人假设适用的时期有限。在经济发展初期，尤其是在市场化和工业化水平较低，以及市场严重供不应求和收入水平较低的情况下，市场主体受价格约束较大，生产者和消费者的选择有限，在这种条件下，经济人假设是有较为广泛的适用性的。随着经济发展阶段的变化、人们的知识水平的提高、个性化需求和情感需求的扩大，人们的经济行为越来越脱离经济人假设的条件。尤其是绿色经济等运动的兴起，更使人们关注个人、社会、经济与环境的协调，从而使经济人假设适用的范围更趋狭窄。

（二）社会人假设

社会人亦称"社交人"，与"自然人"相对，是西方管理理论中的一种人性假定。社会人假设是行为科学家、霍桑实验主持人梅奥针对经济人假设提出来的，也是人际关系理论的一个基本出发点。社会人假设认为，人们从事工作的主要目的不仅是获取经济利益，还有社会方面的要求。物质利益对调动人们的生产积极性只有次要意义，"社会人"还要追求人与人之间的友谊，重视在工作中与周围人的和睦相处，获得安全感、归属感等方面的满足。良好的人际关系是调动人们生产积极性的决定性因素。社会人假设是对经济人假设的一种否定。社会人假设认为古典经济学派和古典管理学派把人只看成"经济人"是不对的。

社会人假设是人群关系论和行为科学管理理论学派对人的基本看法。该理论否定了经济人假设，认为人不是单纯为了经济报酬而劳动，人作为组织的成员，还追求良好的人群关系，追求安全感、归属感和受到尊重等社会心理上的满足。这种社会动机比经济动机更为重要。因此，人并不是"经济人"，而是"社会人"。

按照社会人假设，管理任务的重点不是满足个人的经济动机，而是要建立良好的人群关系和培养个人的良好动机，使其朝着有利于实现组织目标的方向发展。可见，社会人假设实际上否定了经济人假设的个人主义价值观。它把个人动机的满足放进群体中加以考察，认为只有通过群体才能使个人得到满足。如果说经济人假设试图通过功利主义原则满足个人经济利益，那么社会人假设强调的是个人依赖集体并通过集体满足个人的团体主义价值观。当然，社会人假设远没有解决个人与集体的关系。它所说的"社会人"只不过是指个人对集体的一种心理依赖，至于社会对于个人需要的形成及其满足的真正作用，并未做出科学的说明。可见，社会人假设尽管标榜集体主义价值观，而从实质上看，这种集体主义仍然是建筑在个人主义基础上的。

尽管如此，社会人假设毕竟较之于经济人假设前进和深入了一步。因为，社会人假设已经超越人的单一的、较低层次的需要，看到人的多方面的、较高层次的需要，这就为管理指明了新的方向。按照社会人假设，管理方法就要由对管理对象的外部控制和刺激转移到启迪和感化人的内在因素，就是说，由以"物"为中心的管理转为以"人"为中心的管理。应该说，这是对管理认识的深化。但是，社会人假设及其管理模式在强调人的社会心理方面的要求的同时，过分否定了人的经济要求，没有把经济物质刺激作为管理的重要手段加以肯定，这不能不说也是一个缺陷。

二、复杂人假设和超 Y 理论

复杂人假设和超 Y 理论是管理学中对人性假设的类型之一。复杂人假设使人性认识的多元化促进了管理科学理论的多样化，导致"管理理论丛林"现象。例如：社会系统学派代表人物巴纳德认为，人是有自由意志、个性人格和决策能力的"决策人"；而决策理论学派代表人物西蒙认为，人不是一种只会完成指定工作的工具，也不是仅会进行理性分析的机械人，人的学习、记忆、习惯等心理因素是影响决策的重要因素，人是"管理人"。

复杂人假设是 20 世纪 60—70 年代组织心理学家沙因等人提出来的。复杂人假设认为，人不只是单纯的经济人，也不是完全的社会人，更不会是纯粹的自我实现人，而应该是因时因地、因各种情况采取适当反应的复杂人。

依据复杂人假设，1970 年，莫尔斯和洛西提出了一种新的管理理论，称之为权变理论。权变理论认为，人们怀着不同的需求加入到组织中来，由于需求的多样性，以 X 理论为指导的管理方式和以 Y 理论为指导的管理方式都有其适用的环境，因此对于不同的企业或不同的人应该采取不同的管理方式。

权变理论也被称为超 Y 理论，其主要观点是：人的需要是多种多样的，并且随着人的发展和生活条件的变化而变化。每个人的需要各不相同，需要层次也因人而异。人在同一时间内有各种需要和动机，它们会发生相互作用，并结合为统一整体，形成错综复杂的动机模式。动机模式的形成是内部需要和外界环境相互作用的结果，人在组织环境中，工作与生活条件不断变化会产生新的需要与动机。

一个人在不同单位工作或在同一单位的不同部门工作，会产生不同的需要。由于人们的需要不同、能力各异，对于不同的管理方式会有不同的反应，因此没有一套适合于任何时代、任何组织和任何个人的普遍行之有效的管理方法。

权变理论的主要管理措施为：管理者要有权变观点，领导方式要随实际情境而变。若企业任务不明、工作混乱，则应采取较严格的领导方式，以建立良好的工作秩序；若企业任务明确，分工清楚，工作井然有序，则应采用民主的、授权的领导方式，以充分发挥职工（又称"员工"）的积极性和主动性。管理者的管理策略和措施不能过于简单和一般化，应该根据具体情况进行具体分析，采用灵活多变的管理方法。根据工作性质的不同，采取灵活多变的组织形式。注重个体差异，善于发现职工在需要、动机、能力、个性等方面的个别差异，因人、因时、因事、因地采取奖惩措施。

复杂人假设与超 Y 理论的局限性在于：过分强调个性差异，在某种程度上忽视了职工的共性。超 Y 理论往往过分强调管理措施的应变性、灵活性，不利于管理组织和制度的相对稳定。在阶级性方面，人的共性首先表现在由生产关系中所处地位决定的阶级性方面。离开共性，离开社会性、阶级性谈个性，有明显的历史唯心主义倾向。

其合理性在于：包含了辩证法的因素，从人们之间的差异及其与环境的关系角度出发，强调针对不同的具体情况和不同的人采取灵活的管理方式，这对于管理工作无疑有一定的启发意义。

三、自我实现人假设和 Y 理论

"自我实现人"是美国心理学家马斯洛提出的概念。所谓自我实现,指的是"人都需要发挥自己的潜力,表现自己的才能,只有人的潜力充分发挥出来,人的才能充分表现出来,人才会感到最大的满足"。

这就是说,人们除了上述的社会需求之外,还有一种想充分运用自己的各种能力,发挥自身潜力的欲望。

马斯洛将需要层次划分为五级:生理需要、安全需要、情感需要、尊重需要、自我实现需要。其中,自我实现需要是与他的人性观密切相关的。在他的心目中,最理想的人就是"自我实现人"。但他也承认,在现实中这种人是极少数。多数人所以达不到"自我实现人"的水平,是因为受到社会环境的束缚。

美国组织心理学教授阿吉里斯提出了从不成熟到成熟的理论。他认为一个健康的人是从不成熟向成熟发展的。这种成熟是一个自然发展的过程,但只有少数的人能达到完全的成熟。这是因为周围环境、管理制度限制了人的发展。实际上,阿吉里斯的不成熟—成熟理论与马斯洛的自我实现理论有同样的含义。成熟的过程就是自我实现的过程,人之所以不能达到成熟,不能充分自我实现,都是因为受到环境条件的限制。

麦格雷戈总结了马斯洛、阿吉里斯以及其他人的类似观点,结合管理问题,提出了 Y 理论,Y 理论与 X 理论是根本对立的,其基本内容如下。

1. Y 理论的基本观点

Y 理论认为,一般人都是勤奋的,如果环境条件有利,工作如同游戏或休息一样自然。控制和惩罚不是实现组织目标的唯一方法。人们在执行任务中能够自我指导和自我控制。在正常情况下,一般人不仅会接受责任,而且会主动寻求责任。在人群中广泛存在着高度的想象力、智谋和解决组织中问题的创造性。在现代工业条件下,一般人的潜力只利用了一部分。总之,Y 理论实际上是"自我实现人"假设的概括。根据 Y 理论,管理措施也应有相应的改变。

2. Y 理论的管理措施

1) 管理重点的改变

把管理的重点从人的身上转移到工作环境上,即创造一种适宜的工作环境与条件,使人在这种环境与条件下,能充分挖掘自己的潜力,充分发挥自己的才能,也就是说能够充分自我实现。

2) 管理人员职能的改变

管理者的职能既不是生产指导者,也不是人际关系的协调者,而是一个采访者。他们的主要任务在于发挥人的才智,创造适宜的条件,减少和消除职工自我实现过程中所遇到的障碍。

3) 奖励方式的改变

将奖励方式分为两类:一类是外在奖励(物质奖励),如工资、提升等;另一类是内在奖励(精神奖励),即在工作中使人能增长知识和才干,发挥自己的潜力。只有内在奖励才能满足人的自尊和自我实现的需要,从而极大地调动起职工的积极性。

4) 管理制度的改变

管理制度应保证职工能充分地展示自己的才能,取得自己所希望的成就。

第二节 行为强化,认可贡献

一、理解强化理论

美国心理学家斯金纳经过对人和动物的学习进行的长期实验研究,提出了强化理论,又叫操作条件反射理论。他所倡导的强化理论是以学习的强化原则为基础的关于理解和修正人的行为的一种学说。

"强化"这一观点在巴甫洛夫的经典条件反射理论、桑代克的试误理论中都曾提到,但真正对强化进行全面系统研究的则是斯金纳。在巴甫洛夫经典条件反射理论中,强化指伴随于条件刺激物之后的无条件刺激的呈现,是一个行为前的、自然的、被动的、特定的过程。在桑代克的试误理论中,强化的思想充分体现在效果律——凡在一定情景中引起满意之感的动作就会和该情景发生联系,如果再遇到该情景,这一动作会比以前更容易出现。在斯金纳的操作条件反射理论中,强化是指伴随于行为之后且有助于该行为重复出现的概率增加的事件。

斯金纳是新行为主义心理学的创始人之一,他认为人或动物为了达到某种目的,会采取一定的行为作用于环境。当这种行为的后果对其有利时,这种行为就会在以后重复出现;不利时,这种行为就会减弱或消失。人们可以用这种正强化或负强化的办法来影响行为的后果,从而修正其行为。

1. 正强化

奖励那些符合组织目标的行为,以便使这些行为得到进一步加强,从而有利于组织目标的实现。正强化包括连续的、固定的强化,以及间断的、时间和数量不固定的强化。

斯金纳利用斯金纳箱对白鼠的操作性行为进行研究,从中得出操作性行为建立的规律,即"如果一个操作行为发生后,接着给予一个强化刺激,那么其强度就增加"。行为的关键在于操作及其强化依随。

比如，孩子偶尔叫一声"妈妈"，妈妈便报以微笑和爱抚，孩子会以更快的速度学会叫"妈妈"。

2. 负强化

惩罚那些不符合组织目标的行为，以使这些行为削弱直至消失，从而保证组织目标的实现不受干扰。

如果一个已经通过条件化而增强的操作性行为发生之后，没有强化刺激物出现，它的力量就会减弱。行为消退的关键也在于强化。比如，某学生的某一良好反应未能受到老师充分关注和表扬，该学生最终可能会放弃做出良好反应的努力。

二、认可贡献

1. 懂得赞许下属

心理学家詹姆斯说："人性中最深层的本质便是渴望得到别人的欣赏。"其实，每个人除了想从工作中获得物质上的满足外，再想要直接获得的就是肯定和奖励，因为这能使精神上得到满足。所以，员工不只是需要物质奖励，语言奖励也可以增加工作激情。

每个人都希望得到别人的欣赏，葛拉翰针对1500名员工进行了一项研究，发现67项促使员工努力工作的动力中，排名第一的是领导对下属的当面肯定与称赞，排名第二的是领导写给下属的表扬信件。所以，领导若能多给员工赞赏，他们会以多种方法回报。甚至对最平常的小事也应该及时赞赏。优秀的领导应当这样做，而且不应只表扬一次就万事大吉。如果有人工作干得不错，就要不断地表扬，因为多数人渴求称赞的心理是永不满足的。

表扬要具体及时，不能显得做作、虚伪或无的放矢，否则反而会遭到员工的反感。对下属的工作进展多加了解，哪怕没有完成，在进程中的一个小结也是可以给予赞许的。留意每个下属的工作情况，在部门内当场就给予肯定。这种鼓励是可以随时随地的，不需要写草稿，也不需要申请资金，只需要动动嘴，就可收到意想不到的效果。美是用眼睛去发现的，而对员工值得称赞的地方不仅要用眼睛去发现，更要用心去发现，并用嘴把它说出来，让员工用他们的耳朵接收到对他们的称赞，并从心里接收，继而化作双手运作的动力。

2. 及时认可下属

在职场中，员工希望自己的工作得到认可。这一点每个管理者都必须清楚。有许多行为能够体现出对下属的认可，而尊重则是其中最容易被忽视的，而它是最直接且容易获得反馈的认可。

因此，管理者应该懂得怎么去尊重下属，珍惜每个肯定他们的机会，简单的几句话的作用甚至高于奖金的效果。特别是一线员工，他们平时很少接触高层管理者，他们面对的更多是客户,高层管理者的直接认可会影响他们今后工作的情绪,甚至对团队的工作氛围都能起作用。

很多企业都相信,满足顾客期望是获得市场的不二法门。要满足顾客期望,就要不断提升员工的工作效率,提高员工的积极性和主动性(在一线做具体工作的员工最清楚怎样去满足顾客期望),而影响员工积极性和主动性的就是"管理者-员工"之间的关系。

管理者不仅要告诉员工该做什么、怎么做,还要去理解员工的感受,甚至想法。有的企业要求管理者帮助员工获得工作的成就感及实现自我价值感。当员工感受到管理者不是在监督他们的工作,而是在关心他们,是他们职场的引路人时,员工会更容易相信管理者,这也更能达到激励团队的作用。

让员工更好地理解工作的意义及自己对公司的贡献,也应该是管理者必须承担的责任。让员工理解其正在处理的某个问题与公司发展方向之间的关系,这样能很好地突出员工当下工作的重要性,也体现出员工与公司的关系,很好地唤醒员工的责任感。鼓励员工自主去改进工作,别让工作机械化,这也是一种调动员工积极性的有效方式。

认可及肯定员工的工作,是管理者必须重视的。一个积极正向的领导对员工的生产率和满意度会产生很大的影响。相信他人的能力是促使奇迹发生的根本所在。你对一个人的看法会通过很多你都没有注意到的方式传递给他人。当你预期他们会失败的时候,他们很可能就失败了;当你预期他们会成功时,他们很可能就成功了。领导者越频繁地对员工表达自己的信任,员工就越信任他们的领导者。

卓越的领导者对他们自己和他们的追随者都有很高的期望,卓越的领导者认可并奖励那些为愿景和价值观做出贡献的人。

第三节 提倡集体主义精神,激励团队

习近平总书记在党的二十大报告中指出,深化爱国主义、集体主义、社会主义教育,着力培养担当民族复兴大任的时代新人。集体主义作为一种道德原则,具有正确处理个人利益、集体利益与国家利益关系的重要作用。新时代新征程,我们要牢牢把握集体主义的深刻内涵和时代价值,大力弘扬和践行集体主义精神,画好强国建设、民族复兴的最大同心圆。"天下之本在国,国之本在家,家之本在身。"在中国人看来,国家与家庭、社会及个人是密不可分的整体。

一、集体主义精神符合中华民族的历史传统

一种文明如果没有一种勇往直前、精进自强的主体精神,就不可能有一个深厚的根基,其基本特质就会像浮萍一般漂荡,进而淹没在历史运动的汹涌激流中。近几十年来的考古发掘表明,华夏文明最重要的发祥地和公认的核心区域仍然是黄河中下游地区,上古时期,黄河中下游地区不像亚马孙流域或东南亚热带雨林区以及受北大西洋暖流眷顾的西欧那样,被森林严实覆盖着,而是除野草外只有一些低矮的灌木和稀疏的乔木,

只需使用相对简单的石器、骨器或木制工具便能清除。这对于早期农业的崛起和发展非常有利。

农业的诞生意味着人类所能支配的剩余产品比采集渔猎时代有了大幅增加，人类社群第一次拥有了产量大且稳定的剩余产品，而这恰恰是文明兴起的先决条件。

（一）四大文明古国中，中华文明的发源地自然条件最艰苦

（1）古埃及文明的发源地尼罗河位于非洲东北部，是非洲大陆上最长、流域极广的河流。尼罗河发源于非洲中部，流经多个国家，最终注入地中海。尼罗河的洪水通常是由季风降雨和上游地区的融雪引起的。由于尼罗河流经干旱地区，这些洪水带来了丰富的水资源和养分，使得尼罗河两岸的土地变得非常肥沃。此外，古埃及人利用尼罗河的洪水进行灌溉，发展了农业，使得尼罗河地区成为古代文明的发源地之一。

（2）美索不达米亚文明发源于两河流域，主要位于底格里斯河和幼发拉底河之间的美索不达米亚平原。北接亚美尼亚高原，南临波斯湾，东与西伊朗山脉为界，西与叙利亚草原和阿拉伯沙漠接壤。新月沃土是指两河流域及附近一连串肥沃的土地。两河流域的定期泛滥，使两河沿岸因河水泛滥而积淀成适于农耕的肥沃土壤。

（3）古印度文明曾赋予印度河流域繁荣与光辉。周边的高山、河流、森林和草原构成了一片丰饶的自然环境，为文明的崛起提供了有利条件。印度河流域坐落在南亚次大陆的西北部，以印度河和恒河为主干河流，这两条河流在流入孟加拉湾之前交汇。印度河流域地域辽阔，地貌丰富，有平原、山地和沙漠等多种地形。这种多样的环境为古印度文明的发展提供了丰富的资源和舒适的居住环境。

（4）中华文明的发源地黄河发源于中国西部，流经多个地方，最终注入渤海。黄河的洪水通常是由暴雨和冰雪融水引起的，黄河流经湿润地区，这些洪水可能会造成水土流失和土地肥力下降的问题。此外，黄河在历史上曾多次改道和泛滥，给沿岸带来了较大的损失。

虽然尼罗河和黄河都会发生洪水，但由于自然环境和人类活动的影响不同，它们对土地的影响也不同。尼罗河的洪水带来了肥沃的土地和丰富的水资源，促进了农业的发展；而黄河的洪水则可能造成水土流失和土地肥力下降的问题，给沿岸带来较大的损失。

（二）艰苦的自然条件让中华文明逐渐摒弃有神论思维，提倡集体主义精神

黄河中下游的人类面临着严峻的自然环境的挑战，这意味着，中华民族先民可依赖的既不是运气，也不是神、天或任何一种超自然存在，那就只能是他们自身主观能动性的最大限度的发挥、自身潜力的最大限度的开掘。只有通过自身的主观努力，通过自身潜在可能性的充分挖掘和释放，提倡集体主义精神，同时协调好个人之间、个人与群体、群体与群体、个人和群体乃至国家的利益关系，个人乃至民族、国家才最有可能取得成功。

对于中华民族先民自身潜力的开掘，既然黄土并不天然肥沃，有赖人为的努力，那

么不靠自己靠什么？中华民族先民竭力发挥自身主观能动性，开掘自身潜力，实在是不得已而为之。同时，中华民族先民培育出一种"实践理性"的思维方式：投入一分劳动便有一分收获，人类施加于外部世界的作用会有规律地产生结果；世界万物不仅因果相联，而且这种因果关系是稳定的。这应该是中华民族逐渐摈弃了有神论思维的根本原因。古埃及和两河流域形成了鲜明的对比，这些地方，尤其是尼罗河定期泛滥带来肥沃淤泥和稳定收成的古埃及自然条件优越得多，于是人们认为，其生存和繁荣更多靠的是神灵而非自身的努力。既然无须付出艰辛劳动就能获得丰厚回报，既然世间万物都为神灵所控制，人类何苦要做出艰辛的努力？何苦要竭尽全力开掘自身的潜能？这应该是比之古华夏，古埃及和两河流域有神论思维不仅发达得多，持续时间也长得多的根本原因。

为了获得更大的生存发展机会，中华民族先民还必须勉力在辽阔的黄河中下游及邻近地区进行社会政治整合，尽快发展出一套有效的社会政治制度及相关组织机构。这意味着，中华民族先民不仅得有额外的心力付出，还得培育出一种集体主义精神。这是因为，在艰苦自然环境的挑战下，在与其他群体的激烈竞争中，特定共同体里的个体只有充分融入集体（通常表现为家族、宗族甚至国家）之中，充分协调个人与个人、个人与集体的利益关系，充分依靠集体的智慧和力量，才能获得最大的生存和发展机会。甚至可以说，在大多数情况下，群体越大，社会政治整合程度越高，国家越发达，个人和小集团生存发展的机会也就越大。这可能产生比个体力量简单相加大得多的集团效应。很大程度上或许正是因为这一缘故，黄河中下游地区的古代社会政治景观迥然不同于西亚地中海地区。

可以说，正是与特殊地理格局和艰苦自然环境的密切互动，从根本上塑造了中华文明的基本精神特质——一种源自日常经验的实践理性思维，一种"温文和平""能屈能伸""善于妥协""和合而非分裂""中庸而非极端""宽容而非褊狭"的社会心理，以及一种"吃苦耐劳""精进自强""百折不挠""富于自尊"的生命态度。在数千年历史上，塑造了中华文明精神形态乃至每个中国人的精神性格的，正是这些基本生命特质。

艰苦的自然条件和有利的地理格局不仅使中华文明得以萌生，也使其很快便有了优异的表现，使其疆域面积、人口规模、经济体量和文化吸引力很快有了可观的增长。中华文明即便在低落时期，也能成功保有持久的生命力。

二、激励团队

团队犹如一座"冰山"，看不见的部分比看得见的部分更重要。

（一）团队和群体的差异

1. 何为团队

团队是指由基层和管理层组成的共同体，它合理利用每一个成员的知识和技能协同工作，解决问题，达到共同目标。团队的第一个前提是"自主性"。自己在日常工作中，有没有主动反馈、主动沟通、主动关切的习惯？团队的第二个前提是"思考性"。团队的第三个前提是"合作性"。自己能不能接受冲突？能不能排除自己的自私、自我和自大？能不能在有原则和肯协作的取向下与人沟通？团队的构成要素可总结为 5P，分别为目标（Purpose）、定位（Place）、人（People）、权限（Power）、计划（Plan）。

1）目标

团队应该有一个既定的目标，为团队成员导航，知道要向何处去。没有目标，团队就没有存在的价值。

例如，自然界中有一种昆虫很喜欢吃三叶草，这种昆虫在吃食物的时候都是成群结队的，第一只趴在第二只的身上，第二只趴在第三只的身上，由一只昆虫带队去寻找食物，这些昆虫连接起来就像一节一节的火车车厢。管理学家做了一个实验，把这些像火车车厢一样的昆虫连在一起，组成一个圆圈，然后在圆圈中放了它们喜欢吃的三叶草。结果它们爬得精疲力竭也吃不到这些草。

这个例子说明，团队失去目标后，团队成员就不知道往何处去，团队可能就会失去存在的价值。团队目标必须跟组织目标一致，此外还可以把大目标分成小目标，再具体分到各个团队成员身上，大家合力实现这个共同目标。同时，目标还应该有效地向大众传播，让团队内外的成员都知道这些目标，有时甚至可以把目标贴在团队成员的办公桌上、会议室里，以此激励所有的人为这个目标去工作。

2）定位

定位包含两层意思。一是团队的定位。团队在企业中处于什么位置，由谁选择和决定团队的成员，团队最终应对谁负责，团队采取什么方式激励下属？二是个体的定位。成员在团队中扮演什么角色？是制订计划还是具体实施或评估？

3）人

人是构成团队最核心的力量，2 个及以上的人就可以构成团队。目标是通过人员具体实现的，所以人员的选择是团队中非常重要的一个部分。在一个团队中可能需要有人出主意，有人制订计划，有人实施，有人协调不同的人一起去工作，还有人去监督团队工作的进展，评价团队最终的贡献。不同的人通过分工来共同完成团队的目标，在人员选择方面要考虑人员的能力如何，技能是否互补，人员的经验如何。

4）权限

团队当中领导人的权力大小跟团队的发展阶段相关，一般来说，团队越成熟，领导者所拥有的权力相应越小。在团队发展的初期阶段，领导权相对比较集中。团队权限关系包括两个方面。一是整个团队在组织中拥有的决定权。比如财务决定权、人事决定权、信息决定权。二是组织的基本特征。比如说组织的规模多大，团队的数量是否足够多，组织对于团队的授权有多大，它的业务是什么类型。

5) 计划

计划包括两层含义。其一,目标最终的实现,需要一系列具体的行动方案,可以把计划理解成目标的具体实现程序。其二,提前按计划进行可以保证团队的顺利进度。只有在计划的操作下,团队才会一步一步地走近目标,从而最终实现目标。

2. 何为群体

群体是指两个及以上既相互作用又相互依赖的个体,为了实现某些特定目标而结合在一起形成的整体。群体成员共享信息,做出决策,帮助每个成员更好地担负起自己的责任。

1) 群体特征

尽管群体之间在类型、大小、性质、规模等方面千差万别,但所有群体都有以下特征。

首先,各成员之间具有共同的群体目标与利益。任何一个群体都必须具有群体目标,群体内有相互协作与配合的组织保证,群体内每一个成员有着共同的兴趣,并为实现群体目标而做出自己的努力。通常,群体目标是单个个体无法独自实现的。

其次,各成员都具有群体意识。群体中每一个成员都意识到自己是群体的一员,意识到其他成员的存在,并与他们相互影响,建立起相互依存的关系与情感,群体成员之间经常进行必要的交流与沟通。群体的成员资格有助于建立积极的社会认同,有利于形成一体化的自我感觉。几个人或更多人集合在一起,若彼此在心理上没有多大联系,那么这些人就称不上是群体,只能把这些人说成是一群人。

再次,各成员之间能够密切协作和配合。群体内部要有群体分工,有一定的组织结构。群体中的每一个成员都在群体内占有一定的地位,扮演一定的角色,执行一定的任务,有一定的权利和义务,即群体分工。例如,一个公司群体有董事长、总经理、供销、技术、宣传等分工,做到各司其职。

最后,群体要满足各成员的归属感需要。这是个体自觉归属于所属群体的一种情感,在心理上有依存关系和共同感。有了这种情感,个体就会以群体目标为准则,进行自己的活动、认知和评价,自觉地维护群体的利益,并与群体内其他成员在情感上产生共鸣。

2) 群体类型

群体是多种多样的,每种群体的性质、结构、作用和活动方式各不相同。根据群体的目的、联系的机制、影响群体成员的方式、群体成员间的交往特点等,可以对群体进行不同的分类。

(1) 正式群体与非正式群体。

根据群体内各成员相互作用的目的和性质,可以把群体分为正式群体和非正式群体,这种划分最早由心理学家梅约在霍桑实验中提出。

正式群体是指根据成员编制、章程或其他正式文件而建立的群体。正式群体结构明确，它们规定好成员的地位和角色，明确提出各成员的权利和义务，并具有良好的群体规范，有清晰的信息沟通路线和权力控制机制，所要完成的任务也有详细的规定。政府、企业、工厂、学校等都是正式群体。

非正式群体是指那些无正式规定的、自发形成的、成员的地位和角色以及权利和义务都不明确，也无固定编制的群体。它主要用于满足人们某种生活需要，并且带有明显的感情色彩，即以个人的爱好为基础。形成非正式群体的原因有三个：一是某种利益或观点的一致性；二是有共同的价值观和共同的兴趣、爱好；三是由于有相似的生活经历或背景，如集邮爱好者、自发的钓鱼队、旅游同伴、同学会等。非正式群体以情感为纽带，以兴趣爱好为基础，所以有着较强的内聚力和对成员的吸引力。

社会心理学研究与生活实践表明，在正式群体中总会存在着各种非正式群体。非正式群体在一定程度上会影响正式群体，其影响可能是积极的，也可能是消极的。如果非正式群体本身具有很强的凝聚力，就能促进正式群体的巩固。当正式群体的目标和规范与其成员的个人需要不一致时，两个群体就会发生冲突，成为正式群体发挥作用的障碍。

（2）大型群体与小型群体。

根据群体的规模和沟通方式，可把群体分为大型群体与小型群体。这样的划分界限比较模糊，因为群体的大小是相对的。但是，从心理学角度，群体大小规模的划分是有标准的，即群体成员是否处于面对面的联系和接触情境中。

大型群体指群体成员人数众多、以间接方式取得联系的群体，如通过群体的共同目标、通过各层组织机构等，使成员建立间接的联系。大型群体还可以进一步分为不同形式、不同层次的群体。可分为乡镇、街道、居民村等群体，也可分为社会职业群体或人口群体等，还可以分为工作群体、娱乐群体等。这些大型群体没有直接的社会交往和社会互动，都可以作为社会心理学的专门研究对象，但更多的时候是作为社会学的研究对象。

小型群体指相对稳定、人数不多、为共同目标而结合起来、各个成员直接接触的联合体。它有共同的目标，全体成员为此目标共同努力。小型群体成员间相互熟悉，往往面对面交往沟通，心理感受也较明显。其规模不能少于2人，但一般也不超过30人。家庭、小组、班级等都可以视为小型群体。一个人可以承担不同的社会角色，也可以同时作为几个小型群体的成员，可根据自己的愿望与需要与他人直接交往。在人数较多的小群体中，由于各种原因，某些人的交往活动较多，沟通较频繁，交往更加带有亲密的性质，可以称为"小集团"。"小集团"人数不多，一般为2～7人。"小集团"可能是正式群体，也可能是非正式群体，同时还属于某个小群体。小型群体历来是社会心理学家很感兴趣的研究对象。如奥尔波特、梅约、勒温、谢里夫、里帕等都曾对小群体进行过系统的研究，并取得了丰硕的研究成果。

（3）成员群体与参照群体。

按照群体成员对于群体的心理向往程度，可以把群体划分为成员群体和参照群体。成员群体又称隶属群体，是指个体为其正式成员的群体，如个人所在球队、小组、班级、学校等。所谓参照群体,是指个体自觉接受其规范和准则,并以此来指导自己行为的群体,是人们心仪的群体,它的价值和规范体系常常是个人的目标或标准,也称榜样群体,如先进班级、优秀球队等。参照群体对于群体成员可能有积极影响,也可能有消极影响。在一个人的心目中,常常会出现两个或更多的参照群体。如果这些参照群体的规范、准则及目标是一致的,则会对个体起到增强行为动机的作用,以及良好的示范作用;反之,则会引起个体内心的动机冲突和斗争。

现实生活中,有些青少年表现出越轨行为或犯罪行为,原因就是他们把犯罪团伙当作自己的参照群体,将他们的行为规范和准则当作自己的行为标准。因此,人们要加强对参照群体的研究,以便探明个人内心的参照群体,使正确健康的群体规范转化为个人的行为标准。

(4) 松散群体、联合群体和集体。

社会心理学家彼得罗夫斯基和施巴林斯基通过多年的研究和实践,在《集体的社会心理学》中,根据群体发展的水平和群体成员之间联系的密切程度,把群体分为松散群体、联合群体和集体。

松散群体指成员间的关系并不以共同活动的目的、内容、意义和价值为中介的共同体。许多情况下,松散群体中根本没有共同活动。例如,飞机上的乘客、音乐厅里的听众、宾馆中的房客、旅途中的游伴等,都属于松散群体。

联合群体或合作群体是指通过共同活动而逐渐凝聚成为有组织的集合体,建立起成员之间带有各种情绪色彩的人际关系的群体。各个成员认识到彼此都属于同一个社会共同体,群体内部互相吸引日益明显。在这样的群体中,情绪等心理关系占主导地位。彼得罗夫斯基和施巴林斯基认为,联合群体或合作群体似乎是松散群体与集体之间的过渡群体。

集体是群体发展的最高阶段,成员间的关系是以有个人意义和社会价值的群体活动内容为中介的群体。这就是说,集体成员不仅认识到群体活动对个人和集体的价值,而且认识到其对整个社会的意义。一般地,真正的集体应兼顾个人、集体和整个社会的利益。

3. 团队和群体的差异

团队和群体有着一些根本性的区别,群体可以向团队过渡。一般根据团队存在的目的和拥有自主权的大小,将团队分为五种类型:问题解决型团队、自我管理型团队、多功能型团队、共同目标型团队、正面默契型团队。

(1) 在领导方面。群体应该有明确的领导者;团队可能不一样,尤其团队发展到成熟阶段,成员共享决策权。

(2) 目标方面。群体的目标必须跟组织保持一致,但团队中除了这点之外,还可以产生自己的目标。

(3) 协作方面。协作性是群体和团队最根本的差异,群体的协作性可能是中等程度的,有时成员还有些消极、有些对立;但团队中是一种齐心协力的气氛。

（4）责任方面。群体的领导者要负很大责任，而团队中除了领导者要负责之外，每一个成员也要负责，甚至要一起相互作用、共同负责。

（5）技能方面。群体成员的技能可能是不同的，也可能是相同的，而团队成员的技能是相互补充的，把不同知识、技能和经验的人综合在一起，形成角色互补，从而达到整个团队的有效组合。

（6）结果方面。群体的绩效是每一个个体的绩效相加之和，团队的绩效则是由大家共同合作完成的。

课堂讨论（一）

下面四个类型，哪些是群体，哪些是团队？为什么？
A. 龙舟队　　　B. 旅行团　　　C. 足球队　　　D. 候机旅客

课堂讨论（二）

日本陆军于1944年4—12月在中国河南、湖南和广西三地进行大规模进攻，史称豫湘桂战役。豫湘桂战役的大溃退是抗战以来国民党军队正面战场的第二次大溃退，8个月中，国民党军队在豫湘桂战场上损兵50万～60万。

1950年10月，中国人民志愿军正式入朝作战。入朝作战的中国人民解放军第50军系由原国民党军队第60军投诚改编而成。第50军参加了抗美援朝第一至四次战役，打出了汉江南岸阻击战这样的优秀战役，一改之前国民党军队作战不行的形象，受到志愿军总部和彭德怀的嘉奖。

换一个领导方式，改造团队结构后，投诚后的原国民党军队为什么可以打败整体战斗力比日本军队还强的美国军队？

（二）群体向团队的过渡

团队精神在各种生活过程中的教育与规范，可分为4个阶段：第一，家庭教育，是个伦理问题；第二，学校教育，是个纪律问题；第三，企业培训，是个规章问题；第四，社会熏陶，最终变成一个秩序问题。越往后，改造难度越大。

从群体发展到真正的团队需要一个过程，需要一定的时间磨炼。这个过程可分为以下几个阶段。

第一阶段，由群体发展到所谓的伪团队，也就是我们所说的假团队。

第二阶段,由假团队发展到潜在的团队,这时已经具备了团队的雏形。

第三阶段,由潜在的团队发展为一个真正的团队,它具备了团队的一些基本特征。真正的团队距离高绩效的团队还比较遥远。

 案例讨论题

华为股权结构的激励作用

华为公司(以下简称"华为")最近的股权结构是:任正非个人持股0.65%,华为工会委员会持股99.35%。而华为工会委员会是一个虚拟股受限平台,共由9万多名员工组成,持股员工只有分红权,没有决策权,所持股份无法转让,无法继承。像华为这样的股权结构,全世界仅此一家。

华为敢把绝大部分股权分给员工,也是有历史原因的。20世纪90年代初,华为资金非常紧张,找银行贷款银行不贷,结果导致没钱发工资。没办法,任正非只好把公司股份当作工资发给员工,后来以每股1元的价格卖给员工,然后每年把公司利润的15%拿出来分红,这就是华为全员持股的由来。

员工股份不对外流通,员工在岗才有分红,离职就要交回给公司,所以这种股份叫虚拟股。

华为用这个方法把员工利益和公司利益绑定在一起,所以员工都很拼,不仅为公司干,更是为自己干,主人翁精神很强。

华为是一家全球化的科技公司,发展得非常迅速。在华为的发展过程中,我们会经常听到任正非这个名字。他是华为公司的主要创始人,同时还是该公司的CEO。虽然他只拥有公司0.65%的股份,但他的影响力远远超过了他所持有的股份。下面将深入探讨华为工会委员会和任正非在公司的地位,以及华为实行的股权激励政策和任正非在华为中扮演的重要角色。

华为公司的最大股东为华为工会委员会,持有公司99.35%的股权。相比之下,华为公司的主要创始人任正非只拥有公司0.65%的股份。华为的管理结构是微妙而复杂的,不是简单的股权比例问题。公司的所有权和控制权都集中在公司的管理层手中,而管理层由任正非和其他高管组成。

华为工会委员会是华为公司的股东之一,是华为员工的代表。这个委员会代表员工持有公司99.35%的股份。虽然华为工会委员会持有公司大部分的股份,以便保护员工利益,但它并不直接涉及公司的商业运营。任正非并不是华为的最大股东,但他在公司的地位十分重要。

华为公司实行的股权激励计划是一种激励员工的方式,由华为工会委员会代表员工持有。华为公司提供股权激励是为了让员工更有归属感,增强他们的凝聚力,使他们在工作上更有主动性;同时,也激励员工的创造性,使他们在企业中发挥出更大的作用，为企业创造更多的价值；吸引到更多的优秀人才，为企业的发展提供有力的保证。

华为的股权激励计划中，华为工会委员会代表员工持有公司股份，由此每年发放股权激励。华为的员工在公司中的发展和表现会直接影响他们所获得的股权激励。这个计划使华为的员工非常有激情和士气。

任正非在华为公司的创新精神和领导力为公司的快速发展打下了坚实的基础。任正非曾说过：创新是未来前进的动力，天空下的儿女们需要不断地往前走。任正非相信，创新才是企业生存和发展的命脉。

任正非对华为的影响是较大的。任正非选择了人才梯队，不断培养更多的华为人才，打造强大的团队，使得华为不断发展壮大。任正非在公司中的角色和其持股数量并没有直接的联系，而是通过他的领导力和创新精神来推动公司的发展。

（来源：根据网络相关文章整理而成）

课后思考
1. 人的需求是多样性的，领导者应该如何满足员工的需求？
2. 任何组织的发展都要依靠全体员工的努力，怎样调动大家的积极性？

第五章

学 会 沟 通

沟通是人际关系中极重要的一部分，它涉及人与人之间传递情感、态度、事实、信念和想法的过程。良好的沟通指的是一种双向的沟通过程，不仅是信息的单向传递，而且包括倾听、理解对方的想法和感受，并将自己的想法反馈给对方。

第一节 学会倾听，有效沟通

一、沟通及其功能

沟通是信息的传递与理解的过程，是在两人或更多人之间进行的，在事实、思想、意见和情感等方面的交流。

有效的沟通不仅包括信息的传递，还包括信息的理解。

有效沟通可以降低管理的模糊性，提高管理的效能。沟通是组织的凝聚剂和润滑剂，可以改善组织内的工作关系，充分调动下属的积极性；沟通还是组织与外部环境之间建立联系的桥梁。

二、沟通的过程

沟通必须具备三个基本条件：两个或两个以上的主体；一定的沟通客体，即信息情报等；传递信息情报的载体，如文件等。沟通的过程如图 5-1 所示。

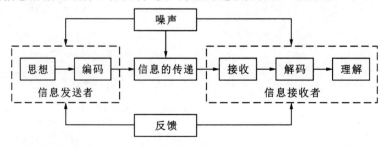

图 5-1 沟通的过程

三、沟通类型与渠道

（一）言语沟通与非言语沟通

1. 言语沟通

使用正式语言符号的沟通，一般分为口头沟通和书面沟通两种。口头沟通是借助口头语言进行的信息传递与交流，如演讲、讨论、电话联系等。书面沟通是借助文字进行的信息传递与交流，如报告、通知、书信等。

2. 非言语沟通

身体语言和语调是日常沟通中使用极广泛的非言语沟通形式。身体语言包括手势、面部表情和其他身体动作。语调是指人们对某些词或词组的强调。

（二）正式沟通与非正式沟通

1. 正式沟通

正式沟通是指通过组织明文规定的渠道进行的信息传递与交流。

优点：正式沟通效果较好、约束力较强、易于保密，一般重要的信息会采用正式沟通。

缺点：由于正式沟通依靠组织系统层层传递，沟通速度比较慢，而且显得较为刻板。

2. 非正式沟通

非正式沟通是指通过正式沟通以外的渠道进行的信息传递与交流。

优点：沟通方便，内容广泛，方式灵活，沟通速度快，可传播一些不便正式沟通的信息；能提供一些正式沟通中难以获得的信息。

缺点：比较难控制，传递的信息往往不确定性高，容易传播流言蜚语而混淆视听。

（三）上行沟通、下行沟通与平行沟通

1. 上行沟通

上行沟通是指信息由组织中较低层级向较高层级流动的过程。上行沟通能使管理者了解员工的想法与需要，了解员工的工作状况。

2. 下行沟通

下行沟通是指信息由组织中较高层级向较低层级流动的过程。下行沟通是传统组织内最主要的沟通方式。

3. 平行沟通

平行沟通是指信息在组织同层级之间的流动。平行沟通既包括同层级的人员之间的沟通，也包括同层级的部门之间的沟通。平行沟通能减少层级之间的辗转，节约时间，提高工作效率，有利于相互间的协调与配合。

（四）最好的沟通，是学会倾听

著名学者伊利特说："成功的商业交往，最重要的是倾听，没有别的方法比这更让人开心。"沟通的基本原则，就是要学会倾听。

一般情况下，你的谈话对象并不关心周围的问题，而对他们自己的欲望和烦恼更感兴趣。你是否真正理解对方的话语，决定了彼此关系的深浅。

1. 善于倾听，才能解决问题

卡耐基曾说："人们请医生，有时只是需要一个听众而已。"

几年前，纽约的一家电话公司遇到了一个投诉的客户。他打电话到公司，声称账单是错误的，金额虚假，并且拒绝付款。接下来，他就开始破口大骂，甚至说要去总部投诉，曝光给报社媒体，同时还给公共机构寄出了投诉信。电话公司实在走投无路，他们请出最能干的调解员皮特先生去解决这个麻烦。

皮特先生看起来十分淡定，在接到投诉电话时，他只是耐心地听着，对客户的不满和委屈表示同情。"他骂了三个小时，我也听了三个小时，他原本以为我会反驳他，我并没有，然后他就气消了。"皮特先生说道。

之后，皮特先生又与客户继续沟通，一直默默听他说话。在第四次面谈时，客户付清了欠款，也撤销了投诉。而皮特先生，也成为这位客户指定的服务代表。"从来没有人认真听过他的诉求，他想要的只是被重视的感觉而已，倾诉完了情绪，他就对我友善了起来。"皮特先生分享了他的经验。

遇到冲突与矛盾，千万不要立马就争吵，而是应该冷静倾听对方。有时候，专注的倾听，就能化解许多灾祸，获得一段不期而遇的缘分。倾听，就是让对方把心里的情绪统统倒出来，让他感觉自己是被在乎的。

2. 好的关系，需要"倾听"来维持

莎士比亚曾经说过："耳朵是通向心灵的路，凡事需要多听、少言。"在感情中，最重要的就是倾听。

如果两人都很闹腾，没有人愿意去倾听对方的需求，那么这种关系注定维持不了多

久。两人要保持长久的相处，需要的是互相倾听、互相吸引和精神平等。真正的高情商，不是最会说话，而是最会听别人说话。

斯蒂芬·罗宾斯等人指出，克服沟通障碍，积极倾听，要做到以下步骤：① 目光接触；② 展现赞许性的点头和恰当的面部表情；③ 避免分心的举动或表示厌倦的动作；④ 提问；⑤ 用自己的语言复述；⑥ 避免打断讲话者；⑦ 不要说得太多；⑧ 顺利转换倾听者与讲话者的角色。

3. 每个人都渴望被重视

卡耐基在《人性的弱点》中指出："人性的根源深处，都强烈渴求着他人的欣赏与重视。"

美国有一位 70 岁的富豪，他是作家，因为书籍畅销，他几十年来已经拥有价值 20 亿美元的家产，他有三个儿子、两个女儿。

在这位富豪去世前，几个儿女经常来家里探望他，给他各种营养品。等到富豪去世了，儿女们为了家产争吵得不可开交，纷纷都表示自己才是爸爸最爱的子女。谁知道律师拿着一份遗嘱，上面写着把所有的遗产全部交给一位乡下来的女保姆来继承。

儿女们气得半死，都认为是这个女保姆暗地里给老爷子使了什么手段，诱惑他写下遗嘱。而律师和邻居们却站出来帮女保姆说话："这些年来，她不只是老爷子的保姆，还是老爷子的知己。每次老爷子写作遇到什么瓶颈，都是她在一旁静静地聆听他的烦恼，他才能获得新的灵感。"

而这位 70 岁的富豪，也在信中写道："人到晚年，万念俱灰。安拉一直默默无闻照顾我的起居，有她在，我就觉得有一种力量支持。"

有时候，安静的陪伴和倾听，就是对人最大的帮助。而那些只在乎自己感受的人，从来不去了解对方的心思，迟早会被拒之千里。"一双灵巧的耳朵，胜过十张能说会道的嘴巴。"那些善于辩论、强压一头的人，在表面上吵赢了对方，实际上却输了人品和修养。

（五）企业管理层如何提升自己的倾听技巧

当你倾听对方的意见时，一定要做到专心，并时常通过非言语行为，如眼睛接触、某个放松的姿势、某种友好的脸部表情和宜人的语调，建立一种积极的氛围。如果你对对方的话语表现出留意、专心和放松，那么，对方就会感到重视和安全。

倾听的第一阶段是对对方的话题表示感兴趣，因为在此阶段是带着理解和尊重进行倾听。

第二阶段要以关心的态度去倾听，就像是一块共鸣板，让说话者能够试探你的意见和情感，同时觉得你是以一种非裁决的、非评判的姿态出现的。但是请不要马上就提出很多问题，因为不停地提问给人的印象往往是听者在受"炙烤"。

第三个阶段，让自己表现得像一面镜子，反馈自己认为对方当时正在考虑的内容，总结对方的内容以确认你完全理解了他所说的话。

第四个阶段，要避免先入为主，这发生在你以个人态度投入时。以个人态度投入一个问题时往往容易导致愤怒和受伤的情感，或者使你过早地下结论，显得武断。

第五个阶段，要经常使用简短的口语，如"噢""是的""我明白"或者"有意思"等，来认同对方的陈述。还要经常使用"说来听听""我们讨论讨论""我想听听你的想法"或者"我对你所说的很感兴趣"等话语来鼓励对方谈论更多内容。

如果每个管理者都能要求自己做到这五个阶段，那么企业的发展就会更上一层楼。但事实上，很多时候，人们完全没有去注意说话人所说的话，假装在听，其实却在考虑其他毫无关联的事情，或内心想着辩驳。这个时候，让倾听者更感兴趣的不是听，而是说，这种层次上的倾听会导致关系的破裂、冲突的出现和不佳决策的做出。

一个优秀的管理者实质上也是一个优秀的倾听者，这种倾听者在说话者的信息中会寻找感兴趣的部分，其认为这是获取新的有用信息的契机。高效率的倾听者清楚自己的个人喜好和态度，能够更好地避免对说话者做出武断的评价或使其受过激言语的影响。身为管理者的你如果能掌握倾听的力量，那么你很快就会成为一名成功的领导者。养成每天运用这些原则的习惯，将它内化为你的倾听能力，你会对由此带来的结果感到惊讶的。

第二节　沟通的障碍和冲突管理

一、有效沟通的标准

有效沟通首先要保证沟通的"量"，要保证传达足够的信息量。其次要保证沟通的"质"，沟通不仅仅是信息的传递，更重要的是信息需要被准确地表述和理解。最后要保证沟通的"时"，即沟通的有效性很大程度上依赖于信息的及时性。

二、影响有效沟通的因素

1. 人际障碍

每一个个体的表达能力、知识和经验差异、个性和关系、情绪、选择性直觉、信息过滤、信息过载都不尽相同。

2. 组织障碍

组织结构不合理，组织氛围不和谐。

3. 文化障碍

文化相似性有助于成功沟通，文化的差异会造成人际沟通障碍。不同文化的差异通过自我意识、语言、穿着、饮食、时间意识、价值观、信仰、思维方式等表现出来。

一般来说，西方社会比较注重个人发展及成就，权力距离较小，因此他们的沟通方式比较直接；东方社会比较重视团队和谐，权力距离较大，在工作时，人们不希望过分突出自己，更不愿意和同事或上级发生任何明显的冲突。

三、克服沟通障碍

1. 学会倾听

倾听是一种积极的、主动的、有意识的思考。

2. 重视反馈

信息接收者给信息发送者一个信息，告知信息已收到，以及理解信息的程度。反馈既可以是言语的，也可以是非言语的。

3. 克服认知差异

信息发送者应该使信息清晰明了，尽力了解沟通对象的背景，使用信息接收者容易理解的方式选择用词和组织信息。

4. 抑制情绪化反应

最简单的方法是暂停沟通直到完全恢复平静。管理者应该尽力预期员工的情绪化反应，并做好准备加以处理。同时关注自己情绪的变化，以及这种变化如何影响他人。

四、冲突及其管理

1. 冲突的概念及特征

冲突是指相互作用的主体之间存在不相容的行为或目标。冲突的特征如下。
客观性：冲突是客观存在的、不可避免的社会现象，是组织的本质特征之一。
主观知觉性：冲突是指导致某种抵触或对立的可感知的差异。
二重性：冲突对于组织、群体或个人既具有建设性、有益性，有产生积极影响的可能，又具有破坏性、有害性，有产生消极影响的可能。

2. 冲突的原因与类型

冲突的原因有以下几种。
个人差异：每个人的成长经历、家庭背景、文化水平等不同，造成个体在价值观、性格特征、能力、思维方式等方面存在差异。
沟通差异：语义理解的困难、信息交流不充分、沟通渠道中的噪声等因素都构成了沟通障碍，并成为冲突的潜在条件。
结构差异：来自组织结构本身的设计不良，从而造成整合困难，最后导致冲突。

根据冲突发生的层次，可将冲突划分为以下几种。

（1）个体内部冲突。冲突发生在个体内部。它一般发生于个体面临多种难以做出的选择，此时会表现得犹豫不决，茫然不知所措。一般表现为三种类型：接近-接近型冲突、回避-回避型冲突、接近-回避型冲突。

（2）人际冲突。冲突发生在两个人或者多个人之间。许多个体差异都会导致人际冲突，如个性、价值观、目标、态度、知觉等。

（3）群体间冲突。冲突发生在群体、团队或者部门之间。目标上的差异、对稀缺资源的竞争等原因都可能引发群体间冲突。

（4）组织间冲突。冲突发生在两个或者多个组织之间。企业竞争就是一种组织间冲突。组织还会因为与供应商、顾客、政府机构等之间的相互依存关系而发生冲突。

五、冲突管理

1. 冲突的抑制

托马斯定义了冲突行为的二维空间，并组合成五种冲突处理策略（见图5-2）。

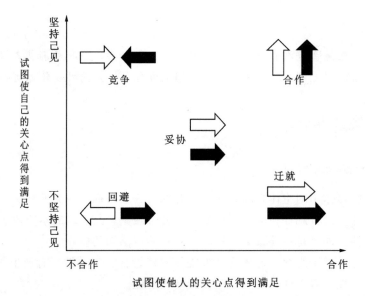

图 5-2　托马斯二维模式

2. 冲突的激发

将冲突合法化。管理者应当将鼓励冲突的信息传递给员工，并且采取支持性行动，以使冲突在组织中有其合法地位。

适度引入外部的新鲜血液，刺激组织内部的竞争氛围。管理者可以通过组织结构的安排来激发冲突。企业进行变革的总体趋势是扩大管理幅度、减少管理层次、广泛引入工作团队，实现组织结构的扁平化、网络化、虚拟化。新型组织结构讲求平等、重视沟通，能够有效提高组织的建设性冲突水平，进而提升企业绩效。

影响有效沟通的因素有人际障碍、组织障碍、文化障碍等因素。表达能力、知识和经验差异、个性和关系、情绪、选择性直觉、信息过滤、信息过载这些差异使得人与人之间的沟通差异明显；组织结构不合理和组织氛围不和谐使得组织之间沟通困难；自我意识、语言、穿着、饮食、时间意识、价值观、信仰、思维方式等不同因素使得文化冲突难以协调。

有效沟通可以促使人与人之间、组织与组织之间形成最大的共识，缩小矛盾，减少分歧与冲突，促进和谐。

第三节　创建公平公正的环境

一、中华民族基因中的公平公正观

在中国传统文化中，"天下为公，公正为民"的思想随处可见，并且构成了系统完备的理论学说，不仅成为社会治理的重要准则，也成为维系社会稳定与和谐的主要精神支柱。公正是人类文明进步的重要标准，国家把公正作为社会主义核心价值观在社会层面的价值取向之一。习近平总书记指出，推进改革的根本目的，是要让国家变得更加富强、让社会变得更加公平正义、让人民生活得更加美好。

中国很早就有关于公正的思想，这源于"天下为公"的理念。《六韬》中有一段话可做注脚："天下非一人之天下，乃天下之天下也。同天下之利者，则得天下；擅天下之利者，则失天下。天有时，地有财，能与人共之者，仁也。仁之所在，天下归之。免人之死，解人之难，救人之患，济人之急者，德也。德之所在，天下归之。与人同忧同乐，同好同恶者，义也。义之所在，天下赴之。凡人恶死而乐生，好德而归利，能生利者，道也。道之所在，天下归之。"这一论断，也是从商朝灭亡和周朝兴起的历史经验中得来的。

商鞅在总结历史经验后也得出"公私之交，存亡之本"的结论。他说："公私之分明，则小人不疾贤，而不肖者不妒功。故尧、舜之位天下也，非私天下之利也，为天下位天下也。论贤举能而传焉，非疏父子亲越人也，明于治乱之道也。故三王以义亲天下，五霸以法正诸侯，皆非私天下之利也，为天下治天下。是故擅其名而有其功，天下乐其政，而莫之能伤也。今乱世之君臣，区区然皆擅一国之利而管一官之重，以便其私，此国之所以危也。故公私之交，存亡之本也。"上古以来尧舜以至"三王""五霸"，治国理政的方式不尽相同，但他们能够成功的原因，都在于"为天下位天下""为天下治天下"，不是把天下之利归于一己之私。而当时天下纷争、战乱频仍的原因，也是由于执政者"皆擅一国之利而管一官之重"，不是为了天下百姓，而是趁机谋取私利，以至于民心离散，国家危亡。因此，商鞅指出，为天下之公还是私天下之利，是决定国家存亡的根本原因。

"圣人恒无心，以百姓之心为心""惟公而后能正"，这些思想成为古代先贤的共识。

黄宗羲总结尧舜之道时说:"不以一己之利为利,而使天下受其利;不以一己之害为害,而使天下释其害。"据《左传》记载,邾文公打算迁都,史官占卜的结果是:"利于民而不利于君。"邾文公说:"天生民而树之君,以利之也。民既利矣,孤必与焉。"立君为民,大公无私,成为中国古代政治思想的重要传统。

"其身正,不令而行;其身不正,虽令不从。"除了外在的法律制约,社会公正的实现,还需要领导干部身体力行,持守正道,带动公平正义的社会风气。

鲁哀公向孔子请教如何让百姓信服,孔子回答说:"举直错诸枉,则民服,举枉错诸直,则民不服。"提拔正直的人为政,百姓自然信服;反之,邪佞之人当道,百姓就会不服。孟子也指出:"枉己者,未有能直人者也。"自己不行正道,是不能使别人正直的。孔子教育弟子说:"丘也闻有国有家者,不患寡而患不均,不患贫而患不安。盖均无贫,和无寡,安无倾。"分配方式不公平,也会破坏社会公正,导致民心不平,人言鼎沸。只有分配公正,社会和谐,国家安定,人民才能各得其所,安居乐业。

历史的经验告诉我们,国家的强盛之道,在于为人民谋福利,以广大民众为重心,而不仅是维护统治阶层的利益。因此,古圣先贤把社会公正看作是政治文明的重要体现,倡导为公为民的政治立场。领导者管理下属应当注重公平公正。

二、公平理论

公平理论是美国行为科学家亚当斯提出的一种激励理论。该理论侧重于研究工资报酬分配的合理性、公平性及其对职工生产积极性的影响。

(一)公平理论相关内容

公平理论指出,人的工作积极性不仅与个人实际报酬多少有关,而且与人们对报酬的分配是否感到公平更为有关。人们总会自觉或不自觉地将自己付出的劳动代价及其所得到的报酬与他人进行比较,并对公平与否做出判断。公平感直接影响职工的工作动机和行为。因此,从某种意义来讲,动机的激发过程实际上是人与人进行比较,做出公平与否的判断,并据以指导行为的过程。公平理论研究的主要内容是职工报酬分配的合理性、公平性及其对职工的积极性的影响。

亚当斯认为,职工的积极性取决于他所感受的分配上的公正程度(即公平感),而职工的公平感取决于一种社会比较或历史比较。所谓社会比较,是指职工对自己所获得的报酬(包括物质上的金钱、福利及精神上的受重视程度、表彰奖励等)与投入(包括自己受教育的程度、经验及用于工作的时间、精力和其他消耗等)的比值同他人的报酬与投入的比值进行比较。所谓历史比较,是指职工对自己的报酬与投入的比值同自己在历史上某一时期内的这个比值进行比较。

每个人都会自觉或不自觉地进行这种社会比较,同时也要自觉或不自觉地进行历史比较。职工对自己的报酬做社会比较或历史比较的结果表明收支比率相等时,便会感觉受到了公平待遇,因而心理平衡、心情舒畅、工作努力。如果认为收支比率不相等,则会感觉自己受到了不公平待遇,产生怨恨情绪,影响工作积极性。职工认为自己的收支比率过低时，会产生报酬不足的不公平感，比率差距越大，这种感觉越强烈。这时职工就会产生挫折感、愤懑感、仇恨心理，甚至产生破坏心理。少数时候，职工也会因认为自己的收支比率过高，产生不安的感觉或感激心理。

当职工感到不公平时，他可能千方百计进行自我安慰，如通过自我解释，主观上造成一种公平的假象，以减少心理失衡或选择另一种比较基准进行比较，以便获得主观上的公平感；还可能采取行动，改变对方或自己的收支比率，如要求把别人的报酬降下来、增加别人的劳动投入或要求给自己增加报酬、减少劳动投入等；还可能采取发牢骚、讲怪话、消极怠工、制造矛盾或弃职他就等行为。

调查和试验的结果表明，不公平感绝大多数是由于经过比较认为自己报酬过低而产生的；但在少数情况下，也会由于经过比较认为自己的报酬过高而产生。第一，它与个人的主观判断有关。第二，它与个人所持的公平标准有关。第三，它与绩效的评定有关。第四，它与绩效的评定人有关。

公平理论认为，当员工感到不公平时，你可以预计他们会采取以下六种选择中的一种：① 改变自己的投入；② 改变自己的产出；③ 歪曲对自我的认知；④ 歪曲对他人的认知；⑤ 选择其他参照对象；⑥ 离开该领域。

公平理论还指出，以下四种做法与报酬的不公平性有关：① 如果根据时间计酬，感到报酬过高的员工会比感到报酬公平的员工有更高的生产率；② 如果根据产量计酬，感到报酬过高的员工会比感到报酬公平的员工产量低但质量高；③ 如果根据时间计酬，感到报酬过低的员工的产量更低，质量也更差；④ 如果根据产量计酬，感到报酬过低的员工会比感到报酬公平的员工产量高而质量低。

（二）不公平原因

我们看到，公平理论提出的基本观点是客观存在的，但公平本身是一个相当复杂的问题，这主要是由于下面几个原因。

1. 与个人的主观判断有关

对自己的或他人的投入和报偿的比较都是个人感觉，而一般人总是对自己的投入估计过高，对别人的投入估计过低。

2. 与个人所持的公平标准有关

公平标准一般采用贡献率，也有采用需要率、平均率的。例如，有人认为助学金应改为奖学金才合理，有人认为应平均分配才公平，也有人认为按经济困难程度分配才适当。

3. 与绩效的评定有关

我们主张按绩效付酬，并且各人之间应相对均衡。但如何评定绩效？是以工作成果的数量和质量，还是按工作中的努力程度和付出的劳动量？是按工作的复杂、困难程度，还是按工作能力、技能、资历和学历？采用不同的评定办法会得到不同的结果。最好是按工作成果的数量和质量,用明确、客观、易于核实的标准来衡量,但这在实际工作中往往难以做到,有时不得不采用其他方法。

4. 与绩效的评定人有关

绩效由谁来评定,是领导者评定还是群众评定或自我评定,不同的评定人会得出不同的结果。由于同一组织内往往不是由同一个人评定,因此会出现松紧不一、回避矛盾、姑息迁就、抱有成见等现象。

然而,公平理论对我们有着重要的启示。首先,影响激励效果的不仅有报酬的绝对值,还有报酬的相对值。其次,激励时应力求公平,使等式在客观上成立,尽管有主观判断的误差,也不致造成严重的不公平感。最后,在激励过程中应注意对被激励者公平心理的引导,使其树立正确的公平观:一是要认识到绝对的公平是不存在的;二是不要盲目攀比;三是要认识到不按劳付酬是在公平问题上造成恶性循环的主要原因。

为了避免职工产生不公平的感觉,企业往往采取各种手段,在企业中造成一种公平合理的气氛,使职工产生一种主观上的公平感。如有的企业采用保密工资的办法,使职工相互不了解彼此的收支比率,以免职工互相比较而产生不公平感。

(三)团队出业绩离不开公平公正的环境

公平理论为组织管理者公平对待每一个职工提供了一种分析、处理问题的方法,对于组织管理有较大的启发意义。

1. 管理者要引导职工形成正确的公平感,带动整个组织的积极性

职工的社会比较或历史比较客观存在,并且这种比较往往是凭个人的主观感觉,因此,管理者要多做正确的引导,使职工形成正确的公平感。在人们的心理活动中,往往会过高估计自己的贡献和作用,压低他人的绩效和付出,总认为自己报酬偏低,从而产生不公平心理。随着信息技术的发展,人们的社会交往越来越广,比较范围越来越大,加上收入差距增大的社会现实,都增加了职工产生不公平感的可能性。管理者要引导职工正确进行比较,多看到他人的长处,认识到自己的短处,客观公正地选择比较基准,多在自己所在的地区、行业内比较,尽可能看到自己报酬的发展和提高,避免盲目攀比而造成不公平感。

领导行为是否公正将直接影响职工对比较对象的正确选择。如领导处事不公,职工必将选择受领导"照顾者"作为比较基准,以致增大比较结果的反差而产生不公平心理。因此,组织管理者要平等地对待每一位职工,公正地处理每一件事情,依法行政,避免因情感因素导致管理行为不公正。同时,也应注意,公平是相对的,是相对于比较对象的一种平衡,而不是平均。在分配问题上,必须坚持"效率优先,兼顾公平"的原则,允许一部分人通过诚实劳动和合法经营先富起来,带动后富者不断改变现状,逐步实现共同富裕,否则就会产生吃"大锅饭"现象,使组织运行机制失去活力。

事实表明,职工的公平感不仅对职工个体行为有直接影响,而且会通过个体行为影响整个组织的积极性。在组织管理中,管理者要着力营造一种公平的氛围,如正确引导

职工言论，减少因不正常的舆论传播而产生的消极情绪；经常深入群众，了解职工工作、生活中的实际困难，及时帮助解决；关心、照顾弱势群体，必要时可根据实际情况，单独给予补助等。

2. 报酬的分配要有利于建立科学的激励机制，公平不是平均主义

对职工报酬的分配要体现"多劳多得，质优多得，责重多得"的原则，坚持精神激励与物质激励相结合的办法。在物质报酬的分配上，应正确运用竞争机制的激励作用，通过合理拉开分配差距体现公平。在精神上，要采用关心、鼓励、表扬等方式，使职工感觉自己受到了重视，品尝到成功的欣慰与自我实现的快乐，自觉地使个人目标与组织目标相一致，形成无私奉献的职业责任感。

很多管理者抱怨员工不努力、不尽力导致团队目标业绩完不成。同样职工也抱怨企业、部门不公平，自己努力了也没获得自己期望的回报，反而那些不如自己努力的、不如自己业绩好的获得了晋升。

大部分人都渴望公平，希望得到公平的对待，但什么是公平，很难说清楚。公平指不偏不倚。"公"指公正、合理，能获得广泛的支持，"平"指平等。

无论管理者还是普通员工，都希望能在一个公平、公正的环境中工作，希望自己的努力有所回报。管理者希望公平能激励努力奋斗的员工实现自己的目标，员工希望公平地竞争，通过努力，实现自己能力的提升、岗位的晋升、收入的增加。

但是在这里，我们要强调一下，公平不是平均，更不是平均主义。

某高校的一位教授，曾和学生在课堂上讨论社会的财富分配问题。为了强调公平，大部分学生都主张平均分配社会财富。教授没有做任何评论，只是带领学生进行了一个实验：以全班平均成绩作为大家的最终成绩。这样一来，学生既可摆脱过大的学习压力，又不用担心不及格。第1次测试结果，大家的平均成绩是80分。这时，那些一直努力学习的学生就会想，即使我努力了也不会得到更好的成绩，那我何必白费劲呢？于是不再努力学习。而那些本来就不努力学习的学生认为，反正有学习成绩好的人会拉高平均分，不用我努力。结果，第二次测试结果，大家的平均成绩变成了70分，第三次则变成了60分。这时，部分学生坐不住了，他们跑去找教授，说不能再这样下去了，否则最后大家的成绩都要不及格了。教授说，平均分配社会财富的结果就是这样，虽然部分人在短期内能够得到好处，但是这样的好处很快就会被消耗完，最后导致的结果就是普遍贫穷。

亚当斯认为，公平来自比较。把甲的收入除以甲的投入与乙的收入除以乙的投入相比，如果相等，则认为经济环境公平。如果甲的收入除以甲的投入大于乙的收入除以乙的投入，那么甲就会获得惊喜，而乙就会认为不公平。

平均主义会导致努力的人、业绩好的人因为没有得到应有的奖励而不再努力，同样会使部分人不劳而获，产生更大的惰性。平均主义会使整个社会缺乏积极向上的动力。

3. 公平首先是分配公平，然后是身份平等、过程公正

我们倡导的公平首先是分配公平。所谓分配公平，就是"各尽所能，按劳分配"，不能是"会哭的孩子有奶吃"，也不能是"阿谀奉承者优先"。

公平是付出就会有回报，付出多，收获大，这才是真正的公平。经济独立才能人格独立，经济基础决定上层建筑，公平首先是经济上的公平，主要体现为收入与付出成正比。

当一个好员工，虽然也拿到了奖金，但他发现，公司里有人干得还不如他，却比他拿得多，他发现自己的利益被别人占了，他会觉得委屈。

如果一个管理者，喜欢当老好人，不愿得罪人，就在团队搞平均主义。当然不是绝对平均，比如团队也搞绩效考核，但是绩效奖励不突出，只是考核成绩好的人多拿一部分奖金，比如前20%的业绩对应平均奖金的120%，后20%的业绩对应平均奖金的80%，中间的60%拿的奖金是平均数。这样的绩效奖励不能体现个人的真正价值，容易导致优秀员工的离开，最后变成"劣币驱逐良币"。

公平除了分配公平，还是身份平等。个别领导者把自己当成特权人物，认为自己高人一等，可以无视很多规则。比如公司规定不能迟到早退，管理者自己却经常迟到早退。员工提意见时，就以前天晚上陪客户为由为迟到找借口；如果早退，就以晚上有客户为由。

管理者不但要严格要求自己，还要公平公正地对待员工，这样才能赢得下属的尊敬和爱戴，不能偏袒自己喜欢的员工而对自己不喜欢的员工横眉冷对。管理者对员工要一视同仁，"领导偏心，员工寒心"，下属可以理解管理者因经验不足而出现的失误，却无法容忍管理者的不公平态度。

组织内的公平还体现在流程和工作处理过程的公正。要营造相对公平的环境，把制度和流程透明化，大家工作的过程也透明化，谁付出多，谁业绩好，大家一目了然。用数据说话，通过制度管人，这就给大家提供了一个相对公平的平台。在这样的环境里，大家有问题，把问题摆在桌面上，少了钩心斗角，少了尔虞我诈，把心思主要用在工作上，用在提高业绩上。在相对公平的环境里，大家充分发挥自己的能力，处处充满正能量，这样的团队，不赢都难。

在绩效考核时，你给别人评了一个级别或者分数，要让对方知道，你是根据什么给的考核成绩。晋升了一名员工，也要让大家知道，为什么晋升人是他，而不是别人。这就是制度和流程的公平。如果程序不公平，给出了不客观的评价，员工会觉得领导不公正，心里委屈，甚至会辞职。

管理者一定要为员工创造公平公正的环境，让优秀人才能够脱颖而出，让优秀人才获得价值感、尊重感、幸福感，这样他们才能越来越有干劲，也能带动其他员工往好的方向努力，让优秀人才成为标杆和榜样，这样的企业才有活力、才有朝气。

管理者要想提高团队整体业绩，就需要营造公平的环境，让业绩优秀的人获得应有的回报，让业绩不好的人感受到差距，产生向上努力的动力，这样团队就会整体取得进步，获得更好的业绩。

 **案例讨论题**

雷军：小米 SU7 比想象的成功 3 至 5 倍，靠的是小米与客户的沟通"七字秘诀"

2024 年上半年，小米 SU7 的横空出世撬动了行业格局。这款由小米公司推出的纯电动车，是当时热搜榜上的常客，更在市场反响上超出了人们的预期。

雷军在公开演讲中表示，小米 SU7 比想象的成功 3 至 5 倍。他觉得小米 SU7 的成功本质上就是小米模式的成功，是小米方法论的成功，甚至归根结底是小米文化价值观的成功。

而且，特别在女性用户群体中，小米 SU7 的受欢迎程度更是翻了一倍。目前，小米 SU7 的女性购买者占比达到了 30%，雷军还预计，SU7 的女车主占比会达到 40%～50%。

一款车能够打动这么多车主，说明确实很成功，那么，小米 SU7 的成功背后究竟隐藏着怎样的秘密呢？

是否正如雷军所言靠的是小米模式的成功？我们可以简单分解一下小米模式，此前，雷军出书就说过小米的方法论（小米模式），无外乎就是小米的"七字秘诀"：专注、极致、口碑、快。

1. 专注

专注，就是要深耕细作，打造精品。小米汽车的团队对产品的专注程度是毋庸置疑的。从早期的投资布局，到后期的产品研发，小米在智能汽车领域的每一步都显得格外谨慎和专注。

事实上，在 2019 年，小米就已经在电控领域布局了，通过顺为资本投资了奥易克斯，后者主营新能源汽车电控产品和汽车传统动力电控产品，是国内为数不多具备国六技术能力的企业。

至于其他的一些谋划，暂时未有太多信息，只知道小米 2013 年至 2017 年期间投资了不少新势力汽车公司，2018 年至 2020 年注册了一些与小米汽车有关的商标。2021 年 3 月底，小米对外宣布董事会正式批准智能电动汽车业务立项，自立项到上市总共约 3 年时间。

所以，多年的积累和沉淀，也体现了小米对汽车行业的深度理解和对产品的精益求精，严格来说，小米对汽车也是专注的。

2. 极致

小米要做的是追求卓越、超越期待。小米 SU7 的设计理念，用雷军和小米官方的话来说，就是追求极致的用户体验。

在性能上，SU7 搭载了高性能的电机和先进的电池技术，提供了强大的动力和较长的续航能力。在智能化方面，SU7配备了丰富的智能驾驶辅助系统和智能互联功能，让驾驶变得更加安全和便捷。也许，小米汽车对每一个细节的追求，都体现了其对产品极致追求的态度。

也许在技术方面，在智驾方面做得还不够好，但是小米和雷军可以想到把"支架"做好，也是一种极致的表现了。

3. 口碑

在笔者心里，小米的口碑确实没有想象中那么好，但也不是太坏。最起码，小米官方以及雷军可以及时和用户沟通，有什么事情都爱进行调查研究，让用户投票。从与客户沟通方面来说，小米做得确实到位，可以说这一点很有口碑。

4. 快

"快"字，从SU7这几天上市后的表现来看，确实体现出来了。一是快速"炸裂"的营销传播，为SU7抢占了大量的流量。二是对问题及时回复沟通，小米官方在社交平台创造了良好的沟通桥梁，无论好的、坏的热点，都能及时回应，并且转换成SU7的流量。最重要的是百强老总亲自为首批几个客户开车门，影响力传播得很快。

雷军注重培育"米粉"，非常善于和客户沟通。小米公司早在自家手机推出前，就通过发布MIUI系统积累到一批种子用户。当时小米的做法是从竞品的网站精心筛选并主动邀请来一批人，请他们试用仍在不断完善中的MIUI系统，听取反馈意见，并将他们留在自家的论坛里。因为MIUI系统的黏性，小米在手机正式发布之前就拥有了第一批"米粉"。

（来源：百家号"尔东陈谭"2024年4月14日，略有改动）

课后思考

1. 企业应该如何更好地和用户沟通？
2. 企业管理者应怎样通过沟通达到企业目标的一致性？

下篇

高效执行力

第六章

执行力缺失的根源

执行力包含完成任务的意愿、完成任务的能力和完成任务的程度。对个人来说,执行力就是办事能力;对团队来说,执行力就是战斗力;对企业来说,执行力就是经营能力。简单来说,执行力就是行动力。前者与"规划"相对应,指的是对规划的实施,其前提是已经有了规划;后者指的是完成某种困难的事情或变革,它不以已有的规划为前提。学术界和实业界对执行力的理解基本上也是如此,只是侧重点和角度有所不同。

第一节 何为执行力

执行力是指有效利用资源、保质保量达到目标的能力,是指贯彻战略意图、完成预定目标的操作能力。它是将企业的战略、规划、目标转化为效益、成果的关键。

执行力就是一种在既定的战略和愿景的前提下,组织对内部和外部可利用的资源进行综合协调,制定出可行的战略,并通过有效的执行措施来最终实现组织目标、达成组织愿景的力量。

执行力是一个变量,不同的执行者在做同一件事情的时候也会得到不同的结果。执行力不但因人而异,而且会因时而变。要想解决执行力的若干问题,就必须先剖析影响执行力的根源,然后寻找方法,这样解决问题自然就会变得容易些。

执行力既反映出组织(包括政府、企事业单位等)的整体素质,也反映出管理者的角色定位。管理者不仅仅是制定策略和下达命令,更重要的是必须具备执行力。执行力的关键在于通过制度、体系和企业文化等规范和引导员工的行为。管理者如何培养下属的执行力,是影响企业总体执行力提升的关键因素。

一、管理者如何培养下属的执行力

(一)计划对执行力的影响

有一个农夫一早起来,跟妻子说他要去耕田。他走到田地后,发现耕耘机没有油了。他原本打算立刻去加油的,但突然想到家里的几头猪还没有喂,于是转回家去。经过仓库时,他望见旁边有几个马铃薯,想起马铃薯可能正在发芽,于是又走到马铃薯田去。途中经过木材堆,他又记起家中需要一些柴火。正当要去取柴的时候,他看见一只生病的鸡躺在地上……这样来来回回跑了几趟,这个农夫从早上一直到太阳落山,油也没加,田也没耕,猪也没喂……很显然,最后他什么事也没有做好。

计划是执行力的前提,没有好的计划就不可能有好的执行力。

(二)沟通对执行力的影响

老板叫一员工去买复印纸。员工去了,买了三张复印纸回来。老板大叫:"三张复印纸,怎么够?我至少要三摞。"员工第二天就去买了三摞复印纸回来。老板一看,又叫:"你怎么买了 B5 的?我要的是 A4 的。"员工过了几天,买了三摞 A4 的复印纸回来,老板骂道:"怎么过了一个星期才买好?"员工回:"你又没有说什么时候要。"就为买复印纸,员工跑了三趟,老板气了三次。事后,老板会摇头叹道:"这个员工的执行力太差了!"员工心里会说:"老板能力欠缺,连个任务都交代不清楚,只会支使下属白忙活!"

有效的沟通是双向沟通。有效的沟通是管理机制中极为重要的一部分。

(三)细节对执行力的影响

海尔集团是由濒临倒闭的小厂发展成称雄国内外市场的企业集团的。今天的海尔集团为什么这么强大,知名度这么高呢?海尔集团为什么会做得这么好呢?其实,海尔集团也是从每件小事做起发展起来的。在海尔集团,你会看见这么一块标牌:"日事日毕,日清日高。"海尔集团中的所有人都会把这个作为目标。在1985年张瑞敏命令把76台不合格冰箱砸掉后,每个人的心中都刻下了一道深深的永远不能磨灭的伤痕,"它"时刻都提醒他们,要有强烈的责任心,做好每件小事,关注每个细节。海尔集团终于在1988年在中国冰箱行业拿到了第一枚质量金牌。"日事日毕,日清日高",培养执行力要从每日的工作做起。

二、执行力的分类

执行力分为个人执行力和团队执行力两种。

个人执行力是指单个的人把上级的命令和想法变成行动,把行动变成结果,从而保质保量完成任务的能力,即一个人获取结果的行动能力。总裁的个人执行力主要表现为战略决策能力,高层管理人员的个人执行力主要表现为组织管控能力,中层管理人员的个人执行力主要表现为工作指标的实现能力。个人执行力的高低取决于其本人是否有良好的工作方式和习惯、是否熟练掌握了管人和管事的相关管理工具、是否有正确的工作思路和方法,以及是否具有执行力所需的管理风格和性格特质等。团队执行力是指一个团队把战略、决策持续转化成结果的满意度、精确度和速度,它是一项系统工程,表现出来的是整个团队的战斗力、竞争力和凝聚力。团队执行力就是将战略与决策转化为实施结果的能力。许多成功的企业家也对此做出过自己的定义。曾担任过通用电气公司总裁的杰克·韦尔奇认为，所谓团队执行力，就是"企业奖惩制度的严格实施"。而中国企业家柳传志认为，团队执行力就是"用合适的人，干合适的事"。综上所述，团队执行力就是当上级下达指令或提出要求后，团队迅速做出反应，将其贯彻或者执行下去的能力。

柳传志认为，"执行力就是选拔合适的人员到恰当的岗位上"。他还常常说这句话："这个人用对了。"所谓执行力，对于人力资源来说，就是选拔合适的人到合适的岗位上，包括选择接班人。

杨元庆是柳传志的接班人，在他的领导下，联想电脑位居中国电脑市场销量前列。杨元庆说，对他成长影响较大的，一个是他的父亲，另一个是柳传志。自古以来，有千里马也要有伯乐，你手下有千里马吗？你自己是伯乐吗？所以说，"执行力就是选拔合适的人员到恰当的岗位上"。

三、执行力的衡量标准

执行力的衡量标准，即按质、按量、按时完成自己的工作与任务。执行力的提升最终是为了抓企业核心竞争力，什么是核心竞争力？最简单的定义是，从竞争者角度看这种能力别人无法模仿，从顾客角度看这个产品没有替代品。

（一）从竞争者角度看这种能力别人无法模仿

有美国媒体说，中国供应链任何国家都模仿不了。现在有人认为越南、印度会取代中国成为"世界工厂"。然而事实是，中国"世界工厂"的地位并不是说取代就能取代得了的，中国之所以能成为"世界工厂"，是由中国所特有的优势形成的，这些优势别的国家很难具备。

2023年12月，特斯拉和SpaceX的领导者马斯克在接受采访时表示，他旗下所有公司都不会做抑制竞争的事情，而是鼓励竞争和创新。特斯拉致力于加速人类迈向可持续能源，而SpaceX则希望让人类成为多行星物种。马斯克还强调，特斯拉已经开放了所有专利，任何人都可以免费使用这些专利。此外，特斯拉还将充电器技术免费提供给其他制造商，以促进可持续能源的发展。

马斯克开放专利是因为他不惧怕竞争对手模仿。同时，马斯克希望和竞争对手一起做大新能源和太空探索的蛋糕。

（二）从顾客角度看这个产品没有替代品

在激烈的市场竞争中，品牌质量保证是赢得客户信任和忠诚度的关键。为此，品牌需采取一系列措施，如严格的质量管理体系、优质的供应链管理、强调研发和创新、严格的质量检测，以及可靠的售后服务。同时，密切关注客户反馈并予以改进，积极建设品牌声誉和口碑。这些措施有助于确保产品质量和客户满意度。

每次爆发的全球金融危机都会带给我们许多启示，在危机中，糟糕的公司倒下了，优秀的公司挺了过来，杰出的公司变得更强了。我们会问：市场经济中，是什么决定了一个公司的强弱兴衰？是先进的设备？是品牌文化？是政府支持？还是运气？先进的设备、品牌文化、政府支持和运气，这些因素都影响着一个企业的发展，但是对企业的发展起决定性作用的是产品质量。德国在全球金融危机中受到的影响是很小的，这与其强大的制造业和优良的产品质量密不可分。只有质量过硬的产品才能使客户获得较大的使用价值；只有产品质量过硬，才能使一个企业飞得更高、走得更远。

正是出于对产品质量的重视，海尔集团从一家资不抵债、濒临倒闭的小厂发展成全球较大的家用电器制造商之一。2023 年，家电行业面临着多重挑战，头部企业通过高端化战略保持住了较为稳定的增长。3 月 28 日，海尔智家发布了 2023 年报，报告期内实现营收 2614.28 亿元，同比增长 7.33％；净利润 165.97 亿元，同比增长 12.81％。据年报披露，海尔智家去年在全球两百多个国家和地区售出超过一亿台家电，覆盖空调、热水器等多个品类。2023 年，经营活动产生的现金流量净额达到 252.62 亿元，同比增长 24.7％。

年报数据显示，在中国国内市场，海尔冰箱、洗衣机在第一份额基础上持续提升：冰箱线下市场份额升至 45.2％；洗衣机线下市场份额升至 47.5％，其中干衣机线下市场份额升至 40.4％，位居行业 TOP1。2022 年，在海外需求走弱、加息等不利因素的影响下，海尔智家通过高端创牌战略稳住了海外市场业绩，据披露，2023 年海尔智家海外营收 1364.12 亿元，同比增长 7.62％。

海尔集团的质量誉满全球，海尔集团的成功靠的就是产品质量。说起海尔质量，不得不提海尔集团发展成长中非常重要的一件事，这就是海尔集团的主要创始人张瑞敏在 1985 年砸冰箱的惊人举动。他决定开一个全体员工现场会，把一批不合格的产品当众全部砸掉，而且由生产这些产品的员工亲自来砸。结果，就是一柄大锤，伴随着那阵阵巨响，真正砸醒了海尔人的质量意识，砸出了海尔优良质量。

海尔集团的成功使我们认识到：决定客户需求的不仅仅是价格，更重要的是优良的产品质量。

品质是企业的生命，劣质会导致企业短命。产品品质是企业生产的第一着力点，它就像一座大厦的地基，或者说像一棵树的根系。地基打不好，大厦建不牢；根系不发达，树木长不高。因为产品质量问题而倒下和受挫的企业不胜枚举，如丰田汽车公司的"刹车门"事件等。

以往企业成功的经验和失败的教训警示我们，产品质量就是企业的生命。产品质量是生产出来的，不是检验出来的。要想打造企业的产品质量，首先，要以市场为导向，市场是最好的检验员，是产品质量的试金石。产品质量的保持关键在于人，关键在于员工的心态，在于教育训练。其次，抓产品质量是一件需要长期坚持的事情，不是一朝一夕、一招一式就可以达到目的的，不是一两个部门就可以做到的，需要全面、全员地推进质量建设。只有这样，产品质量才能保持住，才能提得高。最后，要让保证好品质成为一种习惯，成为员工日常工作的自觉表现。

产品质量的提高需要每个员工的努力和配合，需要员工牢固树立质量就是生命的意识，要求员工像呵护自己生命一样去打造产品质量，促使员工为了更高的产品质量，为了企业更美好的明天而不懈奋斗。对于企业来说，产品质量的优劣直接关系到企业的根本利益和前途命运。

（三）好的执行力必须有好的管理团队

我们运营企业，不可能单打独斗，光一个人有执行力是不够的，一个成功的企业背后是无数人日夜拼搏的成果。想要赢在企业，就需要赢在团队，让整个团队的执行力最大化地迸发出来。

"1+1＞2"，一个人的力量是渺小的，但一群人的力量是强大的。孙悟空一个人走，也许走得快，然而只有师徒四人一起走，才能走得远。

中国有一个家喻户晓的故事：一个和尚挑水喝，两个和尚抬水喝，三个和尚没水喝。

这个故事可以类比现在的许多中小企业。"三个和尚"相当于一个小组织，当和尚形成了一个小组织后，团队的人数多了，收益反而降低了。造成这样的后果，主要是因为组织架构不明确，"三个和尚"就会互相推卸责任，事情没有人愿意做。所以我们想要赢在团队，胜在执行，团队首先就要解决分工的问题，明确企业所有人的岗位职责。

企业的核心管理层一直和员工待在一起，他们对员工的影响力甚至超过了老板。可以说核心管理层是企业的命脉。

管理层上班积极，员工就上班积极；管理层上班懒散，员工上班就懒散。现在企业最缺的人才就是优秀的管理者。优秀的管理者是要培训的，很多企业直接将做得好的员工或者老员工提拔进入管理层，这是不合理的。

《孙子兵法》云："兵者，国之大事，死生之地，存亡之道，不可不察也。故经之以五事，校之以计，而索其情：一曰道，二曰天，三曰地，四曰将，五曰法。道者，令民与上同意也，故可以与之死，可以与之生，而不畏危；天者，阴阳、寒暑、时制也。地者，远近、险易、广狭、死生也；将者，智、信、仁、勇、严也；法者，曲制、官道、主用也。凡此五者，将莫不闻，知之者胜，不知者不胜。"

企业就相当于一个国家，而管理层就相当于国家的将领，智、信、仁、勇、严是为将者必须具备的五种能力，企业管理者也是如此。在企业管理和团队建设过程中，团队执行力是衡量团队绩效的重要指标。如何提升团队执行力，确保团队高效运转，是企业家、管理层、创业者和职场人士都需要关注的问题。

（四）抓基层员工的工作质量、提升执行力

对员工而言，既来之，则安之。既然来了，就不要后悔。不要数着时间等下班。应保持乐观的工作态度，营造快乐的工作环境，快乐工作；少一些抱怨，多一些参与；应放松心情；应跟踪追击，当未完成一项工作时，别忘记去了解工作的进程。

员工要虚心向领导和同事学习。向领导和同事学习，可以使员工变得更优秀，获得

更多成功的机会。员工也可以从领导和同事的一言一行中观察处理事情的方法。向领导学习，不是因为他是领导，而是因为他优秀。领导之所以能成为领导，一定有他的过人之处。在一个单位中，领导往往是最大的风险承担者。除了要应对外界的质量风险，领导还要处理突发生产状况。可以说，领导所面临的压力是普通员工所无法想象的，从这个角度来说，领导是优秀的。单凭这一点，领导就值得普通员工去学习和效仿。

向领导学习，那么你做事会更尽心尽力。只有尽心尽力地做事，才能提高效率和质量。你要知道什么是自己应该做的，什么是自己不应该做的。否则，你就会得过且过、不负责任，质量和效率就无从谈起。最好的学习对象就在我们的身边，不要视而不见，也不要不好意思。"厚下脸皮"向身边的领导和同事"取经"，会让你的职业生涯充满乐趣。员工还应多阅读有关本职工作的书籍，努力提高自身素质。工作中无小事，其实每一件事都值得我们认真去做，即使是普通的事情、微小的事情，也不应该敷衍或者轻视。

工作是我们一生之中极重要的一部分。为什么要工作？为了谁工作？应该抱着什么样的态度去工作？这是对我们工作的认识、态度和指导思想问题。身为企业中的一分子，我们应感到无比自豪与荣幸。因此，在工作中，要天天怀着快乐之心去努力工作，爱岗敬业，把自己的工作做细、做精、做实，做好眼前的每一件小事。对每件事情，抱着良好的心态去做，即使对那些表面上的小事，也应该用做大事的心态去处理。另外，做任何事情都必须按时、按标准去完成。我们必须明白，"工作中无小事""把每一件简单的事情做好就是不简单"的道理。

责任无处不在，无论是大事还是小事，我们都要全身心地投入，满怀责任感去完成。人人都需要生存，要生存就要工作，以获取经济收入。有一份稳定的工作，不仅能维持个人、家庭的日常开支，而且能满足个人的精神需要，实现人生价值。只有思想稳定了，工作才会有积极性和主动性，才谈得上爱岗敬业，才能将有限的精力投入到工作之中，把工作做好，把眼前的每一件小事做好，在平凡中做出不平凡的成绩，为集体分忧，为企业的全面发展贡献自己的力量。

"天下难事，必作于易；天下大事，必作于细。"要想成就一番大事业，必须从简单的事情做起，从细微之处入手。如果满足于现状、不思进取，就会被淘汰。今天的成就来源于昨天的努力，明天的成就则需要今天的努力，只有努力工作，才能实现自己的人生价值。在我们的日常工作中，一个细节没注意到，就有可能会给我们产生难以挽回的影响。我们应付出热情和努力，多关注如何才能把事情做得更好，全力以赴、尽心尽职地工作；应端正工作心态，把小事做好、做到位，把重视小事当成一种习惯、一种态度和一种责任。对于敬业者来说，凡事无小事，简单不等于容易。因此，我们应花大力气做好小事情，把小事情做细；应调整好自己的心态，改变以前一些错误的想法，轻装上阵。

做好自己的工作，获得事业上的成功，是每一个人的梦想和追求。然而，要实现这一梦想和追求需要有一个合理的目标、一种内在的动力和一份积极的心态。很多时候仔细想想自己的追求和应当承担的责任之后，就会更加有动力去做好每一件事情，相应地，工作质量就会得以提高。提高工作质量可从以下几个方面做起。

（1）保持较高的工作激情。工作激情也可以说是工作意愿，就是想不想做，想不想又好又快地做，是积极主动、认真负责地工作，还是敷衍了事、拖拖拉拉地工作，两种截然不同的心态，使得工作效率的具体表现也大相径庭。因此工作激情成为提高工作效率的关键因素之一，保持较高的工作激情是提高工作质量的前提。

（2）施行科学的工作计划。采用计划管理，对每项工作都要认真分析、正确量化，结合现实状况、历史状况、行业状况和工作状况等，制订出科学、合理的工作计划，并按照工作计划认真执行，对于工作计划执行中出现的突变情况，要及时、准确地进行修正。施行科学的工作计划是提高工作质量的保障。

（3）"工欲善其事，必先利其器"，选择好的工具能取得事半功倍的效果，如电子邮件沟通就比普通寄信沟通的工作效率高。现在是科技飞速发展的时代，新的工具层出不穷，甚至每一个新工具的出现，都是对老工具的革命，对提高工作效率都有相当大的帮助。因此选择合适、高效的工具，对提高工作质量有直接帮助。

（4）对工作进行分类，将其分为重要又紧急、重要不紧急、紧急不重要和不重要不紧急四类，按计划、有步骤地只做当时必须做的工作，免得当时不重要的工作喧宾夺主，影响了正常工作的进展，确保工作质量的提高。

（5）养成好的工作习惯。如按计划工作，按流程操作，服从指挥，搞好工作协调，搞好工具、设备的维护保养，勤学好问，善于总结提高，向榜样学习等诸如此类的工作习惯，都能提高工作质量。

（6）要学会放松和休息。有人说过，不会休息就不会工作。这句话很有道理，休息好了才能有精力、体力充沛，有精力、体力充沛才能以最好的状态工作。现在很多人都面临来自企业、社会和家庭等各方面的压力，工作效率难免受影响，因此学会放松，把自己从压力下解放出来，才能以轻松的心情积极地投入到工作之中。所以，放松和休息都是为了保障最佳的工作状态，而在最好的工作状态下，能提高工作质量。

（五）按时提高工作效率是提升企业执行力最具体的要求

现今的社会是个资源相对缺乏、信息流动相对迅速的社会。资源相对缺乏意味着我们无法单纯依靠资源的消耗来获取财富。信息流动相对迅速意味着除了极少数特定行业，一般情况下企业无法通过技术垄断来增强竞争优势。在这样的情况下，企业只能通过提升企业内部的工作效率来增强竞争力。那么，如何提高企业的工作效率呢？

1. 从员工的角度考虑

工人是工作在生产第一线的，他们的工作效率直接影响企业的生产效率。因此，追求较高的生产效率时，必须提高员工的工作效率。关于如何提高员工的工作效率，可以从工作能力和工作积极性两个方面来讨论。

对员工进行培训，提高员工的技能，是提高员工个体工作能力的最佳途径。古人云：道德传家，十代以上；耕读传家次之；诗书传家又次之；富贵传家，不过三代。

在日本，存续超过100年以上的"长寿企业"已突破2万家。其中，历史最悠久的企业是金刚组，大约创立于中国的隋朝时期，这家专门从事寺院建筑业的公司至今已有 1400 多年的历史。排名第二的企业是经营旅馆的"池坊华道会",创立于 587 年。

如今,全球拥有 200 年以上历史的公司,大部分是家族企业。在日本,拥有 3146 家历史超过 200 年的企业,为全球最多,更有 7 家企业历史超过了 1000 年。排在世界最古老企业前三位的都是日本企业。90%的日本百年企业都是员工少于 300 人的中小企业,多以家庭为单位经营。经营范围大部分是食品、酒类、药品以及与传统文化相关行业。

1) 通过培训提高员工的工作能力

对员工进行培训以提高员工的技能,是提高员工的工作能力的最佳途径之一。

培训是一种有组织的知识传递、标准传递、信念传递和管理训诫等行为,在公司的技能传递、信息传递和文化传递等方面起着重要的作用。从员工的个人成长过程来看,培训主要分为入职培训、技能培训和个性化培训三类。

一是入职培训。入职培训的目的是帮助新入职员工完成从学习生活到工作状态的过渡。相对于崇尚自由、注重个性与学习成绩的大学生活来说,工作状态下的生活更严谨,更注重集体性,更注重做事的能力。这两者之间存在着差异,这些差异需要通过入职培训来解决。同时,通过入职培训,可让新入职员工了解企业的战略、文化,帮助新入职员工更快地融入企业。

二是技能培训。现今的社会是一个知识快速增长的社会,知识的快速增长使得新的技术不断涌现,有的技术甚至一年一变。技术的不断进步在使得生产成本不断降低的同时也使得企业必须越来越关注技术的变化。在这样的环境下,员工需要不定期地参加培训来学习新的技术以适应工作的要求,这就使得技术培训变得更加重要。

三是个性化培训。除了入职培训和技能培训之外,更高层次的培训就是根据自身的知识结构和职业规划以及自身特点和兴趣所做出的适合自身的个性化培训。

上述三种培训中,入职培训是新入职员工进入企业的时候由企业安排的,技能培训中有些特定的与工作密切相关的也需要企业安排,有些技能培训和个性化培训则需要员工主动去进行。为了激发员工自发进行培训的积极性和为员工的培训提供方便,企业需要做到以下几点:第一,通过企业内部的宣传方式为员工提供有关培训方面的信息;第二,企业采取适当的政策激励员工,比如在薪金的设置或者人员升迁方面将各种培训证书作为一个依据;第三,企业可以考虑帮员工分摊部分费用,减轻员工进行培训的经济负担。

2) 采用激励手段提高员工的工作积极性

激励是指通过影响人们的内在需求或动机,从而加强、引导和维持人们行为的活动或过程,使人们为满足自己的某些需要而努力实现组织目标的工作内驱力。

根据马斯洛需求层次理论,人的需求可分为生理需求、安全需求、情感需求、尊重需求和自我实现需求五个层次。生理需求表现为对维持生存的基本物质需求;安全需求表现为对工作场所的安全保护以及对附加的安全福利的需求;情感需求表现为与周围的人形成良好的人际关系的需求；尊重需求表现为希望得到肯定，并且对组织有所贡献的需求；自我实现需求是指充分实现自身价值的需求。

在实施激励措施时，企业应该先考虑员工的基本需求是否已经得到满足。基本需求包括与人的基本生活有关的生理需求、安全需求和社交需求。只有在基本需求得到满足后，员工才有精力和时间去考虑更高层次的需求。在这个时候，便需要完善的激励制度来给员工希望和目标，以调动他们的积极性。

在建立激励制度时，企业应考虑到员工的尊重需求和自我实现需求，并以此为依据建立激励制度。尊重需求体现为希望得到别人的肯定，对此管理者可以采取适当的晋升制度和奖励制度。可以将员工的贡献按照一定的规则换算成分数，在升迁时可将此分数作为一个比较的依据。可以通过适当的物质奖励或者精神奖励来提高员工的积极性。同时，需要注意奖励应该适当，奖励过低则对员工产生不了吸引力，达不到好的激励效果。对于员工的自我实现需求，可以通过让员工对企业的决策具有参与权、充分尊重员工的提议等方式来激励。

2. 从管理者的角度考虑

1）建立合理的组织架构，优化业务流程，使管理工作更高效

管理者可采用扁平化管理。扁平化管理是指为提高企业的效率，通过减少管理层次、压缩职能部门和机构、裁减人员，使企业的决策层和操作层之间的中间管理层级尽可能减少，而建立起来的富有弹性的新型管理模式。

扁平化管理具有以下优点。

一是有利于下属主动性的发挥。管理幅度大，使得上级对下级的监督和领导相对减少，下属具有更多的权力、更大的自主性，可加快下属的成长和成熟。

二是企业的反应速度加快。管理层次少，使得信息通过底层传递到高层的时间大大缩短，并且能减少信息的失真，同时能让高层的反应措施快速地传递到底层，使得管理工作更方便、更有效。

三是管理费用低。扁平化管理能精简企业的组织结构，裁去一些不必要的机构，从而减少企业的管理费用，使得企业能将主要资金用于生产。

企业采取扁平化组织结构，能通过发挥下属的主动性、加快企业的反应速度、降低管理费用等来增强企业的竞争力。

2）通过目标管理的方式来提高企业整体工作的质量和效率

目标管理就是指每个人根据企业的总目标，建立其特定的工作目标，并且自行负责计划、执行、控制和考评的管理方法，即各级人员根据企业的总目标来制定自己的目标，通过自我控制的方式来完成自己的目标以达到完成企业整体目标的任务。

目标管理有以下优点。

一是有利于改进组织的职责分工。各部门或各级管理人员可以明确自身的职责所在，避免出现授权不足或职责不清的情况。

二是提高员工的工作积极性。目标管理将个人的利益与公司整体的利益紧密地联系起来，并通过一种比较直观的方式反映给员工，使员工的工作积极性得到提高。

三是使工作的计划性更强。目标管理将工作一级一级地往下划分，到员工时各级就能很明确地知道各自的任务和目标。这样将任务分配到个人，同时采取个人责任制，可以为员工工作的速度和质量制定一个统一的标准，使员工工作的计划性更强。

3）建立有效的沟通体系，方便企业的内部交流

沟通是指人与人之间通过语言、文字或类似的形式进行信息、知识和情报等交流的行为和过程。在与企业类似的组织中，沟通是指在组织结构和环境下的知识、信息和情感等的交流过程，包括组织信息的交流及人员、群体之间的互访。沟通在这里可分为以下两类。

一是正式沟通。正式沟通是指通过正式的沟通渠道完成信息交流的过程。在企业中正式沟通体系若顺畅，则有利于企业各级人员在信息方面的交流和各部门之间的协作默契，有利于提高企业决策的效率和速度。

二是非正式沟通。非正式沟通是指正式沟通以外的信息传递和交流。在企业中若形成良好的非正式沟通体系，则有利于企业员工与员工之间、员工与管理者之间、员工与企业集体之间的情感交流，有利于员工对企业产生归属感和认同感，有利于员工工作积极性的提高，有利于企业留住人才。

有效的沟通体系能帮助员工消除负面情绪，使其以积极的情绪投入工作，有利于提高生产效率，也能使企业整体处于一种相对轻松、和谐的氛围中，有利于员工发挥自己的能力，从而提高企业的工作效率。

企业可以通过对员工进行培训、采用合理的激励手段、采用扁平式管理模式、采用目标管理的方式，以及建立有效的沟通体系等手段来提高企业整体的工作效率和市场竞争力。

第二节　文化原因从习惯上制约了执行的力度

文化是土壤，在中国，华为是通过较强的执行力获得成功的一个典范，甚至有人这样形容任正非的成功：偏执狂＋执行力。任正非说过一句话："没有执行力，一切都是空谈。"企业的成功，与其说是取决于决策，不如说是取决于执行力。

硬朗、坚韧、吃苦耐劳、雷厉风行……在普通人看来，这些都是军人的气质。中国当代知名企业家中，像柳传志、任正非等都曾有过一段军旅生涯。根据美国商业年鉴统计，第二次世界大战后，在世界500强企业中，西点军校培养出来的董事长至少有1000多名，副董事长有2000多名，总经理、董事一级的有5000多名……

如何建设企业执行力文化？《论语·子路篇》云：其身正，不令而行；其身不正，虽令不从。"统治者自身正了，即使不发布命令，老百姓也会去干；统治者自身不正，即使发布命令，老百姓也不会服从。企业执行力文化建设，重点是由上至下。企业执行

力文化的建设需要制度建设与企业文化相辅相成，通过制度建设推动文化建设。积极向上的企业文化又推动制度建设的升级，二者互相促进，不断提高管理水平，降低管理成本，提升企业执行力，从而实现向管理要效益。

通过企业执行力文化建设，企业本身就具备了一块肥沃的土壤，无论是老员工、新员工还是管理者、被管理者，都会在潜移默化下，从自身滋生出执行的意识、执行的种子，并且这种意识还会不断增强，这颗种子还会不断成长。

企业文化是在特定的社会文化影响下，在企业长期的经营管理实践中形成的，被企业成员普遍认同的价值观念和思维模式，以及自觉遵守和维系的行为准则的总和。

员工执行力是员工高效完成工作、利用资源、履职、达成个人目标和企业目标，将个人行为与企业战略、规划相契合的能力和素质。简而言之，员工执行力就是员工履职、完成工作的能力。

一、企业文化对员工执行力的影响

企业文化对员工执行力的作用力和反作用力如下。

（一）企业文化对员工执行力的作用力

企业文化对员工具有引导作用。优秀的企业文化指导员工树立正确的价值观，促使员工在工作中认真负责、努力奉献。

企业文化对员工具有凝聚作用。企业文化为员工创造共同的价值理念，通过共同的价值理念拉近员工彼此之间的距离。

企业文化对员工具有激励作用。企业文化能在企业内部形成良好的氛围，改善员工的工作状态，激发员工的工作热情，鼓励员工参与企业的发展。

企业文化对员工具有控制作用。企业文化引导员工树立正确的思想观念，控制员工的工作过程和不合理行为，督促员工自觉遵守行为规范。

（二）企业文化对员工执行力的反作用力

员工执行力影响企业文化建设。企业文化建设的主体是员工，员工执行力的强弱会直接影响到企业文化的建设，决定着企业文化建设的成败。企业文化建设的成果从员工执行力的强弱中体现出来，好的企业文化有利于增强员工执行力；企业文化建设得不好则很难调动员工的积极性，员工执行力就很难提升。

（三）我国企业员工执行力表现的积极方面和存在的问题

1. 我国企业员工执行力表现的积极方面

一是具有比较完善的现代企业制度。建立和完善现代企业制度是提升员工个人执行力的重要保障。

二是实行了目标管理的方法。目标管理的方法将重视工作效率的管理与重视行为和思想的行为科学理论有机地结合起来，提高了工作质量。

三是引入了绩效考核。这种激励方式根据不同岗位、不同员工和不同需求而改变，具有灵活性，同时也调动了员工的积极性和工作的责任感。

四是采取了相关激励措施。如目标激励法，通过设定一定的目标，激发员工不断前进的欲望，并给予员工一定的奖励。

2. 当前我国企业员工执行力存在的问题

一是内部管理问题：在企业内部没有明确的战略目标，员工工作的目的性不强；在分配任务方面，分工不够明确，容易出现互相推诿的现象。

二是一些中层干部执行力差：企业里的部分中层干部不能自觉贯彻上级的要求，对自己有利的就执行，对自己不利的就不执行，事业心和责任意识不强。

三是一些企业缺乏完善的管理体系和考核机制：企业内部的各项规章制度不完善，考核力度不够，对既定的目标缺乏有效的监督和持续跟踪考核。

四是一些企业缺乏适合本企业的执行力文化：企业中从干部到普通员工，对企业文化普遍存在认识模糊或者缺乏有效的认同的情况，束缚了干部和普通员工工作中的主观能动性和创造性。

二、营造执行力文化

在现实中可以看到，好的企业往往有很强的执行力，比如华为公司、可口可乐公司等，都有很强的执行力。即使一些曾经在执行力很差的企业里就职的员工，加入到上述企业里，不久他们也会被培养成训练有素、执行力很强的员工。

（一）怎样塑造团队执行力

有很强执行力的企业是怎样塑造团队执行力的？要回答这个问题，首先让我们来看看以下四点。

一是企业文化可以同化员工的思维。所谓"文化"，即"文治教化"或"以文化人"。其中"文"就是文明，而"化"是指"感化、变化、融化、同化"。企业文化，是为了企业正常运转、存在或发展所形成的一套特定的文化体系，其作用在于让员工逐渐形成一致的价值观，甚至一致的立场，最终形成上下同欲的协同效应。

二是思维决定行动。个人的行动是由其世界观、价值观和人生观等主观思想决定的。如果在企业战略执行中，部门之间对某些观点的认知不统一（这也是文化冲突的根源），又常常以自己的标准去行事，如此一来，双方越努力，则差异越大，矛盾就越大。

三是行动经过多次的重复也就养成了习惯。

四是习惯经沉淀和积累也就成了一种文化。习惯成为文化的显著标志就是：人们从潜意识里认为习惯本身就是一种公理，是必须遵守的，甚至认为不这么做是不符合道德伦理的。

把这四点串起来，我们可以很直观地看出，执行力升华为执行力文化的过程，也就是思维、行为、习惯和文化这四个要素循环往复的相互作用过程。对于个人来说，执行力升华为执行力文化是思想与行为逐渐统一的过程；而对于企业来说，执行力升华为执行力文化也是思想（执行的企业文化）与行为（执行能力）相互协调一致的过程。

（二）先改变思维，还是先改变行为

通常说"态度决定一切"，因此有的人认为执行力升华为执行力文化应该从改变人们的思维入手，一旦改变了人们的思维，人们的态度就端正了。这种逻辑让不少人陷入误区，比如用"兵"的理念管"秀才"，要在短时间内改变员工十几年甚至几十年在某种特定环境下形成的思维模式和方法，是很困难的，常常会引起其不满和抵触以及消极怠工等对抗行为，如果从根本上不能协调，还会引发恶性冲突。正是因为思维定式和社会惰性的存在，让这样的一种改变异常艰难，甚至几乎是不可能的。但是从行为上来改变员工的行为，相对而言就容易些。比如，对于因为态度散漫而做事偷工减料、因为沟通能力差而不能正确领会上司下达的任务、在任务执行过程中加入自己认为是更高明的另类判断或决策等引起的执行偏差问题，企业可以通过贯彻一套标准化、结构化的流程，以及明确的规范和制度来控制和改变执行者的行为。执行者依照明确的规范培养习惯，虽然在开始的时候会觉得受到流程和规范的约束，有点不适应，但是很快就可以克服。随着时间的推移，习惯会让员工觉得执行这些标准化动作是自然而然、合乎常理的。

当标准化的流程逐渐变成一种条件反射或潜意识行为的时候，流程、规范和制度就成为企业文化体系的一部分。如果企业能依着这种路径和方式，逐步推出更多的规范和流程，相信员工也不会觉得时时刻刻都有条条框框在约束自己。

在这种潜移默化的过程中，员工的行为不知不觉地已经被大幅改变，越来越多的制度和规范被员工接受并遵守，意味着员工都有一致的行为模式。行为模式的统一与协调形成了全体员工共有的习惯，习惯的沉淀形成了一种全体员工认同的行为模式。习惯成为员工日常交流探讨的焦点，其本身也就是企业群体的主导文化。这种文化反过来也会潜移默化地推动员工思维模式的改变，直至全体员工形成一致的价值观。

再回过头来看华为公司、可口可乐公司等有很强执行力的企业，它们有一个共同的特征，就是都有一套成熟且细致的操作流程和标准，而这套操作流程和标准也是经过很多次完善和创新之后才形成的。

先从约束和调整员工行为的工具入手，改变员工的行为，并让他们形成习惯。而习惯是文化的基础或者可以说是文化的实质、文化的表现形式。习惯的形成意味着全体员工对这种思想已经形成认同和共识，文化的形成也就是企业管理理念的升级，此时，员工的思维方式也就已经被潜移默化地改变。

（三）执行没有任何借口，团队要有灵魂

没有任何借口是执行力强的表现。无论做什么事情，都要记住自己的责任；无论在

什么样的工作岗位，都要对自己的工作负责。工作就是不找任何借口地去执行。

一支部队、一个团队，或者是一名战士或一个员工，要完成上级交付的任务就必须具有强有力的执行力。接受了任务就意味着做出了承诺，而完成不了自己的承诺是不应该找任何借口的。

任何商学院都没有培养出西点军校这么多优秀的经营管理人才，这成为一个令人费解或者更准确地讲是一个令人深思的商业奥秘。西点军官们认为，他们的成功来自他们的核心价值观。然而，要特别指出的是，如果他们个人的成功来自自身的核心价值观的话，他们领导的企业的成功则主要来自他们是执行力文化的"天然使者"。西点军校简单而有效的执行风格显示了西点军官雷厉风行的军人气质，这正是不折不扣的执行精神。如果不把西点军校仅仅看作一所陆军学校的话，我们很快就会发现，西点军校的很多训练方法和思想应用于企业特别有效。比如在西点军校，军官向学员下达指令时，学员必须重复一遍军官的指令，当军官问道"有什么问题吗？"时，学员通常的回答只能是"没有，长官。"学员的回答就是承诺，就是接受了军官赋予的责任和使命。就连站军姿、行军礼等千篇一律的训练，无一不是在培养学员的意志力、责任心和自制力。在这样的训练中，西点军校的文化慢慢渗透到每一个学员的思想深处。它无时无刻不在激励着学员，让学员总是具有饱满的热情和旺盛的斗志。

员工要完成上级交付的任务，就必须具有强有力的执行力。接受任务就意味着做出了承诺；做出了承诺，就要无条件地去执行。例如，有家效益相当好的企业，为选拔高素质的营销人员，对前来应聘的人出了一道实践性的试题：把木梳尽量多地卖给和尚，限期10天。当时许多人对这一做法感到不可思议，议论纷纷，和尚怎么会买梳子呢？更有人认为，这是企业故意出的难题，把木梳卖给和尚有什么意义呢？当场就有好多人表示对这一做法不理解而离开了，只有小王、小张和小李愿意一试。他们是这样想的：既然想成为这家企业的员工，当然就要服从上级的安排，服从了就要去执行。于是，他们3个人分头出去执行任务。限期已到。小张卖出了1把梳子；小李卖出了10把梳子；小王完成得最出色，他卖出了100把梳子。上级问小王是怎样去完成的，他说："我只想成为这家企业的一员，当然要服从上级的安排，服从了就要去执行，只有想尽办法把木梳尽量多地卖给和尚才算执行。"

有哪一个领导者不喜欢这样的员工呢？小王被聘用是理所当然的。

任何一个领导者都希望拥有更多的优秀员工，都希望员工能很好地执行任务。当领导者让你做更多、更重要的工作时，你如果能完美执行，且不找任何借口，领导者就会欣赏你。

三、责任感让执行力卓有成效

企业一旦开始容忍借口，一般来说，借口就会一个月比一个月多、一季比一季多。这些借口甚至开始有了自己的生命周期，人们错失目标然后夸夸其谈地自圆其说，接下来开始新一轮的"过错—借口"循环，最终成为常态。

（一）责任感是一种能带来较大隐性价值的资源

1. 责任感来自纪律和严谨

责任感必须通过领导者和员工一次又一次地实践他们的诺言来体现。有责任感意味着达成目标和执行计划，意味着如果出现失败也不找借口，而是承认错误并吸取经验。责任感来自纪律和严谨。它要求确保任务的实施。在这里，我们把责任感定义为一种文化或者一种规范员工行动的行为方式。它为员工设立一个标准，使员工明确必须做什么并要求员工切实做到。有了责任感，高执行力才可能随之而来。

学校对新加入的教师有一项简单的要求，即永不误课。学校会给出许多教授们如何克服种种困难以按时授课的案例，比如说，带病坚持工作、当道路被冰雪阻塞时徒步和回绝重要的咨询合约等。这些案例旨在强化教书育人者的特质并传达了一种明确的责任感。航空业当中也有类似的情况，飞行员们也会通过许多案例来强化"做好每一次飞行"的观念。在丽思·卡尔顿酒店，当客人向任何一个员工询问"游泳池在哪儿？"时，该员工就必须把客人带到游泳池，而不是仅仅指出方向和路径。这个简单的案例抓住了责任感的本质，知道需要做什么并切实做到的员工就是有责任感的员工。

对于任何组织来说，责任感都是一种能带来较大隐性价值的资源。有些组织建立起履行承诺和执行计划的文化。在具备这种责任感的企业中，提供优秀的顾客服务的案例也比比皆是。一位员工曾经驱车600千米把2箱番茄酱送到一个多米诺餐厅，因为这家餐厅的番茄酱（连锁管理总部所要求的高品质的番茄酱）在星期六用光了。多米诺餐厅的领导者认为有责任在星期六晚高峰来临之前为顾客准备好所需的比萨，并且这些比萨还必须在所有方面均达到连锁管理总部所规定的要求，这也就意味着当地超市和便利店里所供应的番茄酱不能满足需要。联邦快递的服务承诺就是准时送达，他们为实现这一诺言付出了种种努力，以至于人们据此创作出了系列故事并摄制成电影《狂奔之路》。卡特彼勒公司会在24小时之内把部件运送到世界各地，确保他们所提供的设备能正常运转。美国南方电力公司最引以为豪的一点就是，它能够比其他任一竞争对手更快地让电力系统在暴风雨之后恢复正常工作。

2. 责任感模式的四个步骤

我们可以把责任感模式分解为四个步骤，即战略、衡量标准、结果和反馈。领导者可以采用这样四个连续性步骤，来确保在企业中全面落实责任感。在很多时候，领导者会由于遗漏了其中的某一个步骤，而导致自己犯错。例如，许多领导者会试图采用某种具有创造性的激励措施，却没有一种相应的、十分清晰的衡量标准。当自己期望的东西尚不明确的时候，采用这种具有创造性的激励措施是很难获得很好的结果的。如果缺乏一个明确的战略作为指引，很多衡量标准同样也是难以形成的。这四个步骤适用于那些希望在自己的组织当中建立责任感和提高执行力的领导者。

3. 责任心体现在细微之处

责任心体现在三个阶段：一是在执行之前；二是在执行的过程中；三是在执行后出了问题的时候。在第一阶段，在执行之前要想到后果。在第二阶段，在执行过程中尽量控制事情向好的方向发展，防止坏的结果出现。在第三阶段，出了问题要勇于承担责任。勇于承担责任不仅是一个人有勇气的表现，而且标志着一个人自信、光明磊落。需要责任心的地方，并不一定都马上涉及企业的生存，那些看似无大碍的小节之处的积累往往决定了企业的命运。

例如，一位朋友谈到他遇到了一个令他费解的问题。他给一位企业老板发送一封电子邀请函，连发几次都被退回，与那位老板的秘书沟通时，秘书说邮箱满了。可四天过去了，还是发不过去，再去问，那位秘书还说邮箱是满的。试想，不知这四天之内该有多少邮件遭到了被退回的厄运。而这众多被退回的邮件当中谁敢说没有重要的内容。如果那位秘书能考虑到这一点，恐怕就不会让邮箱一直满着。秘书每日查看、清理邮箱，是最起码的职责，而这位秘书显然责任心不够。

人们还经常见到这样的员工：电话铃声持续地响起，他充耳不闻，仍慢条斯理地处理自己的事。一屋子人在聊天，投诉的电话铃声此起彼伏，可就是没人接听。问之，则回复说："还没到上班时间。"其实，即使离上班时间仅差一两分钟，他也看着表不接。有些客户服务部门的员工讲述自己部门的秘密："五点下班得赶紧跑，不然慢了，遇到顾客投诉就麻烦了——耽误回家。即使有电话也不要轻易接，接了就很可能接了个烫手的山芋。"这些问题看起来是微不足道的小事，但恰恰反映了员工的责任心。而正是这些体现员工责任心的细小之事，关系着企业的信誉、信用、效益和发展，甚至生存。

员工缺乏责任心的病根是什么呢？

首先，管理者不知道该如何体现和增强员工的责任心。这属于经验少、智慧不够、思维能力不足的表现。

其次，企业的管理者思想懈怠或疏于监督管理，员工自然跟着懈怠。领导懈怠一分，员工能松懈十分。

最后，人本身具有惰性。员工原本将规章制度执行得很好，时间一长便懈怠了，思想上一放松，责任心就会减弱，行为上自然就松懈了。这体现在日常工作中就是执行力下降，很多问题由此而产生。

（二）责任感的培育

1. 领导者如何培育员工的责任感

领导者可以通过下面的操作来培育员工的责任感，并以此提升员工的执行力：通过追踪目标的完成程度来获得对整个组织责任感的认识；在日程表里安排一项内容，公开达到的目标以及表扬与之相关的关键性人物；通过让所有的利益相关者（顾客、投资者和员工等）陈述企业的战略以及该战略对他们的意义来评价他们对战略的清晰程度；利用那些能够表征企业未来状况的单词、短语、符号和形象来提高利益相关者对战略的清晰性；通过研究绩效衡量系统，思考是否可以从中看出战略的影子来评估、衡量体系和战略的一致程度；为那些与战略相关的员工确定所期望的工作成果和行为衡量标准；确认自身会根据绩效衡量体系来给出正面或负面的结果，并明确达成目标的员工会得到什么结果、达不到标准的员工会得到什么结果；确认这些结果既有物质的又有非物质的（假期、表扬等）；为员工提供实时反馈，以帮助他们学习和提高；运用多种方法来接受和给予反馈。

2. 责任心是执行力的真正支柱

没有责任心的员工不是合格的员工，没有责任心的管理者不是合格的管理者，没有责任心的经理人不是合格的经理人。当企业界不停地呼唤诚信、强调执行力、重视领导力、倡导"自动自发"和要求"没有任何借口"的时候，不要忘了，这一切的真正支柱是责任心。

那么，究竟该如何强化员工的责任心，并以此来提升员工的执行力呢？答案是综合治理，多管齐下。

1）科学设计流程

要想保证员工尽职尽责，首先要科学设计业务流程、服务流程和管理流程等所有工作流程，从流程上确保执行。只有流程设计得科学、合理，才能保证高效。比如，通过电子邮件的形式邀请一批嘉宾参加企业的重要活动的整个工作流程应该是这样的。第一步，发送全部邮件。核对好邮件地址后，把邮件全部发出，并做好邮件发送记录，保存好邮件，以便后来的再次发送和核对。第二步，检查邮件有无退回。发现有邮件退回，则核对邮件，重新发送邮件，发送后再检查退回状况。第三步，逐一打电话核对邮件收到没有。有时尽管邮件发送出去了，但由于各种原因对方没有收到邮件，向没有收到邮件者重新发送邮件。第四步，询问邮件收到者收到的是否自己所要发送的邮件。有时存在误发邮件的可能。第五步，询问邮件收到者邮件清楚与否。询问邮件收到者是否有乱码和内容不完整问题。第六步，核对内容的主要条款。尽管收到了完整、清晰的邮件，但是也应当给邮件收到者打电话核对主要条款，如时间、地点、具体事项、关键人物和所要准备的工作等，对容易混淆的要重点强调。这样做的目的有两个：一是核对具体内容条款有没有错误；二是强化关键词，防止邮件收到者看错或理解错误等。

一般情况下，员工是怎么做这项工作的？六道程序中员工往往只能做到第一道程序。但如果我们能把工作流程这么严格地规定出来，要求员工必须完成所有程序，员工的责任心也就有章可循、有的放矢了。什么叫管理？管理就是把复杂的问题简单化，把简单的问题流程化，把流程问题表格化。

仅将问题流程化、表格化还不够，还应该将问题标准化。比如，就上述发送邮件的六个关键步骤而言，什么时间内完成发送，邮件发出后多长时间内检查邮件退回情况，多长时间内要求做何处理等，都要有标准。不然，邮件发出去了，几天以后才检查邮件退回情况，而此时活动就要开始了，检查已经没有意义了。标准化是流程设计的最高要求，对工作理解、把握得透彻与否，决定着流程设计标准化质量的高低。

所有的经营管理事务工作都应流程化、标准化。没有流程化、标准化，就很难统一要求，每个人都由着自己的性子来，提升执行力也就无从谈起。只要把流程设计得科学、合理，做到标准化，那么所有参与工作的员工的岗位责任也就明确了；员工只要照此流程和标准去做，自然也就尽职尽责了。所以，流程设计约束的是每个参与工作的员工的操作行为，是提升员工执行力的重要手段。

2）强化制度监管

我们对员工按照流程和标准进行要求，而要求的内容，就是制度。制度是从物质、精神等方面约束员工，强制要求员工按照流程和标准来工作的手段。如果说流程是流水的钢管的话，那么制度就是钢管与钢管之间的铆钉。企业要通过制度，让员工明白违反流程、不尽职尽责的代价是什么。

监管是管理工作的一部分，可以分为传统人力上的监管和技术上的监管。随着工作复杂程度的提升，技术上的监管越来越重要。制度是死的，是条文性的东西，有了制度没有人监管，等于没有制度。监管者首先自己要遵守应该遵守的制度，然后要不徇私情地实施监管。监管同样需要智慧，需要监管者灵活运用原则。如果说制度是铆钉，那么监管就是安装铆钉的工具，它可以让铆钉紧，也可以让铆钉松；它可以让管道畅通，也可以堵塞管道，监管直接决定着管道流水的效果。

3）注重宣传教育

仅有流程、制度并进行监管，员工就一定会按流程和标准做吗？显然未必。此时还需要对员工进行行为教育。如果说流程和管理工作是对员工的强制性约束，那么行为教育则是让员工自愿接受约束，起到春风化雨的作用。行为教育可分为两部分，一部分是对员工进行培训教育，另一部分是领导者起示范作用。

对员工进行培训教育，是企业领导者最基本的职责之一，体现着领导者的责任心。要想让每一位员工的责任心都充分体现出来，必须先让员工学会遵守工作流程，使员工严格按工作标准工作，不违反工作制度，自觉接受组织监管。要做到这一点，必须对员工进行培训教育。

何为培？培即培土、培养。在树苗四周堆上土称为培，其目的有两个：一是保护树苗，防止树苗被风刮倒；二是保养树苗，为树苗添加养料。何为训？就是告诉人们不该做什么。训导就是告诉人们应该做什么、应该怎么做。训练就是反复做，把应该做的事情按正确的方法反复演练。训练员工的目的是，使员工达到熟练掌握和习惯自觉的程度，使员工养成按工作流程和标准工作的习惯。

通过培训教育，可使员工自觉、自愿地反复做正确的事情，把演练和实战相结合，使员工熟悉业务流程、对业务标准形成条件反射，使员工的行为形成良好习惯，在企业中形成统一的行为模式和统一的氛围，从而提高整个组织的责任心，构建企业的"防火墙"。

行为教育最好的方式就是领导身体力行。想要员工有责任心，企业的经营管理者必须身体力行，起到模范作用。如果只是要求一般的员工如何按照流程和标准来做，要求一般的员工严格按制度办事,而领导者却超越制度和监管,出了问题率先逃避责任,那么无论怎么培训教育员工,员工的行为也不会好到哪里去。有些领导者爱面子,觉得惩罚自己是丢人的事情,这是不够自信的表现。只有领导者敢负责任,员工才敢负责任。领导者都担负不起责任来,一般员工的肩膀又能扛得住多大的责任重担呢?如果领导者敢于承担责任,员工就会勇于创新、大胆探索,为企业的发展献计献策、尽职尽责。

4) 点亮员工的心灯

无论是通过流程设计和强化管理来约束员工行为,还是通过行为教育来让员工主动、自愿接受约束,达到员工在工作岗位上尽职尽责的目的,都是通过外部的压力和驱动力来管理员工的责任心。那么,如何使员工做到自我驱动,主动培育自己的责任心呢?答案是,必须做好员工的职业生涯规划,点亮员工的心灯。

四、基于企业文化对员工执行力提升的建议

(一)基于企业精神文化提升员工执行力

首先,要建立切实可行的企业愿景。企业员工需要的是一种强烈的归属感和对企业未来的信心,所以企业愿景要切实可行,并且要符合员工对自己职业生涯的规划或期望。其次,要加强组织内部沟通。沟通是组织的生命线,传递组织的发展方向、展望、过程、产物和态度,有效的沟通可以使员工产生平等感、参与感和被尊重感,增强员工的自信心和责任心,有助于建立领导者与员工之间的感情。

(二)基于企业制度文化提升员工执行力

完善的管理制度和工作流程可使各项日常工作有序进行,是保证执行有序的必要条件;公平的考核激励制度是激励员工积极工作的基础,可根据期望理论优化组合各种激励手段,使薪酬水平公正、合理,同时对员工的绩效、贡献等所做出的奖励承诺要及时兑现。

此外,在实施流程控制的过程中,可以明确具有可行性的战略目标,建立科学、合理的沟通流程和执行力指标评价体系,并对执行主体进行监督和反馈。

(三)基于企业物质文化提升员工执行力

首先,加强企业文化宣传。企业文化宣传要"接地气"并且以员工喜欢的方式进行,了解员工的兴趣所在,用各种不同的方式宣传企业文化,加深员工对企业文化的理解。其次,拓展企业文化的宣传途径。除了企业的官方网站和内部杂志外,企业可以尝试通过建立微信公众号或开通官方微博宣传企业的价值理念,加强与员工之间的互动,反映员工的心声,深入基层了解员工,这样宣传企业文化会更加有力。

(四)基于企业行为文化提升员工执行力

完善的领导组织结构是管理的基本条件,企业要重视领导的作用,健全领导体系,规范各层级的职能,让各层级领导者对负责具体工作的下属充分授权。群体行为对员工执行力具有引导作用,企业应关注企业员工不同阶段和不同层次的需求,以更好地控制员工的执行力。企业应建立学习型组织,企业只有不断地学习和进步才能在竞争激烈的知识经济时代占有一席之地,"知识生产率"终将取代传统的"劳动生产率",企业要通过学习型组织实现知识的及时更新。

优秀企业文化的形成不在于一朝一夕,员工执行力的提升也不会在短时间内完成。要提升员工执行力,不仅需要管理者建立良好的企业文化,更重要的是要提高企业文化对员工的影响力。员工是企业的主体,企业执行力由员工执行力构成,要提高企业的竞争力、促进企业发展,必须将企业内部发展的中心转移到员工身上,坚持以人为本。

针对企业现存问题,企业要从企业文化的角度出发,加强企业文化宣传,使企业愿景切实可行,重视沟通的作用,完善考核激励制度和考核管理制度,使企业成为学习型组织。

第三节 制度的变形助长了执行的不力

有一次,曹操率军经过麦田,下了一道命令:各位将士经过麦田时,不得践踏庄稼,否则一律斩首。一日,曹操正在骑马行军途中,忽然一只斑鸠受惊从麦田中飞出,曹操的坐骑因此受惊误入麦田,踏坏一大片麦子。曹操立即叫行军主簿来论罪,主簿用春秋的典故应对说:"自古刑法是不对尊贵的人使用的。"曹操说:"自己制定的法律而自己违反,如何能统率属下呢?既然我身为一军之帅,须安邦定国暂不能死,那就以发代首接受刑罚。"然后拿起剑割下自己一束头发,掷在地上,叫手下将头发传示三军。将士们看后,更加敬畏自己的统帅,再没有出现不遵守命令的现象。这就是曹操"割发代首"的故事。

这个故事给人两点启发:第一,领导应起到表率的作用;第二,在制度上缺乏适当的弹性,往往会给执行造成难度,所以应增加制度的管理弹性,"割发代首"就是变通执行制度的典型事例。

一、制度变形与企业执行力不足

制度都有,为何执行不力?这是不少企业的困惑。究其原因,大概有以下几个。

(1) 制度本身模棱两可,执行界限不清,有的制度互相冲突,操作性不强。制度的约束力不强,虽然制度写在了纸上、挂在了墙上,但执行与否,还得依赖员工的自觉性和责任心。而部分员工往往是有利于自己的制度就执行,不利于自己的制度就不执行。

有些制度本身无法执行，制度的规定与实际不符，或者脱离实际情况，与其他制度存在矛盾，没有对预见情形的规定或预见情形与实际情形不符等。制度本身存在全面性、体系化和适用性方面的问题，而导致不执行。比如，出现问题而追究责任时，往往没有相对应的条款。即使有，条款内容也与事实不符，难以作为追究责任的依据。

（2）违规处理不到位，对发生的违规行为的处理不及时，致使员工思想麻痹，认为制度执行不执行都一个样，即使被发现没执行制度也不会怎么样。

（3）领导者带头不执行。制度颁布后，领导者要求其他人执行，自己却不执行，久而久之，上行下效，大家就都不执行了。

（4）忽略过程、只重结果而导致制度不执行。因为制度本身有问题，如果执行的话，要这个审核、那个签字，很麻烦；不执行，只要与执行得到的结果一样，领导者同样高兴，甚至会表扬"干得好"。久而久之，大家都忽略了过程，只追求结果。事实上，过程是结果的必需，结果是过程的必然。没有事前和事中控制的过程，不会产生好的结果。即使有好的结果，可能也是偶然的、个别的。而一旦没有好的结果，再追溯原因，就已经晚了，因为从领导者到员工已经养成了不要过程、只要结果的执行习惯。

（5）执行成本高于不执行成本。许多制度没有奖惩措施（执行得好，没什么奖励；执行得不好，也没什么惩罚），执行的成本和不执行的成本都是零。即使是有奖惩措施，执行成本高于不执行成本，也会导致制度不执行。

（6）制度面前不平等导致制度不执行。个别企业，在制度面前，除了领导者可以"理所当然"地不执行外，许多高层副职人员在违反了制度后，领导者往往对他们"网开一面"；中层人员在违反了制度后，领导者和分管副总往往以"情有可原"而不追究责任；对有的员工，因为人情关系等原因，可以"下不为例"……久而久之，口子越开越大，进而导致制度的"大面积塌方"。

（7）缺乏监督而导致制度不执行。任何制度都需要监督，而且是全面的监督，包括对制度本身的监督（制度管理）、企业内部制度管理部门的内部监督、作为"第三方"的常年管理顾问或管理咨询公司的外部监督，以及法律法规监督。任何一方面的监督缺失，都有可能会导致制度不执行。

（8）信息衰减的必然性导致制度执行衰减。企业的规模越大，其管理层级就越多；企业的管理层级越多，信息链就越长；信息链越长，信息衰减量就越大，甚至会发生信息变异——本来是这么说的，却是那么传达的，本来是这么传达的，却是那么执行的。信息衰减是难免的，也是导致制度执行不力的一个客观原因。

二、用信息化管理手段解决执行问题

在制度执行中，往往是抓一下好一阵子，过段时间又恢复原样。有没有更有效的办法呢？

通过用信息化管理手段，将管理制度和业务处理过程有机结合，帮助企业建立规范的业务流转机制，为众多企业解决执行力问题。

（一）将岗位与职责相对接，厘清不同岗位的职责范围，解决能否尽职尽责的问题

企业 OA 系统作为统一的业务处理平台，有不同岗位的工作桌面：仅呈现本岗位职责范围内的业务工作，其他岗位的业务不会出现在你的桌面，你只能处理职责范围内的业务。

需要跨部门、跨岗位处理的业务，会在不同部门、不同岗位间流转。根据岗位职责需要你处理的业务，会按照管理系统设定的流程推送到你的桌面，你必须在一定的时间内进行处理，延迟处理或者不予处理都不行，系统会自动提示你；不是你职责范围内的业务，自然不会推送到你的桌面，你想"越俎代庖"都不行。

因此，在企业 OA 系统中，每一位工作人员除了尽职尽责，别无选择。

（二）将企业的工作标准、业务标准都设定在业务处理流程中，解决能否按章办事的问题

企业 OA 系统注重企业经济业务活动的过程控制，在经济业务发生的过程中自动完成业务控制，而不仅仅是事后反映经济业务活动。只有符合规章制度和业务标准的处理结果才能流转到下一个岗位，不符合标准的业务处理结果将无法提交到下一个环节。

假如某一项业务的费用预算额度是 10 万元，那么当费用支出超过该预算额度时，费用单据将无法提交到审批环节。

企业 OA 系统通过对业务过程的管理控制，保证每一项业务处理结果都符合企业的相关规定，从而最大限度地杜绝了人为因素对业务活动的不良影响，提高了执行力。

就这样，企业 OA 系统运用完整的工作流程系统，将企业的管理制度、部门及岗位职责、业务处理的程序和标准等所有规则，全部融合于具体的业务处理过程，形成了职责明确、流程清晰和执行规范的业务流转机制，最大限度地杜绝了人为因素对业务活动的不良影响，提升了执行力。

企业规章制度是企业根据自身的特点，在生产经营、质量、技术和人力资源开发等各个方面制定的一系列管理规范。它是维系企业正常运转、支撑企业向前发展不可缺少的基础和保证。但在长期的企业管理实践中发现，现在的企业，特别是一些大中型企业，在管理、技术和工作等方面普遍都有比较健全的制度，有的制度甚至非常完善，而且比较可行，却执行不力。不少管理人员只注意规章制度的制定，而在抓落实方面不够用力，更没有深入分析落实不好的原因。当前，制度执行力欠缺是大多数企业的软肋，不少企业在当前激烈的市场竞争中只注重全力应对市场，重视市场营销等工作，而忽视内部的规章制度执行这样的基础工作，结果在市场竞争中往往是实力不足、根基不牢。

三、企业规章制度严格执行的重要性

企业规章制度是全体员工的行为准则，是企业管理理念、管理思想和管理方式的体

现。科学的企业规章制度是企业实现科学管理的前提，也是现代企业管理的基本要求。企业规章制度是立企业之本、兴企业之基。一个企业长时间的规章制度执行不力很有可能导致这个企业破产倒闭，很好地执行企业规章制度有可能使濒临破产的企业起死回生。有一家大型企业因为经营不善导致破产，后来被另外一家企业收购。该企业里人人都在好奇收购方会带来什么先进管理方法。出乎意料的是，收购方只派来几个人，除了财务、管理和技术的高级管理人员换成了收购方人员外，其他的根本没动。制度没变，人没变，机器设备没变。收购方管理者就一个要求，把先前制定的制度坚定不移地执行下去。结果不到一年，企业扭亏为盈。收购方管理者的绝招是什么？执行力，无条件地执行。可见，企业规章制度能否有效执行关系到企业的兴衰存亡。

（一）企业规章制度执行不力的原因

1. 盲目移植成功企业的规章制度

规章制度是企业价值观的体现，在企业里具有正本清源的作用。许多企业往往盲目照抄照搬，不假思索地移植成功企业的规章制度，不考虑这些规章制度是否适合企业自身的价值取向，造成外来规章制度水土不服，常常出现钱财没少花、效果却白搭的局面。

2. 规章制度贪大求全

当今有些企业往往内部规章制度数量众多，一个制度动辄十几页、几十页甚至上百页。规章制度的制定者和企业的负责人常常有好大喜功的不良倾向，恨不得一个制度包罗万象，把所有可能的情况都考虑进去。最终形成的规章制度往往在实际执行中缺乏可操作性，或执行成本过高，执行上也就打了折扣。

3. 规章制度各自为政

现实中，有些企业在长期管理实践中，逐步形成质量管理、内部控制、财务管理、法律风险防控等体系，每个体系都有自己的主管部门，各主管部门均形成了自己的制度、流程和标准。由于各体系独立形成制度、流程和标准，不可避免地造成制度之间重复交叉甚至互相冲突。上面千条线、基层一根针，体系林立、各自为政的后果是基层无所适从、效率低下。

4. 部门职责边界不清

对有的职责在制定制度时分工不明确或者分工欠考虑、有遗漏；有的职责分工没有形成制度，由领导者临时指定或部门间约定，操作中随意性较大；有的职责虽有分工，但分工不太合理，实际操作不顺，协调工作量增加；部分涉及多部门共同负责的工作，工作量或难度大，职能部门之间互相推诿。

5. 自主协调机制不健全

大部分企业建立了直线职能型管理体制，管理职能上浮到公司职能部门，管理重心下沉到基层，二级单位管理层主要发挥组织执行职能。尽管生产、设备、技术、规划、电子商务、施工管理等专业部门均建立了例会制度，在自主协调方面发挥了积极作用，但由于这种例会基本上也属于直线型，专业职能部门之间主动横向协调较弱，特别是部分管理部门不能积极发挥牵头职能，职能部门之间主要依靠企业高层协调，导致制度执行不力。

6. 规章制度培训不足

企业片面追求规章制度的制定，不重视规章制度的落实，往往忽视就规章制度特别是新出台的规章制度对员工的宣贯和培训，造成员工对规章制度一问三不知，甚至不知道有这项规章制度的尴尬局面，使规章制度失去了"防患于未然"的作用。

7. 规章制度执行不公

规章制度的执行应当一视同仁、没有例外，管理者应当将一碗水端平，不是拿规章制度管人而自身不受约束，否则往往会导致上梁不正下梁歪，员工上行下效，规章制度失去应有的作用。只有做到规章制度面前人人平等，才能充分发挥规章制度的约束力。

（二）解决企业规章制度执行不力问题的对策

1. 增强企业规章制度的有效性

企业在不同时期应有与之相匹配的规章制度。在企业成立早期，生存是企业面临的首要问题，如果规章制度太多，可能会导致企业畏首畏尾、作茧自缚，所以这时的规章制度应该短小精悍，重质而不重量；当企业发展成熟了，形成了属于自己的核心竞争力和经营管理思想，企业应建设制度体系，围绕企业价值观建立各项分制度，以形成具有生命力的企业制度，这也是企业文化形成的过程。

2. 处理好规章制度的内部关系

企业要明确规章制度体系中各层级的关系，厘清主次，突出重点，既有以稳定和指导为代表的核心制度，从而保证企业的战略不走偏，也为以灵活和自由为代表的具体制度和分制度的制定搭建平台，保证制度体系的内外呼应、浑然一体，从而形成稳定与开放兼具的规章制度体系，降低执行规章制度的成本。

3. 重视规章制度的系统性

第一，无论是建立规章制度体系还是制定具体的规章制度，都应成立相应的组织机构，明确人员的职责分工，加强工作的组织协调，发挥团队的力量，防止过去单打独斗、各自为政的制度制定重演。第二，对于新出台的规章制度应及时向员工宣传，组织员工学习，对员工进行培训。部门领导应带头宣讲，宣讲规章制度时要有针对性地选择内容，使员工第一时间知晓、理解并掌握。第三，定期或不定期地对各类规章制度开展审查清理工作，明确规章制度的时效和约束力，及时修订适合企业发展的规章制度，对过时的、与企业发展不匹配的规章制度要及时清理、废止。

4. 让企业员工参与规章制度的制定

企业规章制度是企业管理要求的具体化，是员工的行动准则和依据。既然规章制度是为员工制定的，就不应让企业规章制度的制定者"闭门造车"，而应在企业规章制度的制定环节，尽可能让员工参与进来，充分征求员工的意见和建议，认真听取员工的意见和建议并积极采纳。只有充分吸收广大员工的经验和智慧，才能有效地解决规章制度脱离实际、可操作性差的问题。

5. 保证规章制度的约束性和权威性

一是企业规章制度要明确规定应该做什么、不应该做什么。规章制度是人们的行为准则，一经生效，有关单位或个人就必须严格遵守或遵照执行。如果违反有关条款，就要受到相应的处罚。二是规章制度的权威性来源于制发单位的权威性。规章制度是按规定程序授权制定和发布的，是本级机关权力意志的反映，在执行中必须体现公平、公正、公开，确保制度面前人人平等，无论是企业的管理者、规章制度的制定者还是普通员工，都不能凌驾于制度之上。三是管理制度要成为企业员工的行为准则，它本身就应当准确、齐全、统一，不能模棱两可，不能相互矛盾，不宜经常变动和修改，应具有相对稳定性。

6. 完善企业规章制度监督考核体系

假如遵守企业规章制度与不遵守企业规章制度一个样，时间长了，企业员工就不会把规章制度当回事，规章制度也就成了一纸空文。只有建立并完善监督考核体系，才能从根本上保证规章制度的执行力。

可通过将激励性规章制度和约束性规章制度相结合，奖惩分明，奖惩适当，最大限度地规范员工的行为，来实现制定规章制度的终极目标。有效的考核体系应和规章制度一样简明扼要、通俗易懂，且便于掌握和执行。

企业规章制度执行不力的原因有很多。只有以企业管理需求为核心，对症下药，多措并举，大处着眼，小处着手，建设现代企业规章制度，建立相应的监督考核体系，加大规章制度执行和推广的力度，适时调整和修订规章制度，才能不断提升企业规章制度的执行力，实现企业长远发展。

 案例讨论题

"隐形冠军"企业构成德国经济的主要支柱

为何德国在出口领域屡创佳绩？众人普遍认为这背后的原因在于大型企业

的优势，然而笔者对此进行深入调研后发现，德国实际上有许多中等规模的、鲜为人知的全球市场领导者，构成德国经济的主要支柱，这些即所谓的"隐形冠军"企业。

我们定义"隐形冠军"企业需满足三个标准条件：第一，是世界前三强的公司或某一大陆上名列第一的公司；第二，年营业额低于 50 亿欧元；第三，不为外界所知。

为何这些公司在全球或在其所在大陆的市场拥有支配地位却依然能保持神秘而不为外界所知？最常见的原因是"隐形冠军"企业的产品不为消费者所见。许多"隐形冠军"企业处在价值链的后端，为其他公司提供配套的机器、零部件、软件或者流程。

比如，你在喝可口可乐的时候，可能不会想到永本滋劳尔（Jungbunzlauer），每瓶可口可乐里的柠檬酸都是由这个几乎无人知晓的企业提供的。

再比如阿诺瓦（Aenova）公司，是欧洲最大的合同制药公司，生产近 400 种药物。尽管阿诺瓦公司每年生产约 100 亿粒药片和约 180 亿颗胶囊，但它的名字不会出现在任何包装上。

这些"隐形冠军"企业主宰了很大一部分全球经济。无论是汽车行业还是电信行业、大型市场还是各种利基市场，"隐形冠军"企业无所不在。它们的存在不仅塑造了全球经济的格局，还给我们带来了无尽的惊喜。

全球化是"隐形冠军"企业的一大支柱。德国的"隐形冠军"企业在其他国家通常拥有 50 多家子公司，而中国的"隐形冠军"企业在其他国家的子公司很少超过 10 家。这说明中国企业在全球化进程中仍然面临较大的挑战。改革开放 40 多年来，中国诞生了一批世界级的企业，但是中国要成为制造强国，中国的企业要成为高附加值企业，依然任重道远。

自 2011 年 6 月起，中国开始引入"专精特新"的概念。该概念指的是中小企业具备专业化、精细化、特色化和创新化的特点。对于创新型企业来说，这是一个重要的里程碑，可以进一步巩固它们作为"隐形冠军"企业的地位。

如果随机选择一个"隐形冠军"企业，然后请它用一句话介绍自己，有很大可能你会得到这样一个答案："我们是某某方面的专家。"如此种种类似的说法我们已经遇到过不下几百次。

"隐形冠军"企业平均领导市场长达 22 年之久。三分之二的"隐形冠军"企业上一次关于市场大方向的决定至少是在 5～10 年前做出的。与此类似，半数以上的"隐形冠军"企业在十多年前就已经确定了他们现行的基础技术方向。

对一个特定市场的执着体现了"隐形冠军"企业的专注度和持续性。客户由此接收到一个强有力的信号，他可以确信服务于他的"隐形冠军"企业会坚持把这个业务做下去。全球领先的医药包装设备公司 Uhlmann 表示："我们一直以来只有一个客户，将来我们也会只有一个客户，这就是制药行业。"这一专注的追求在它简明扼要的企业理念中得到了充分体现："只做这个，做到极致。"福莱希公司的态度同样明确:"我们将只做一件事,但我们要做到最好。"福莱希公司只生产可伸缩的遛狗链,但仅这一种产品就有300个变体,是无可争议的世界领导者。

一些"隐形冠军"企业只聚焦于价值创造链中的某个特定环节,其中一个例子就是M+C Schiffer公司,它是世界上最大的独立牙刷生产公司。这家公司只生产牙刷,因此它是只有单一产品的公司,并且也仅局限在价值创造链的生产环节。但它的生产是超大规模的,每天有超过100万支牙刷在德国、奥地利和印度的工厂里下线。这些牙刷提供给宝洁、汉高等公司进行挂牌营销和销售。

许多"隐形冠军"企业对市场的定义更加趋于极致,聚焦于一个十分狭窄的利基市场,甚至有些公司以某种方式"创造"了自己的市场,以至于它们没有真正意义上的竞争对手,100%地占据了所有市场份额。我们发现这类公司有数百家之多,PWM公司为德国90%以上的汽车加油站提供电子价格显示牌。PWM公司表示:"我们是该产品世界市场的领导者和唯一的全球性供应商。"

"市场占有者"中有许多规模较小的"隐形冠军"企业,它们生产那些非业内人士意想不到的,或者本身就是很奇特的产品。比如Mitec集团是"内燃发动机降噪平衡调整系统"世界范围内的领导者。螺栓制造公司August Friedberg把标准螺栓从它的产品线中剔除,如今是"风能行业特种螺栓"的"世界冠军"腾德(Tente)公司是医疗病床脚轮市场的"世界冠军",即便是这样一个超级小众的市场,世界市场的需求也不可小觑。

若想成为冠军,就必须保持专注和强大的执行力。只有专注,才能成为世界级企业。一般而言,专注和集中至关重要,由此可以解释"隐形冠军"企业对自己的市场和专长领域的执着。

(来源:《商学院》杂志2023年9月刊,略有改动)

课后思考

1. 试述企业执行力不足的原因。
2. 简述企业抓执行力的重要性。

第七章

构建良好的制度型执行文化

中国的崛起离不开正确的制度。改革开放以来，中国政府致力于打造稳定、公正、法治的社会环境，推动经济发展和社会进步，中国也积极推动开放合作，与世界各国开展贸易、投资、科技等领域的合作交流，加速了自身的现代化进程。

第一节 好的制度能使坏人变好，坏的制度能使好人变坏

通常，如果一个人在同一个地方摔两次跤，人们多数会认为是这个人的原因；如果两个人在同一个地方各摔一跤，按照"谁主管谁负责"原则，人们正常的反应应该是疑惑：到底是谁修了一条让人这么容易摔跤的路？如果只有一个人出错，可能是这个人的原因；但如果不断有人在同一地方重复出错，那肯定是这个地方有问题。

一、有规则制度的社会才能越来越好

春秋政治家、思想家管仲曾说过："有道之君，行治修制，先民服也。"意思是，善于治国理政的人，懂得通过制定有效制度来管理国家，从而达到众民皆服的目的。古今中外治国理政的经验都表明，一个国家的兴旺和长久，取决于这个国家的治理水平，而一个国家的治理水平则集中体现在制度的制定和执行力上。

关于制度，有一个特别经典的例子，是关于分粥的故事。有一群穷人住在一起，每天共分一大桶粥。然而，粥每天都是不够吃的。刚开始，他们决定抓阄，赢的人来分粥。结果，运气好的人连续几天都是饱的，运气差的人天天饥肠辘辘。运气差的人不开心了，觉得这不公平。于是他们决定通过投票，选出品德最好的一个人来分粥，让他尽量把每一碗都分得平均。然而这位品德好的人因为没有制度的约束，变得贪心起来，每次都给自己和巴结讨好他的人分得多，给他看不惯的人分得少。换成另一个人，结果还是一样。

他们这才明白，在权力面前道德毫无约束作用。一个聪明的人提议，大家应该再选

出一名监督人士，来监督分粥的人。刚开始效果还挺好，没想到过了几天，分粥人和监督人居然沆瀣一气，两人合伙"贪污"了不少粥。

于是乎，大家决定重新制定一个制度——成立三人分粥委员会及四人监督委员会，完善权力运行监督与制约机制。这下子公平是公平了，可监督委员会和分粥委员会总是互相扯皮攻击，等讨论结果出来，粥都凉了。因为效率太低，这个方案也被否决了。

最后经过多次讨论，他们决定不再由固定的人分粥，每人轮流一天，而且分粥的人要等别人挑完了，拿剩下的最后一碗。奇妙的是，这一次，每人每天分的粥基本上平均了。

原来，为了不让自己剩下的那碗是最少的一碗，分粥的人必须尽量分得平均，如果少了，也只能自己认了。

这就是制度的力量。

像故事中的几个人最初那样，希望靠道德来约束人的行为，是极其不现实的。道德在资源相对充足的情况下才能得到保障，资源紧缺的时候，人们更倾向于自私，如果不自私，就会难以生存。这是人性使然，也是自然法则。

面对权力，人的欲望会被无限扩大，自私会更加严重。英国思想史学家阿克顿有一条公认的权力定律："权力导致腐败，绝对权力导致绝对腐败。"

风筝没有了丝线将会堕入无边风中；河流没有了堤坝将会吞噬无数生命。人类社会亦是如此，没有制度的约束，人类的行为就会陷入混乱。

二、好制度让人变好，坏制度让人变坏

17—18 世纪，英国将澳大利亚变成殖民地之后，决定把英国本土的罪犯送到澳大利亚去。这样一方面解决了英国当地监狱人满为患的问题，另一方面也解决了澳大利亚因人口过少劳动力不足的问题。

英国政府雇用了一批私人船只运送犯人，并按上船时犯人的人数给私营船主付费。但私营船主为牟取暴利，往往超载运送，导致船内乌烟瘴气、拥挤不堪。

有些船主为了降低成本，更是恶意克扣犯人的水和粮食。极度恶劣的生存环境和非人的虐待，导致大部分犯人在中途就死去。

英国政府调查后发现，运往澳大利亚的犯人平均死亡率高达 12%。其中有一艘船运送 424 个犯人，中途竟死了 158 个，死亡率高达 37%。

为了降低犯人的死亡率，英国政府决定向每艘运送船只派一位政府官员，以监督船长的行为，严令规定不得虐待犯人，并配备了专业的医生随船支援。

然而高额的利润和不健全的监督机制使得船长们宁愿铤而走险，要么用金钱贿赂随行官员，要么对不愿合作的官员进行迫害。据说，当时有不少随行官员和医生不明不白地死亡，政府却无可奈何。

面对生命的威胁和金钱的诱惑，大部分官员只能被迫选择同流合污。于是，官员监督没有了任何意义。

奖罚机制都建立了，犯人的死亡率却一直居高不下。英国政府只好采取最古老的方法——他们把私人船主们集中起来进行道德教育，劝诫他们要珍惜生命，不要把金钱看得过于重要，要配合政府。当然，情况没有得到任何好转。

最后，经过无数次商议，英国政府终于发现了奖励机制的弊端，并想出了一个好办法，就是把"上船付费"改为"下船付费"：船主们只有将犯人活着送达澳大利亚，才能赚到运送费，少一个人，就少赚一笔钱。

私人船主们为了能够拿到足额的运费，开始千方百计地保证每一个犯人的生命安全，很多甚至还主动配备医生和药品。这样一来，这个制度既降低了政府监督的成本，又抑制了官商勾结的不良风气。有资料说，新方案一出，犯人的死亡率迅速降到了1%以下，有的船只甚至创造了零死亡纪录。

这个故事说明，一个好的制度可以使坏人受到抑制，而坏的制度则会让好人四处碰壁，甚至变坏。有时候，把事情结果和个人利益联系起来的制度，比道德呼吁更能解决问题。

在企业管理过程中，制度的威力就显得更加重要。如果企业没有制度，企业将会乱成一团糟。如果领导大于制度，企业将失去管理。

一个优秀的制度可以让一群普通的人变得优秀，一个糟糕的制度可以让一群优秀的人变得普通。好制度能自动锁定团队的焦点和行为，好制度让好人自动留下，让不合适的人自动走开。好制度是自己能说话，团队能沟通。

三、只谈道德不讲规则的社会很虚伪

当然，这并不是说道德约束机制就不重要。在法律不完善的情况下，道德的力量有时可以最大限度地维护个人权利和社会正义。

然而这一切都必须以遵守规则和制度为前提。

更多时候，道德只是一种自律工具，是个人对自我的约束，如果用来他律，往往会超出道德的范围。

最典型的案例便是，我国向来推崇尊老爱幼，这是道德上的一种追求。但有的人往往倚老卖老，别人不给他便宜占，他就会站在道德的制高点上肆意谴责和道德绑架他人。

这个时候，规则的重要性就体现出来了。道德是不能侵犯人的权利的，道德对权利的侵犯本身就是一种不道德。道德不是义务，而是一种良知，任何人都没有权利要求别人牺牲自我成全他人。

人首先应该遵守规则制度，再来谈道德。违背了规则制度的道德没有任何意义，只谈道德不讲规则，这样的社会很虚伪。我们不能奢望仅靠道德约束就能建设好一个社会、一个国家。建立起规则制度，整个社会才能变得越来越好，很多时候，好的制度往往能够事半功倍。

第二节 奖罚分明，是提升执行力的保证

管理的核心意义可概括为两个字："奖"与"罚"。

面对下属，如何奖惩，优秀的管理者自能做到心中有数。能做到奖惩分明的管理者堪称智者。企业创立之初，员工较少，发展方向较为清晰，经营者能牢牢把控团队每名成员的工作范畴，亦能将奖惩措施准确地施行下去。到了后期，企业不断做大，人员规模随之扩展，管理工作也变得复杂起来。若管理者采取更科学的方法进行奖罚，就能避免执行力降低的情况的发生。

一、设立更明确的奖惩规则和指标

管理者首先要根据企业情况设定合理的组织结构与人员编制，并在梳理员工业务流程的基础上进一步确定奖惩规则和指标。

领导，不管是强势管理还是以情动人，都可以。为什么呢？因为问题并不在这两点上，领导要想让员工服服气气，听从指挥，要做的其实是：奖罚分明，建立领导权威。

坚持奖罚分明，让员工看到领导公正处事的一面，从而服从管理。

领导要想让员工服从管理，首先要有奖罚大权，否则谈什么管理都没用，员工甚至都不会在意领导的话语。

毕竟，"奖"决定了员工服从管理的动力，而"罚"决定了员工服从管理的压力。

笔者就见过有个部门的主管做得太"憋屈"了，因为上面的领导管得太紧，这个部门的绩效考核奖金和人事任用直接由上面的领导抓住，部门主管夹在中间，基本失去了管理的权力，说什么也不管用。有些员工经常不把他放眼里，直接跑去讨好上面的领导。

1. 奖励不只有奖金鼓励，更要有理有据

笔者见过大部分团队管理得很好的领导，都能做到奖罚分明。当然，这里的"奖"并不只是说绩效考核，它还可以包含：对员工表现好的行为给予表扬，尤其是在会议上对工作业绩突出、有明显价值产出的员工，给予更多的奖金鼓励；对为公司做出较大贡献的员工，给予精神奖励（比如荣誉员工奖、优秀员工证书等）。不管采用哪一种奖励方式，都要有理有据。如果是奖金鼓励，一定要有对应的奖励制度作为支撑，尽量不多给，也不少给；如果是语言表扬或精神奖励，一定要说出表扬和奖励的具体原因，做出了哪些行为和贡献。强调这两点，就是要让其他员工对奖励信服。

2. 罚就是坚持按问责制度执行，不可人情化

中国是个人情社会，很多领导在处罚上其实很难做到公正，一方面容易在情绪到来的时候，处罚过猛；另一方面则容易考虑到人情，偶尔"放水"。

前者还好，后者一旦出现，员工就会认为领导不公正，不能做到一视同仁，从而对领导的管理有所不服。

坚持做到合理处罚，就要制定问责制度，就像制定法律以制约犯罪行为一样。

对任何人，任何出错的行为，都坚持按照问责制度执行，这对领导来说确实有压力，会让员工觉得领导不够人性化。但这是维持公正形象的重要手段。

所以，在处罚上要制定问责制度，坚持执行，才能让员工信服。

二、建立更加完善的奖惩体系

管理者要依据合法性、系统性、实用性这三大原则来构建员工奖惩体系。

有效的激励是管理者必须要做好的事情，可以说在企业中激励是一个非常重要的因素，只有合理有效的激励才能使员工的潜力得到最大限度的发挥，才能激发员工对工作的积极性和主动性。要想使员工的积极性和主动性充分发挥，就必须建立完善有效的奖惩机制，做到奖罚分明。

企业管理是一门科学，激励机制是企业管理中的重要组成部分，在现代企业管理中起着非常重要的作用。激励机制能够激发员工的积极性、主动性和创造性，还能够提高员工的工作效率，有利于提高企业的经济效益和社会效益。因此，在现代企业管理中建立合理有效的激励机制是十分必要的。

首先，要建立健全工作机制，明确各自的责任和义务。这是做好工作的前提，只有这样，才能使员工明白自己在工作中承担着什么样的责任和义务，从而有更大的动力去完成任务。

其次，要进行必要的培训，这是提高员工素质，从而激发其工作积极性和主动性的重要手段。因此企业在招聘时要有明确的招聘要求和标准，在进行培训时要有明确的培训目标和培训内容。通过培训来提高员工素质。

最后，要进行适当的奖惩，这是调动员工积极性最有效、最直接的手段。通过奖惩能有效地调动员工工作积极性和主动性。但是奖励不能随意进行，不能以金钱或物质作为奖励的唯一手段。

建立科学的激励机制，需要注意以下几个方面。要制定科学的考评体系，不能主观武断。对员工的工作绩效，要进行客观的评价，使之有一个公正、客观、科学的评价体系。要建立公平合理的奖惩机制，奖惩必须是公开公平公正的，奖罚必须及时、准确。要注重精神激励和物质激励相结合，对表现突出、成绩显著、贡献较大的员工给予物质奖励和精神奖励相结合，激发员工内在潜能，调动员工积极性和主动性。要注重发扬团队合作精神，不能让个人英雄主义思想凌驾于团队合作之上。

要使激励机制起作用，必须注意以下几个方面。充分认识到激励机制的重要性，正

确认识激励机制的作用,是建立有效激励机制的前提。科学地制定激励措施,是建立有效激励机制的保证。对不同层次、不同工作性质、不同岗位的员工采取不同的激励措施。不断地改进激励方式,提高激励效果。合理设置奖惩标准和幅度,防止奖惩的随意性和盲目性。

实施激励积分制管理,使用积分量化员工的工作。通过百分之百匹配实际的自定义设置,把公司有价值的事项变成明确的奖扣标准。员工做了公司认可的事情会被充分肯定,让每一份贡献都得到实质性的奖励。员工做了公司不认可的事情会被扣分,并不扣钱,员工还可以通过做公司认可的事情再把分挣回来,让每一个违规违纪事件都得到应有的处理。

明确的赏罚制度,让员工更加了解老板的态度和企业的管理目标、管理导向,有效激发员工工作积极性,使员工个人薪资目标与企业管理目标实现自然融合,实现企业与员工的持续共赢。

三、聚焦关键点:如何实施科学的奖惩制度

究竟该怎么奖,怎么罚?管理者要将物质奖励和精神奖励相结合,并依据公司情况和人员特性来采取具体的实施方式。

管理者若不讲原则,一味迁就,必会引发后患。只有大公无私、奖罚分明,才能将执行力落到实处。

科学的奖惩制度在组织和管理中具有重要作用。它不仅可以激发员工的积极性和创造力,还可以提高组织的绩效。下面将从设定目标、制定规则、公正执行、及时反馈和持续改进等方面,探讨如何实施科学的奖惩制度。

1. 设定目标

设定明确的奖惩目标是实施科学的奖惩制度的基础。组织应根据自身的特点和需求,确定能够激励员工的奖励和能够约束员工的惩罚。同时,这些目标应该与组织的整体战略和价值观相一致,以确保奖惩制度的有效性和可持续性。

2. 制定规则

制定清晰、可操作的规则对于实施科学的奖惩制度至关重要。组织应根据实际情况,制定明确的绩效标准和评估方法,以确保奖惩的公正性和准确性。同时,规则应该具有可操作性和可验证性,员工应该清楚地知道哪些行为会受到奖励、哪些行为会受到惩罚。

3. 公正执行

科学的奖惩制度必须公正执行、不偏不倚。组织应建立独立的奖惩机构或委员会,由具备专业知识和公正意识的人员负责奖惩的决策和执行。同时,决策过程应透明,员工应有权了解奖惩的依据和决策过程,并有申诉的途径。

4. 及时反馈

及时反馈是实施科学的奖惩制度的关键。组织应及时告知员工他们的绩效表现以及相应的奖励或惩罚措施。这种及时反馈可以让员工清楚地了解他们是否达到了组织的要求，帮助他们调整行为和改进业绩。

5. 持续改进

科学的奖惩制度需要不断改进和完善。组织应及时收集和分析奖惩数据，评估奖惩制度的有效性和公正性。同时，组织应定期与员工进行沟通和反馈，了解他们对奖惩制度的意见和建议，以便进行必要的调整和改进。

综上所述，科学的奖惩制度对于组织和管理至关重要。通过设定目标、制定规则、公正执行、及时反馈和持续改进等措施，组织可以建立起科学有效的奖惩制度，激发员工的积极性和创造力，提高组织的绩效。

第三节　形成制度化管理的机制

为企业建立一个完整的管理制度是一项非常大的工程，其复杂及困难程度大大超乎人们的想象。只有仔细考察其他公司的管理制度，取其精华去其糟粕，才能为自己的企业量身定制出合适的管理制度。关于公司管理制度如何建立这个问题，笔者为大家整理了以下的一些规则及方法。

一、制定公司管理制度的指导思想

1. 领导与员工相结合的思想

制定公司管理制度既要体现领导集中统一管理的要求，又要反映普通员工对制度所抱的要求与愿望。公司领导应统一负责组织制定公司管理制度，在制定中要坚持走员工路线，及时总结员工的经验和建议，从员工中来、到员工中去的公司管理制度才有生命力，才能有效发挥作用。

2. 实事求是的思想

制定公司管理制度要坚持从公司本身的具体情况和条件出发，尽量使制定出来的管理制度符合公司实际，切实可行。

3. 相对稳定的思想

所制定的公司管理制度既要考虑发展，又要立足现实，要避免朝令夕改，保持相对稳定。

4. 提高工作效率和提高经济效益的思想

制定管理制度的基本出发点和落脚点，就是要有利于公司实行集中统一指挥，有利于有效地组织公司的生产经营活动。

5. 为员工服务的思想

制定公司管理制度要坚持为员工服务的宗旨。要以人为本，尽量保护员工身心健康，方便员工的工作与生活。制定公司管理制度，必须以党和国家的方针、政策、法律、法规为依据。合理的管理制度既能反映企业生产经营的客观规律，又能适应生产关系的客观要求。

二、制定公司管理制度的原则

（1）公司管理制度要健全，要力求具体完备，以便处理问题时有根有据。

（2）公司管理制度的制定必须坚持领导与员工相结合的原则。绝不能把公司内部规章制度的制定当作简单的文字性事务来对待。它涉及广大员工的生产经营行为及各种利益关系，应结合本公司的实际情况和生产经营管理的需要，经过充分讨论，按有利于员工贯彻执行的原则来制定公司管理制度。

（3）制定公司管理制度要以发挥实际效果为目的，根据公司实际需要来制定。不制定空洞无物、不切实际的无用制度。

（4）公司管理制度的制定除不能与国家法令相抵触外，还要考虑人们的文化教育水平、习惯和风俗等。尤其是随着全球经济一体化进程的加快、国际化大市场的形成，公司势必要与更多国家和地区的人群打交道，跨国公司在这方面更是如此。

（5）公司管理制度要形成完整的体系，彼此相互协调，避免重复和相互矛盾。公司管理制度是一个由许多方面内容组合而成的体系，各方面的配合与衔接显得非常重要，一套不完整的或是互相冲突的公司管理制度只能使公司员工无所适从，使公司管理更加混乱，更不可能实现公司管理的标准化、科学化。

三、建立公司管理制度的内容

公司管理制度的内容包括以下方面。

（1）建立集中管理与分散经营，即集权和分权相结合的运行机制，在领导机制上体现领导专家化、领导集团化、领导民主化。

（2）建立起以参与国际竞争、占领国际市场为目标的经营战略体系。战略管理是现代管理的重要内容。而正确的经营思想又是优化战略的先导，因此在管理上必须树立起竞争观念、市场观念、金融观念、时间观念、质量观念、信息观念、以人为中心的观念以及法治观念。

（3）建立企业的民主管理制度。

（4）建立职工培训与考核制度。建立和实施好该项制度，能够使公司拥有素质良好的职工队伍和熟练掌握现代管理知识与技能的管理人员。

（5）建立现代技术改造与科研制度。

（6）建立现代企业的文化生活制度，建设以公司精神、公司形象、公司规范等内容为中心的公司文化，培育良好的公司精神和公司集体意识。

除此之外，还要建立一系列与之相配套的具体制度，通过科学的生产管理、质量管理、人力资源管理、研究与开发管理、财务管理、营销管理等一系列管理体系的建立，使公司管理更科学。

四、制定公司管理制度的程序

制定公司管理制度的过程，是领导同员工相结合，反复进行调查研究的过程；是从员工中来，到员工中去，发动员工进行自我教育、参与公司民主管理、提高公司员工素质的过程；是总结公司的历史经验与学习成功公司的先进经验，并探索公司管理的新方法，提高管理水平的过程。制定公司管理制度应该遵循以下基本程序：调查—分析—起草—讨论—修改—会签—审定—试行—修订—正式执行。

也就是说，公司管理制度的制定，要以充分的调查，认真的分析研究为基础，做出草稿。草稿形成以后，发放给有关职能部门及其基层单位进行反复讨论，缜密修改，经过有关部门会签和领导审定后，在小范围内试行检验。对试行中暴露出的问题，认真进行修订。重要的规章制度，应提交股东大会、董事会或职工代表大会通过，并报上级主管部门批准。遵循上述基本程序制定出的管理制度才能够切合实际，具有权威性，并得到贯彻执行。

 案例讨论题

变革，在不断蜕变中成长的《华为基本法》

1994年前后，任正非邀请中国人民大学的几位教授，开始起草一份华为的纲领性文件，这份文件从1995年萌芽，到1996年正式定位为管理大纲，1998年这份纲领性的文件正式通过验收，这就是《华为基本法》。

《华为基本法》对华为的意义是非同寻常的，因为《华为基本法》总结了华为取得早期阶段性成就的本质因素，为华为未来十年的发展，确定了思维方式和行为准则。

从内容上来看，《华为基本法》是对华为不足十年的创业经历的总结，更是对华为未来的发展原则、发展策略、发展路径、发展定位的规划，是对华为人思想的引领、行为的规范。

任正非曾经说,我们对未来的无知是无法解决问题的,但我们可以通过归纳找到方向,并使自己处在合理组织结构及优良的进取状态,以此来预防未来,这是历史规律,我们的责任是不断延长我们的生命。

《华为基本法》开始起草的1994年,华为的销售额是10亿元人民币左右,到了2018年的时候,华为的销售额达到了7000多亿元,增长了数百倍。可见《华为基本法》是华为高速稳健成长的重要保证。《华为基本法》虽然是数十年前发布的,但是今天看来,大部分观念依旧非常领先。

《华为基本法》涵盖了华为公司的宗旨、经营政策、组织政策、人力资源政策、控制政策、修订法等六大部分内容,文字不多,但是内容很广泛。

很多人对《华为基本法》进行过全文解读,因此在这里就不再具体解读了。

笔者要给大家分享一下《华为基本法》中的一个观点,那就是第九十九条:公司应建立预警系统和快速反应机制,应敏感地预测和感知由竞争对手、客户、供应商及政策法规等造成的外部环境的细微但重大的变化;处理公司高层领导不测事件和产品原因造成的影响公司形象的重大突发事件。

这一条在华为处理媒体关系中得到了充分的体现。2010年11月25日,任正非与华为时任董事长孙亚芳、常务副总裁许志军、郭平以及华为的公共关系品牌部、媒体关系终端公司党委相关人员座谈,重点谈到了华为与媒体关系问题。

其中有一句话非常有意思,任正非是这样说的,我们要改善和媒体的关系,而不是要利用媒体,不要自以为聪明,任何事情都有正和反的两个方面,不要以为你就得到了,可能你走进更复杂的问题了。我们不想利用媒体帮我们做什么事,不和媒体像过去那么不和谐就行了,我们需要的就是媒体给我们一个弹性的环境。

现在大家可以看到,任正非在媒体上频繁露面,很多人都觉得不可理解,因为这与任正非以往的风格是不同的。当我们理解了华为有关危机事件和媒体关系的观点以后,我们就很容易理解了。十年前的时候,华为基本上是排斥媒体的,至少是刻意回避媒体,任正非基本上不接受媒体采访。

任正非曾经对此解释说,那个时候华为潜心于技术研发、管理提升、客户服务等,没有将媒体关系放在很重要的位置上。而当时华为的ToB的业务构成也没有做ToC品牌的动力,那么当华为开始发力ToC业务之后,华为对媒体的重视程度明显加大了。

企业利用一些事件,甚至是专门策划、制造一些事件,让媒体关注自己,或者是传达某些信息,这也是企业媒体运营的重要方式。

按照这个逻辑,华为应该抓住之前的多次焦点事件,拼命曝光自己,之前华为也的确召开了多次媒体沟通会。但是华为的媒体沟通会,有一些明显的特点,那就是非常坦诚,与《华为基本法》的调性是非常一致的。

很多人还会关心一个问题，那就是《华为基本法》已经颁布这么多年了，对于今天的华为还有没有指导意义？笔者觉得，《华为基本法》是一个原则性的纲领，是一个不断优化的开放式系统。《华为基本法》规定，每十年要修订一次。《华为基本法》中的核心价值观等理念基本上是固定的，但是具体的行为方式是可以变化的。

虽然规定说每十年要修订一次，但其实《华为基本法》出台以后到今天，并没有进行正式的修订。华为通过实践或者是在部分领域对《华为基本法》进行事实上的修订，比如说2017年至2018年，华为推出了人力资源纲要2.0版本。

这一定程度上可以看作是对《华为基本法》中有关人力资源部门的细化和修订。《华为基本法》第六十二条规定，人力资源管理不只是人力资源管理部门的工作，而且是全体管理者的职责，各部门管理者有责任记录、指导、支持、激励与合理评价下属人员的工作，负有帮助下属人员成长的责任。

但实际上2018年之前的华为，基本上还是人力资源部门负责员工的考核，那么在华为公司规模不大的时候，这种方式基本上没有太大问题，因为考核比较简单，管理层级比较少，但是2018年的华为在职员工已有约19万人了。

所以某些部门就有几千人，如此庞大的组织，加上纷繁复杂的业务单元，人力资源在考核员工的绩效和工作的时候，就出现了很多问题。

首要的一个现实问题就是人力资源部门的人大多是学人力资源管理出身的，他们对很多专门业务不熟悉，甚至完全是个外行，这就导致很多评价不到位，不科学。

尽管华为有美国Hay Group公司帮助建立的人力资源系统，但是在工作实践中，人力资源部门的工作并不能全部依赖这一系统，这就必然导致一些评价上的偏差。

因此华为的人力资源管理纲要2.0版本，将业务人员的考用留奖的职能单独列为一个部门，让懂业务的人，对他们进行评估，人力资源部门不懂业务就不用多插手，做好支持服务就可以了。

这就在实际上削减了人力资源部门的权限，人力资源部门在一定程度上变成了一个公共服务支撑部门，考核的功能就逐步淡化了。

所以说当前《华为基本法》对华为还具有一定的指导意义，华为的很多核心观念，还在《华为基本法》的框架之内，但是华为也在很多方面突破了《华为基本法》的约束。

《华为基本法》是中国企业第一个完整系统的对其价值观的总结，对中国的企业文化建设起到了非常大的推动作用。

《华为基本法》被外界知晓以后，很多企业也学习华为，制定了自己的基本法。从现在来看，制定出自己基本法的企业很多，但是很少有企业能够真正做到、真正坚持。

（来源：百家号"熊林谈管理"2022年10月12日，略有改动）

课后思考

1. 谈谈《华为基本法》对华为发展的重要意义。
2. 试述制度变形与企业执行力不足的关系。
3. 简述严格执行企业规章制度的重要性。

第八章

全程化执行力是关键

随着市场经济的不断发展和完善,企业间的竞争日益加剧,许多管理不善的企业在激烈的竞争中消亡。执行力的问题一直是影响企业内部管理效率的重要问题之一,其关系到决策的落实程度。对企业中高层管理者的执行力进行研究,分析其存在的问题,寻找解决策略,对企业执行力的提升具有十分重要的意义。

第一节 企业中高层管理者的执行力问题研究

有很多人认为,企业能否取得成功主要取决于决策的有效性,然而决策在转化为实际效益的过程中,执行力是一个不可忽视的重要方面。调查研究显示,企业的战略大多类似,战略的实际效果却千差万别,战略能否贯彻实施以及实施的程度主要受到执行力的影响。一个企业能否取得竞争优势,20%取决于战略和决策的制定,20%取决于机会和未知因素的影响,而60%取决于战略和决策的执行程度。执行力在一个企业的发展中的重要性可见一斑。

一、执行力在企业中、高层管理者中的构成

企业的中、高层管理者是企业管理工作中的主体,在很大程度上决定了企业的管理效率,其执行力的高低,也就更加深刻地影响到企业战略的实施。企业的中层管理者与高层管理者的责任与义务不同,这也决定了他们执行力的构成有所不同。

(一)企业高层管理者执行力的构成

1. 制定正确战略的能力

企业的高层管理者需要依据企业的实际情况,制定最适合企业发展的战略。在所有的战略理论中,战略的正确性是决定企业能否取得成功的重要因素。企业高层管理者作为战略的制定者,怎样规划企业的未来,并最终推动企业的发展,成为众多研究者关注

的话题之一。战略的制定应结合企业目前的状况,企业的高层管理者制定战略时应对企业的综合实力有一个综合的、中肯的了解,并对未来有合理的预期,而且应考虑到行业和市场环境等。只有这样,制定出的战略才有可能得到进一步的贯彻实行,并发挥实际效力,在为企业带来经济收益的同时提升企业的整体竞争力。此外,战略制定之后并不是一成不变地去实施,应根据外部条件的变化不断地对战略进行优化与调整,保证战略的合理性和有效性,以企业发展大局为主线,实现企业的主体目标。

2. 营造企业文化的能力

执行力在很大程度上表现为一种企业文化,企业文化精神的培养在很大程度上决定了企业的执行力。而企业高层管理者在整个过程中发挥着不可替代的重要作用。企业高层管理者了解下属员工和企业整体情况是执行力提升的基础,是架设员工执行力提升的重要桥梁的基石。总体来说,员工是企业执行力的重要组成元素,高层管理者是将这些组成元素组合在一起而产生强大执行力的重要催化剂,也正是高层管理者的决策对整个企业的执行力予以支持。对企业高层管理者执行力的要求中,营造企业文化十分重要。

(二)企业中层管理者执行力的构成

1. 对自我位置的认知能力

只有明确了自我位置的责任和义务,给自己一个相对准确的定位,才能进一步完成自己的任务,实现自己的价值,并为实现企业的整体目标而努力。中层管理者应起到良好的连接高层管理者与基层员工的桥梁作用,做好承上启下的纽带。对于高层管理者来说,中层管理者是最为直接的执行群体。对于高层管理者的决策与委派,中层管理者应一丝不苟地执行。而对基层员工来说,其身份变为管理者,应传达相关任务,对决策、计划的执行进行监督。中层管理者自我位置上的责任执行是提升企业执行力的关键。

2. 对相关政策的领悟能力

中层管理者是连接高层管理者与基层员工的重要纽带,自上而下的政策传达不容有误。中层管理者处在中间的位置,应具备良好的对决策和战略的领悟能力,为企业执行力的提升做好铺垫。对高层管理者的决策和战略,中层管理者应做正确的理解与加工之后传达给企业的每一名基层员工,应做好对基层员工的引导工作,使基层员工对决策的理解不偏不倚;时刻向高层管理者反映决策和战略的执行情况,依据市场信息和对手的竞争情况向高层管理者做出如实的反馈,为其下一步政策的制定和实施提供信息支持。另外,企业的中层管理者应尽可能克服在决策执行过程中所遇到的各种困难,确保决策的执行效果,保证企业整体目标的实现。

二、企业中、高层管理者执行力不足的原因分析

目前,大多数企业的中、高层管理者存在执行力不足的情况,企业的相关政策的制

定和实施得不到落实,企业的整体目标难以实现。具体来讲,企业中、高层管理者执行力不足的原因可总结为以下几种。

(一)高层管理者对执行力不够重视

目前,国内仍有很多企业单方面重视战略的制定,但是在战略制定好之后很少关注执行的问题。战略的执行已经不仅仅是战术层次上的问题,也不仅仅关系到中层管理者和基层员工。

企业中、高层管理者对执行力不重视和不作为,导致企业整体执行力的不足,甚至进一步影响到企业文化,导致企业上下缺乏担当意识,风气懒散。众多战略决策的失败并不是其不正确,而是缺乏有力、高效的执行。

(二)中层管理人才的选拔与使用上存在问题

如果把高层管理者比喻成城堡的顶端,把基层员工比喻成城堡的基石,那么中层管理者就是连接二者的阶梯。中层管理者的重要作用之一,就是对高层管理者的战略进行传达和执行,中层管理者自身执行力不足将会影响到整个企业的执行力,进而影响到企业整体目标的实现。中层管理者的使用存在能力上不足、态度上不积极的问题。对于高层管理者下达的任务,有些中层管理者的第一反应是"很难执行"而不是"怎样执行"。他们领悟能力差,往往会曲解计划和决策,缺乏良好的责任心,缺乏对基层员工的监督,没有向高层管理者进行信息反馈。这就使计划和决策很难执行。

(三)管理制度不健全,责任划分不明显

对于计划和决策的执行,一方面需要员工具有责任意识,另一方面有赖于管理制度的约束。管理制度不健全,将导致执行力得不到制度上的保障;企业管理者和基层员工责任划分上的混乱,将导致责任的推卸,会严重影响执行力的提升。许多企业还停留在以人管人的层面,对管理制度的完善不够重视,导致企业上下责任意识、执行力缺失。

(四)企业文化缺失

企业执行力的强弱与企业文化息息相关,良好的企业文化,应包含良好的执行力。进一步在企业上下贯彻执行意识,形成执行力文化,能够在很大程度上改变企业的精神风貌,使企业员工态度积极,增强企业的核心竞争力,更能有效地在企业上下提升执行力。企业文化缺失使执行力得不到精神层面的保障。

三、对中、高层管理者执行力提升的建议

(一)从自身开始,提升执行意识

对于一个企业来说,管理者既掌握着企业的发展命脉,也代表着企业的形象。对企

业所做出的决策，中、高层管理者应以身作则，率先执行，起到良好的表率作用。对于执行力精神的传承，应从高层管理者到中层管理者，再到基层员工，自上而下地进行。对于企业来说，中、高层管理者的执行力更加关系到整个团队、整个企业的工作作风。中、高层管理者较好的执行力无形中会对基层员工产生积极影响，起到激励作用。

（二）强化对执行力的重视，加强培训

一个企业整体上的执行力不是与生俱来的，它与企业上下每个员工的执行力息息相关。企业上下对执行力重视，则会在员工心中形成精神引导。而通常情况下，并不是员工不去执行，而是员工不知道怎样去执行。因此，企业有必要加强对员工，特别是中、高层管理者的执行力培训，从企业整体上提升执行力，保证执行效果。

（三）加强对中、高层管理者执行力度的监督和检查

对于执行力的提升，不能仅仅依靠宣传和自我意识，企业还应该出台相应的监督检查制度，确立相应的奖惩措施，相应的岗位的责任划分必须明确，依据不同的工作内容，确立相应的考核制度，并设立检查与监督小组执行检查和监督任务。一旦出现执行方面的问题，则要及时将责任落实到人，严肃处理，奖罚分明。另外，各方面的执行力并不是独立的，一个岗位的执行力可能与多个部门息息相关，因此，企业应加强团队合作意识，加强各部门、各岗位间的沟通，去除执行力提升的障碍。

（四）形成严格执行的企业文化

企业文化是企业精神风貌的重要体现，而执行力也应该成为企业文化中重要的一部分。在日常工作中，企业应把"不找借口，坚决执行"的精神融入企业文化，使企业的中、高层管理者发挥领头羊的作用。在企业文化的影响下，保障企业日常工作的顺畅。将执行力相关内容融入企业文化，无形中增加了企业在竞争中的软实力。严格执行的企业文化也是形成纪律严明、高效和谐的优良企业的重要保障。

第二节　打造坚强执行力，关键在于高层领导

总结多家企业的成功经验和教训，可得出这样一条结论：打造坚强执行力，关键是董事长、总经理以及其他各级管理人员以身作则、率先垂范。

所谓执行力，简单地说就是保质、保量、按时完成工作任务的能力。在日常管理工作中，"制度管人最服人"。企业提升自身的执行力的关键在于，每一位员工真正明确和履行各自的岗位职责，全体员工心往一处想，劲往一处使，形成执行合力。加强领导力是提升执行力的关键。

一、执行力离不开领导力

执行力与领导力有什么区别？领导力对执行力起什么作用？

首先，从执行力的构成要素看，领导力对执行力起着非常重要的作用。执行力的构成要素一般包括流程、技能和意愿。流程是指业务流程和管理流程；技能是指全体员工的执行技能，即个人执行力的构成技能；意愿是指全体员工的工作主动性和热情。优化的流程需要领导科学制定，员工的技能需要组织培训加以提高，团队的战斗力需要有领军人物去培养。其次，从执行力的五个关键要素（沟通、协调、反馈、责任和决心）来看，执行力的每个要素都与领导力密切相关。最后，从执行力不佳的一般表现上分析，执行力不佳大多是领导不力导致的。

执行力不佳通常表现为：不知执行力为何物，议而不决，执而不行，执行阻力大。效率低下是执行力的通病。究其原因，主要有：领导没有常抓不懈；出台的管理制度不严谨、不可行；流程烦琐、不合理；工作缺乏科学的方法；考核监督机制不健全、不科学；培训不到位，缺乏针对性、可操作性；没有形成行业文化力、凝聚力等。由此可见，执行力的本质就是领导力。正确路线确定之后，干部就是决定因素。"火车跑得快，全靠车头带"，说明了领导力的重要性。

二、有卓越领导力的领导者的特征

领导力是领导者综合素质和能力的体现。说到底，领导就是激励他人自愿地在组织中做出贡献，推动各项方针、政策得到贯彻落实。有卓越领导力的领导者的特征如下。

（一）具有驾驭全局的能力

具有驾驭全局的能力是提升执行力的首要标准。一个领导者，尤其是中间层次的领导者，处于承上启下的执行环节，必须具备这种能力。

（1）要牢固树立大局意识，全局利益和整体利益优先。不能只顾局部利益，搞"上有政策，下有对策"，自行其是，有令不行，有禁不止，造成执行力扭曲。

（2）要有"吃透上情"的政策水平。各级领导者作为贯彻企业方针、政策的重要载体，必须对企业的方针、政策全面了解和深刻把握。只有全面、准确地"吃透上情"，才能具备较高的理论修养和政策水平，才能具备良好的执行力。

（3）要有"吃透下情"的实践能力。驾驭全局的能力来自正确的判断，正确的判断来自对客观事实的准确了解。这就要求领导者经常深入基层、深入一线、深入实际，调查研究，掌握实情。这样执行起来就会胸中有数，增强了针对性，加大了可行性。

（4）要有"上下结合"的综合能力。领导者应把企业的方针、政策与客观实际情况结合起来，走出一条创新路子。这也是领导者能力的综合体现。"上下结合"的综合能力强不强，结合点找得准不准，归根结底体现在执行效果好不好上。

（二）具有带领团队的能力

没有一个强有力的领导者是带不出一支过硬的队伍的，没有一支过硬的队伍是完不成各项工作任务的。执行力的根基在团队，团队的执行力来自领导力。好钢靠炼，好队伍靠带。一个团队有没有凝聚力、创造力和战斗力，关键在于有没有一个能力较强的领导者，在于有没有一个好的机制。用制度管人，用机制理事，可提升团队执行力。

1. 要建立"优选"机制，把住"进口"关

执行的根本在于人，在于提升整体执行力。领导者必须在人员招聘、招录和干部提拔时进行"优选"，把有执行力的人，素质优良的人，以及能干事、想干事、干成事的人选到团队中来，选拔到领导岗位上来。

2. 要建立教育培训机制

领导者通过建立健全政治思想教育培训、任职培训和岗位业务培训等机制提高团队整体素质，提升团队执行力。

3. 要建立激励机制

领导者应通过情感激励、压力激励、公平竞争激励、物质利益激励和荣誉激励等多种激励方法、手段，让较有效率的人员得到较好的待遇，激发团队活力，提升团队执行力。

4. 建立工作运行机制

领导者应本着"顶用、管用"的原则，加强制度建设和机制创新，规范、优化工作流程，全面落实岗位责任制、服务承诺制、限时办结制和首问责任制，使工作环环相扣、张弛有序、高效运转。

5. 要建立工作协调机制

领导者应严格落实主办责任制，明确主办和协办单位的职责，强化部门之间的沟通会商，及时协调解决落实过程中遇到的问题，防止推诿扯皮、落而不实，增强执行合力。

6. 要建立和完善工作保障机制

领导者一方面要加强过程控制，抓好各个环节的监控管理，保证工作正常、高效进行；另一方面要注重改善工作环境，搞好后勤保障，及时更新设备和办公工具，发挥"利器"的作用，提高工作效率。

7. 建立健全社会评价机制

领导者应将本单位的各项工作部署、工作职能和重大事项及时向社会公开，把执

行过程的监督权和成效的评判权交给服务对象，交给群众，交给社会，接受公开监督。

（三）具有求真务实的作风

优良的思想作风、工作作风和生活作风是领导力建设的重要内容，也是领导者必备的素质要求。优良的工作作风的核心要求是务实，也就是要实实在在地干出成绩。

1. 务实就要勤学

只有勤学，才能求真。领导者要有强烈的求知欲，要有的放矢地学政治、学业务、学科学，善于在实践中学，做个真正有学问的领导者，为提高领导力储备知识。

2. 务实就要实干

领导者不能说空话、做表面文章，必须讲究效率，拖拖拉拉、磨磨蹭蹭会贻误时机、浪费时间，必然无所作为。

3. 务实就要敢干

没有风险的竞争是很少的，领导者在贯彻执行企业路线、方针、政策的过程中如果不敢闯、不敢试，如果照抄照搬、机械执行，而对新问题不提出新思路、想不出新办法、打不开新局面，必然无所作为。

4. 务实就要苦干

领导者如果见困难就躲，遇到麻烦就绕，碰到阻力就退，不知难而进，不艰苦奋斗，必然无所作为。

5. 务实就要有认真、负责的态度

只有认真、负责，才能干成事。世上无难事，只怕有心人。领导者如果对工作不认真，不负责，消极应付，粗枝大叶，得过且过，有部署无检查，则出不了业绩。

6. 务实就要有协作精神

众人拾柴火焰高，成就事业靠合力，一个人、一个部门是做不好所有工作的。部门之间、同事之间和工作环节之间都需要相互协调配合，不能各执一端、互不买账、相互推诿、相互扯皮，尤其不能以邻为壑、损人利己，否则会影响工作效率和执行力度，甚至还会损害企业的形象和声誉。

7. 务实就要讲究民主

领导者必须认真贯彻民主集中制原则，坚持走群众路线，开拓有民主又有集中、有纪律又有自由、有统一意志又个人心情舒畅的局面。

8. 务实就要正派

领导者要养成良好而健康的生活作风。生活作风是人生观、价值观和荣辱观的体现，也是影响领导力的重要因素。领导者要切实认识自己真正的价值所在、真正的利益所在。领导者的生活主题应该是奉献，而不是享乐，生活也不纯粹是自己的私事。因此，领导者要注重提高道德修养和文化修养，要讲操守、重品行、克己慎行、为人表率。领导者如果放松要求，就可能因生活作风问题而酿成大错。

（四）具有独特的人格魅力

众所周知，一个单位、一个部门的行为在很大程度上受领导者行为的影响。员工往往会以领导者的行为风格为榜样。雷厉风行的领导者，其下属的做事风格也是快速和高效的；注重实际的领导者，其下属的行为方式也是老练和沉稳的；一个清正廉洁、一身正气的领导者，其所在单位必然具有浩然之气；一个作风扎实、忘我奉献的领导者，其下属的工作态度必然是勇于担当、敢打硬仗的。因此，领导者具有亲和力、感召力和凝聚力，是提升执行力的"无形"武器。优秀的品格就是力量。远大的志向和梦想，独特、执着的性格，毅力、勇气和自信，积极的生活态度，智慧和幽默感，构成个性之中迷人的魅力。德国社会学家马克斯·韦伯称，超凡的魅力是使领导者有别于普通人的一种特质，使领导者具有常人不可能具有的力量，使领导者能激发出一种驱使人行动的强烈情感，给下属以自信、力量和勇气。独特的人格魅力源于刻苦的修炼，领导者通过提高文化理论修养等，努力使自己修成"正果"。

独特的人格魅力源于清正廉洁、公平公正。廉洁方能聚人，律己方能服人，身正方能带人，无私方能感人。领导者搞一次特殊，就降低一点威信；破一次规矩，就留下一个污点；谋一次私利，就失去一片人心。领导者只有清正廉洁、公平正直，才能让员工心服口服，才能有效地领导工作。独特的人格魅力源于以身作则、率先垂范。领导者只有始终坚持高标准、高要求，时时处处做员工的表率，要求员工做到的，自己首先做到，并且做好；要求员工不做的，自己首先不做。这样，才会赢得员工发自内心的尊重和认可，在员工中树立起领导威信，做到令行禁止。独特的人格魅力源于浓厚的"人情味"。领导者必须讲原则，自觉地遵守党纪国法和各项规定，否则将难以开展工作，企业就会成为一盘散沙，失去战斗力。但如果只讲原则，不讲"人情味"，企业就没有凝聚力、亲和力，领导者只有把原则和"人情味"有机结合起来，从工作上关心下级的进步，从生活上关心其疾苦，从思想上理解其情绪，尊重其首创精神，为其发展提供宽松的环境和广阔的空间，使其内在的潜力不断激发出来，才能形成一种新的、更强的执行力。

（五）具有坚忍不拔的决心和毅力

执行力从某种程度上说是与领导者的决心和毅力较量的结果。中国自古有"有志者事竟成"的名言。苏轼说得好："古之立大事者，不惟有超世之才，亦必有坚忍不拔之志。"西方的成功学理论也教导人们,"远大的理想和明确的目标成就伟大的事业"。问题的关键是,要实现一项目标,成就一项事业,完成一项任务,不可能一帆风顺,必然会遇到很多艰难险阻。面对困难,领导者不仅要有坚定的信念和信心,而且要有能力、有毅力、有方法,克服困难去实现目标。唯有百折不挠,才能到达成功的彼岸。

(六)构建企业的执行力文化

企业文化是基于共同价值观、企业全体员工共同遵守的目标和行为规范及思维方式有机整体的总称,是经营理念、企业精神、价值标准和行为规范的外在表现,是企业的灵魂。执行力文化是执行力的生命之源。执行力文化所体现的核心内容是一种负责、敬业的精神和服从、诚实的态度,是一种较为完善的执行能力。"做细、做实、做真、做精"是领导者做事的根本,领导者只有在做事的过程中,始终贯彻此思想,才能将每件事做好。

(七)领导坚强有力

组织的成功,领导者是关键。方向错了,再好的水手也到达不了彼岸。身教重于言传,要求下级做到的,领导者必须先做到,打造具有高效执行力的团队,从挑选具有高效执行力的领导者开始。

(八)建立先进的企业文化

有卓越领导力的领导者注重培育员工的团队意识与合作精神。教育员工团结不仅是职业道德的要求,也是员工自身发展的需要,与员工自身的利益密切相关,要让员工清楚地认识到不团结会付出的代价和成本。抓培训是夯实完善执行力的思想基础。高度的自觉性不是自发产生的,要靠教育、引导、灌输来形成。有卓越领导力的领导者寓教于乐,采取生动活泼、喜闻乐见的形式,使教育工作在积极、和谐、宽松的文化环境中入心入脑。有卓越领导力的领导者注重开展职业纪律和职业道德教育,为员工灌输"一切行动听指挥"的观念,使其做到自警自律、恪尽职守。有卓越领导力的领导者注重开展丰富多彩、喜闻乐见的文体活动,为员工灌输知识从兴趣中获得的思想。有卓越领导力的领导者注重开展企业发展目标教育,为员工灌输居安思危、树立远大理想的观念,使其将实现自身价值与实现企业目标融为一体。有卓越领导力的领导者把培训工作当成重要举措来抓。坚持从实际出发,既立足当前,又考虑长远;既看到一般员工的岗位需要,又想到专业人员的知识更新,做到有计划、分层次进行。

三、领导者的执行力是决定事业成败的关键因素

三分决策,七分执行。现代管理学认为,领导者的职责必须由注重决策向注重执行转变。推动一个地方的科学发展,既要有科学正确的决策,更要有坚强有力的执行。各级领导干部特别是组织的基层领导执行力如何,决定事业的成败。

传统的管理理论认为，领导就是决策，而执行是下属的事情。一些领导者因此把自己锁定在决策层面上，不愿意扮演执行者的角色，只想充当一个发号施令者。现代管理学则认为，执行比决策更为重要。领导者不仅是决策者，而且是执行者。彼得·德鲁克认为，领导者缺乏执行力恰恰是导致失败的主要原因，现代社会更需要的是执行型的领导者。执行力，是完成任务的手段和能力，是完成任务的态度和精神，是对目标和方法的认真研究、执着跟进。执行力从整体上包括领导者个人的执行力和组织整体的执行力。通俗地讲，执行力就是各级组织和干部的履职能力、完成上级交办任务的能力。近年来，社会的发展为企业或者组织的基层领导者提供了大显身手、建功立业的大舞台。围绕发展战略，有的地方和部门落实的效果非常明显，有的则不然，造成这种差别的原因就在于这些地方和部门的领导者的执行力不同。在机制不大顺畅、工作事务较多等情况下，领导者如果没有较强的执行力，就不能解决好工作中面临的各种矛盾和困难，也就不能实现组织的预定目标。应该把提升领导者的执行力作为加强基层领导队伍建设的关键举措来抓。

（一）领导者执行力不强的主要表现

1. 解决热点、难点问题的能力不高

这尤其表现在处理企业改制、员工利益诉求等内部矛盾办法不足上。在经济转轨、社会转型期，出现了许多新情况和新问题，涉及范围广，触及层次深，牵涉对象往往具有群体性。企业领导者如果不注意解决员工内部出现的矛盾，就可能影响到团队的稳定，影响到企业的发展。有的组织的基层领导者面对这些新情况、新问题，在工作中存在"不敢"和"不会"的现象。

2. 领导方式和方法不妥

当前，有的组织的基层领导者不适应领导环境、对象和内容的变化，仍然习惯于用传统的一些工作方式和方法管理经济和社会事务，随意干预具体事务，用"一刀切"的办法指挥员工，用"拍脑袋"的办法决策，以致造成妨碍经济发展、影响社会稳定、脱离实际工作等不良后果。有些刚走上领导岗位的干部，实践经验不足，领导方法欠缺，遇到复杂矛盾和工作难点不知如何应对。

3. 创造性工作不够

有些组织的领导者由于对上级政策理解不透，把握不了政策的精神实质和灵魂，不能做到原则性与创造性相统一，这是提升执行力的最大干扰。有些组织的领导者在工作中不从实际出发，没有真正领会上级领导干部的意图，而在一些表面形式上下力气、做文章，一旦有问题便束手无策。有的领导者甚至习惯拿上级政策和自身权力压制人，影响了整个企业的发展。

4. 总揽全局能力不强

有些组织的领导者驾驭工作的能力不强。有些组织的领导者科学判断形势、应对复

杂局面的能力较弱。有些组织的领导者在开展工作时，习惯于"我说你做、我布置你执行"那一套，把自己摆在决策者的位置，而游离于执行过程之外；热衷于用文件落实文件，以会议贯彻会议，抓而不实，抓而不力；号召多，具体指导少；布置工作多，督促检查少；要求别人多，亲力示范少，导致许多工作在其所辖范围内落空。

（二）组织的领导者执行力不强的原因

1. 传统领导观念未更新

传统领导观念在有些组织的领导者的脑海中根深蒂固，他们强调领导的权力因素，习惯于发号召、做指示，一级布置一级，而对是否执行、如何执行关注甚少，结果导致事情未办好、任务未完成、决策未实现、目标未达到。事实证明，领导者在决策之后，更要关注执行过程，以对执行中出现的偏差及时予以纠正。

2. 执行的方法、手段未掌握

多数组织的领导者想在任期内干出一番大事业，但一方面组织的领导者往往喜欢制定远景目标，而对于如何分阶段、分步骤地完成一个个近期目标，最后实现远景目标研究得少，导致目标不明确、不具体、可操作性差，让人难以理解，最终成为一句空话；另一方面组织的领导者不重视检查落实情况，即使检查也是突击性检查、表面检查。

3. 有效执行的能力有差距

一是只听命令、不善变通。有效的执行需要服从命令，否则执行就无从谈起。在执行任务和达到目标的方法、手段、过程方面则必须灵活应变，要因时、因地、因事而变。有的组织的领导者怕承担责任、怕招惹麻烦，在执行过程中往往唯命是从、缺乏主见。二是不得要领、主次不分。有的组织的领导者工作起来往往强调任务重、问题多，牵不住"牛鼻子"，"眉毛胡子一把抓"，到处是重点，到处是关键，结果导致工作偏离中心，哪项工作都没抓好。

4. 有效执行的知识较缺乏

在知识经济时代，学习力是一种核心竞争力。学习力远比其他能力重要。一个目前有能力的人，如果不注重学习，则会变成一个能力平平的人；而一个能力暂时不是很强的人，只要坚持学习、善于学习，则会成为一个能力出众、善于执行的人。

（三）提升组织的领导者的执行力的基本路径

1. 必须更新组织的领导者的管理理念

领导的实质是一个影响的过程，也就是说，领导是一个通过影响他人或者群体来实现组织和个人目标的过程。传统管理理论特别强调领导者个体的特质，过分夸大领导者个人的权力和作用，而忽视了团队和执行的作用。要确保事业成功，就必须摒弃传统、落后的管理理念,在落实上下功夫,在执行上动真格,把理念化为行动,把愿望化为现实,营造知行合一的执行力文化,增强责任意识、团队意识、创新意识和效率意识。

2. 必须培养组织的领导者的执行精神

执行精神是执行主体在贯彻落实战略思路、方针政策及完成目标任务中所表现出来的精神状态和态度。要提升组织的领导者的执行力,就应强化组织的领导者的责任感。组织的领导者要有一抓到底、善始善终的精神,有一股韧劲和坚强的意志力;要有吃苦耐劳、任劳任怨的精神,贪图享受、追求安逸则很难做出成绩来;要有敢作敢为、敢于拼搏的精神。

3. 必须增强组织的领导者的执行力

执行力主要包括认知能力、创新能力、统筹协调能力和团结协作能力,这四种能力相应支撑着执行力的核心构件。要提升执行力,第一,应加强理论学习和实践锻炼。当今社会日新月异,新情况、新问题和新事物层出不穷,不注重学习或放松学习,面对新问题便会束手无策。第二,应不断创新。创新是执行力的动力和源泉,是提升执行力的法宝。善于创新,能使执行的力度更大、速度更快、效果更好。第三,应打造团队精神。如今,领导在一定程度上已经成为一种团队政治,组织的基层领导者要善于把组织目标变为每一个组织成员共同的追求,尽量减少执行中的中间环节,提高执行中的包容性和互补性。

4. 必须使组织的领导者掌握科学的执行方法

提升执行力,关键要得法。执行是方法的表现,方法是执行的载体和手段;执行只有依靠方法才能实现,方法只有通过执行才起作用。加大执行力度,提高执行效果,一是要正确把握方向性与阶段性的关系。组织的基层领导者既要放远眼光,又要冷静务实、不急不躁,否则欲速则不达,目标就不能实现。二是要善于把握兼顾各方与重点突破的关系。组织的基层领导者既要会"弹钢琴",又要会牵"牛鼻子"。三是要把握和区分亲力亲为与事务主义的关系。组织的基层领导者要提高操作力,身体力行,多到一线参与实践,同时又要把握好度,做到既"钻得进",又"出得来",防止陷入事务主义之中。

5. 必须建立科学的执行制度

提升执行力,必须靠制度做保障。要将制度建设贯穿于增强执行力的各个方面和各个环节。一是制定相关制度对不作为或乱作为的领导者进行处理。二是制定一套科学、合理的干部政绩评价考核制度,这是关键中的关键。要通过制度来保证正确的用人导向,对那些埋头苦干、任劳任怨、执行力强、政绩突出而不张扬的领导者,给予提拔、重用;对适应工作要求、实实在在为群众做事、勤勤恳恳干事业的领导者,要继续留用;对胜任不了工作、没有作为、对工作麻木、"不在状态"的领导者,应下大决心进行调整处理,促其尽快让位。

第三节　中层执行力是战略承上启下的关键

一、执行力对中层管理者的重要性

定位是什么？一个企业的员工很早就来、很晚才走，努力加班却毫无绩效，这样好不好？不好，因为效率低。如果效率很高，执行下去结果也很好，这样好不好？也不太好，理由是会导致员工过度劳累。对于人的使用，不能因为其能力强、速度快而给予其比别人更多的工作量，虽然这些工作量也可以和工资薪酬挂钩，但过度的使用会导致员工职业生命的萎缩，因此，过度地使用人力资源也是一种错误。

有这样一个案例。某人在企业工作，本职工作做得非常顺利，但他办理了离职手续，别人问及原因，他说："我打字的速度比较快，所以每一次公司给我的工作，我都可以很快完成。但我旁边的一位同事打字很慢，每次工作都要干到下班后再加班才能完成，主管领导只看到那位同事一直在工作，于是考核的时候其比我高。主管领导不会看结果，他只会看是什么样子而做出评价，这就是我离职的原因。"

和上述案例类似，一些企业主管没有完全分清功劳和苦劳，不能把握这其中的平衡点，导致价值观出现问题，定位发生错误，最终导致不良结果出现。

企业中层管理者在企业内部起到承上启下的作用。承上，中层管理者需要充分领悟企业的整体战略、高层管理者的策略思路等，并基于此对各项目标进行充分的延展、完善和细化，使部门中的每一位基层员工都能了解自己的目标和方向，让战略目标真正和每一位基层员工关联，使执行体系具备可操作性。启下，中层管理者需要利用管理技能，保障每一个执行细节落实到位，最终实现一个个子目标，也就是实现价值。

企业中层管理者承上启下的特点，决定了他在执行体系里处于特有的地位。任何中间环节如果不能增值或者分担压力，就是多余的。一个组织的中层管理者如果不能做到承上启下，企业的战略思维、重要信息就无法延展到神经末梢——基层员工。

中层管理者最无奈的事是当承接上级下达的命令后，基层员工能力水平的不均，导致无法合理分配工作，致使忙的人太忙、闲的人太闲。中层管理者要去思考管理和执行的方法。管理包括管事和管人两个方面，在各部门里面，事情的目标是不会改变的，计划基本上也不会改变，但人是可以改变的。

在管理的时候，中层管理者要明确部门主要负责的工作内容，包括项目名称、操作流程和规范；然后确定由谁去做；最后考量这些人能不能主动去做。所以，中层管理者必须要考虑"知、能、愿、行"，"知、能、愿"是对人的操作，"行"是对事的操作，中层管理者应先把事情规划好，再具体安排到个人去做。

二、企业中层管理者如何提升执行力

执行力对企业中层管理者的重要性如图 8-1 所示。

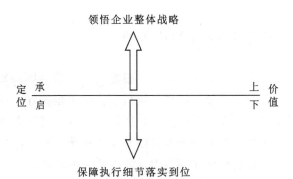

图 8-1　执行力对企业中层管理者的重要性

中层管理者是企业执行力的中坚力量，是承上启下、保证命令畅通的重要环节。企业发展战略、工作目标和各项具体任务，需要中层管理者去具体贯彻执行、分解落实。作用发挥得好，中层管理者就会成为企业高层管理者联系基层员工的一座桥梁，企业各项工作就能够得以顺利开展；发挥得不好，中层管理者就会成为横在高层管理者与基层员工之间的一堵墙，企业各项工作就难以有效推进。企业加强中层管理者队伍建设，很重要的一环就是要大力提升中层管理者的执行力。

提升中层管理者的执行力，需要企业高层管理者做引领和示范，给予其鼓励，为其创造良好的环境平台并提供制度保障，同时还要充分信任、积极关怀、大胆放手，这样才能发挥他们的工作独立性和创造性。从中层管理者自身讲，提升执行力应从以下几个方面着手。

（一）厚德正心是根本

古人说："才者，德之资也；德者，才之帅也。"要提升执行力，中层管理者首先要做到以修德正心为本。德不厚、心不正，则无以为政。企业的中层管理者，要胸怀祖国，着眼大局，深刻认识到企业在国民经济中的地位，认识到企业承担着重要的经济责任、政治责任和社会责任。只有这样，才能进一步明确肩负的历史使命，立足当前，放眼长远，站在一定的高度来看待本职工作，不断强化自身的政治素养和道德品质。因此，中层管理者必须要加强政治理论学习，坚定理想信念，深入贯彻落实国家政策，牢固树立全心全意为员工服务的宗旨观念，自觉为员工办实事、做好事，真正把党的路线、方针和政策贯彻落实到具体工作中，这是中层管理者具备较强执行力的重要思想基础。

（二）表率作用是前提

中层管理者不能只靠说，要靠做，必须身先士卒、百折不挠，以自己的人格魅力树形象、立标杆、带队伍,无论是政治素质、业务技能和知识水平,还是遵章守纪、工作状态和工作业绩,都要对员工起到表率作用,做到打铁先要自身硬。在这个方面,吴起是一个很好的例子,《资治通鉴》对他有这样几句评价:"吴起为将,与士卒最下者同衣食,卧不设席,行不乘骑,亲裹赢粮,与士卒分劳苦。"可想而知,这样的管理者带出来的队伍战斗力岂会不强?所以,中层管理者只有以身作则,模范带头,让员工心悦诚服,才有说服力,说的话,员工才会听,才谈得上有执行力。

(三)雷厉风行是作风

积极主动、雷厉风行是中层管理者必须养成的工作作风。在市场经济大潮中,形势变化莫测,机遇稍纵即逝,拖沓和迟疑只会导致错失良机。中层管理者应力戒拖拉,不能"雷声大,雨点小",不能患得患失、瞻前顾后、犹豫不决,更不能避重就轻、敷衍了事,要做到招之即来、来之能战、战之能胜,这样才能促进企业各项工作的深入开展。

(四)工作到位是准则

工作做到位,要有严谨的工作态度,对要做的工作不能糊弄,要兢兢业业、一丝不苟去完成。中层管理者要努力做到:头脑到位——多思考如何做好工作的方式、方法;嘴巴到位——对各项工作要随时督促;眼睛到位——及时发现问题并及时解决;耳朵到位——及时了解广大基层员工对工作的意见和建议;腿脚到位——经常深入基层,了解情况。工作到位就是最好的执行力。

(五)敢于担当是态度

中层管理者必须要有敢于担当的精神。在责任与借口之间,选择借口还是选择责任,体现了一个人对待工作的态度。如果每一个中层管理者都为自己的问题找借口,那就根本谈不上执行力。不讲任何借口,看似无情,但它体现的是一种负责、敬业的精神,一种服从、诚实的态度,一种完美的执行力。

(六)团结协作是保证

中层管理者应该互相信任、互相支持、互相配合、互相帮助、互相尊重、互相激励,多看别人的优点,接纳或善意提醒别人的不足。各部门之间应各司其职,补位不越位,补台不拆台,分工合作,扬长补短,形成合力。自己的工作自己做,同事的工作帮着做,集体的工作大家做。只有这样,自己的执行力才会提高。

(七)爱护员工是基础

广大员工是企业各项工作的具体实施者。企业的战略构想、发展规划乃至每一项工作任务,如果没有员工的辛勤工作,都只能是纸上谈兵。因此,中层管理者必须要爱护员工，不仅要关注员工的学习和工作情况，而且要关注员工的发展和成长，还要关心员工的思想动态、家庭状况，及时发现和帮助其解决存在的问题，为员工消除后顾之忧；在员工有进步时适当地赞扬和鼓励，在员工出现失误时真诚地开导和指正，在员工出现困难时积极地协调和解决，以真心换真心，必然会赢得广大员工的拥护和信任，必然能大大提升整个团队的执行力。

（八）勇于创新是动力

创新是企业生命力的源泉，也是提升中层管理者执行力的不竭动力。中层管理者必须善于找准上级决策和本部门实际的最佳契合点，把实施决策的原则性和解决问题的灵活性有机统一起来，制定出切实可行的实施思路和具体措施，有创造性地开展工作，推动工作，促进企业整体目标的实现。

（九）公平公正是原则

公平公正是激发员工工作积极性和创造性的原动力之一。中层管理者要公平、公正地对待基层员工的工作业绩和表现，解人之难、记人之功，通过正面激励，引导基层员工往前跑，通过负面警示，推着基层员工往前走。中层管理者在工作中要一视同仁，对事不对人。人无信不立，人不公无威。想问题、办事情，都要从大局出发，公道正派、是非分明、一身正气；要坚持原则、坚持正义、牢记职责与使命，只有这样才能激发广大员工的工作热情和创造力，才能树立正气，中层管理者在员工中才有威信，说的话才有分量，才能受到广大员工的欢迎，继而提高执行力。

（十）总结反省是关键

中层管理者必须做到经常自我反省，常回头总结。总结是推动工作前进的重要环节，总结是寻找工作规律的重要手段，总结是培养、提高工作能力的重要途径，总结是积累经验、吸取教训的极好过程。正确的、成功的经验会通过总结得到积累提升，以至于在今后的工作中发扬光大；工作中的不足、失败的教训会通过总结得到反省，在今后的工作中引以为戒，并做到警钟长鸣。

中层管理者要用真情感动下属，用改变影响下属，用状态激励下属，用实力征服下属，用行动带动下属，用坚持赢得下属。做到了这些的中层管理者就是具备较强执行力的中层管理者。

第四节 基层执行力的重要性

木桶效应是指一只木桶想盛满水，必须每块木板都一样平齐且无破损，如果这只木桶的木板中有一块不齐或者某块木板下面有破洞，这只木桶就无法盛满水。它是说一只木桶能盛多少水，并不取决于最长的那块木板，而是取决于最短的那块木板，因此它也可称为短板效应。一个木桶无论有多高，它盛水的高度取决于其中最短的那块木板。执行力的结果取决于执行力最差的员工，因此要不断提升员工的素质。

在日趋激烈的市场竞争中，执行力已经成为企业成功的重要因素。它是企业竞争力的核心，是把企业战略、规划转化成为效益、成果的关键。而基层管理的执行力是企业执行力的立足点和归属点，是企业执行力的根基。基层是直接完成上级部门意愿的基础单元。当企业发展到一定规模、管理水平达到一定程度时，就需要从依赖人转变到依赖制度上来，但制度的执行力往往是基层管理的软肋所在。

目前基层执行能力不足主要是由执行人员和管理人员的思想意识上存在不足以及基层管理制度存在一定的缺陷导致的。

制度是基层管理的基础，有了制度就必须执行，这是一个最基本的管理原则。汪中求认为，中国不缺少雄韬伟略的战略家，缺少的是精益求精的执行者；不缺少各类管理制度，缺少的是对规章条款不折不扣地执行。领导者在看到成绩的同时，也应该清醒地看到基层管理中制度执行力也有很多不尽如人意的地方。实际中，领导者总能看到基层管理者为了规范运作、降低成本、提高效率，绞尽脑汁制定了很多制度，但一段时间下来之后，这些制度执行效果很差。制度不能执行的根本原因在于基层员工本身素质低，或者说根本没有执行力，这样的说法，基层管理者爱讲，基层员工却不一定爱听。当然，也总能听到少数基层员工说领导者既是制度的制定者也是破坏者，制度只是领导者的工具而已，想起来了就用，想不起来就不用，这样的说法，基层员工爱讲，领导者却不一定认账。

基层管理者对于制度执行力不佳颇感头疼，对下属在制度执行过程中的抱怨也有切身体会，而究竟是什么原因导致基层管理中的制度执行力的疲软？要想分析原因，领导者首先必须知道制度执行力的特征。

制度执行力的产生要有坚实的基础，操作要有明确的规则，改变要有充分的条件。相比依靠个人威望号令的执行力，制度执行力具有基础性、稳定性、规范性和科学性的特征。提升制度执行力是基层管理的重要一环。由于制度不是凭空产生的，而是实际中或多或少呈现出现象和问题后得以形成的，其完善需要时间和阶段；制度执行本身也是一个时间过程和系统工程。因此，制度执行力也有相对的依赖性、滞后性，当然，在实际过程中要将其尽可能降至最小或者降至可控、可承受范围内。

一、影响企业基层执行力的因素

（一）企业的管理制度不合理

"按规则办事"，即在执行任务的过程中按照一定的要求和程序做事，其目的是避免不必要的矛盾出现，有效降低不必要的风险，同时保证各项任务的开展。但是在实际操作过程中，很多管理者均采用制定一些规章制度来约束员工的行为，有些规章制度显得过于死板，有些规章制度甚至会让基层员工感到反感，导致企业的很多规定流于形式，最终没能达到良好的效果。

（二）疏忽了企业文化的重要性

当今有很多企业逐渐意识到企业文化的重要性，也有很多企业对企业文化不够重视。这些企业对企业文化的宣传不够重视，致使基层员工对于企业文化理解得不够透彻，导致基层员工的工作和企业文化产生一定的分歧，最终导致基层员工的执行力不足。

（三）执行层级过多

很多企业对基层员工的分工较为细致，特别是大型企业。大型企业由于机构在建设的过程中内容比较庞杂，因此导致基层在执行工作的过程中层级较多。例如在进行一项工作的过程中，一级机构进行传达，二级机构进行执行，二级机构会根据一级机构的执行命令向下一级机构传达，这样会导致向基层传达的时间过慢，甚至会造成基层人员对决策者的思想理解得不透彻，导致实际工作和理想工作之间产生较大的偏差，从而出现执行力不到位的情况。

（四）对基层员工的管理不到位

基层员工对企业没有归属感，就不会积极、努力地去完成工作，就不会服从与执行，而归属感来源于企业的文化和制度，企业要做好发展目标的确定、规划的执行和基层员工自身价值的实现等工作，适当的激励措施是必需的。

团队管理也要注重，集体活动要积极向上，让基层员工感到舒服、自在。领导者要有一定的威严，有说服力，但是又不能太过严肃，平时要和基层员工多接近，而不是摆出一副高高在上的姿态。

二、企业提升基层管理者执行力的策略

（一）认同文化，统一观念

企业文化是一个企业是否有内涵最为重要的体现。简单而言，企业文化就是企业在发展过程中精神财富的积累。如果一个员工认同企业文化，那么他就会心甘情愿地为企业奉献自己的劳动和汗水。

（二）明确目标，细化方案

所谓明确目标，就是需要知道在实际工作中努力的方向在哪里，为什么这样做。目标一定是具体的且具有一定的可衡量性，同时切合目前实际的能力和时间要求。基层管理者在进行任务传达时，要让基层员工知道他们的目标具体是什么，使他们清楚自己的岗位目的，使他们清楚哪些工作属于分内工作，这样他们工作起来才有针对性。

（三）强化执行，严格考核

思想影响态度，态度影响行动，行动影响结果。因此，对于企业而言，明确的目标和统一的观念无疑是非常重要的。在对任务进行布置的过程中，需要有一个明确的目标，这样才能方便基层员工认真地去执行，而基层管理者需要做好榜样。

三、提升基层制度执行力的几条途径

提升基层制度执行力，重点需要做到以下几点。

（一）制度要有严肃性、合理性、可行性和系统性

公共选择理论认为：在好的制度和制度环境下，坏人可以做好事；在坏的制度和制度环境下，好人可以做坏事，把制度制定好，是制度有执行力的重要前提。首先，基层管理者在制定制度时，要有长远观念和全局观念，要保证制度出台后，在较长时间内都可用，否则，频繁地修改制度只会降低制度的权威性。但在实践过程中，如果发现制度明显与形势发展不合拍，则应及时修订制度。其次，制度的条文内容一定要准确、简洁、适用，要避免简单套用上级制度文件，要避免追求大而全，让人读来晦涩难懂、不知所云。再次，基层管理者在制定制度时，一定要考虑基层管理的人文环境，要从制度执行者的角度思考，保证制度切实可行、行之有效。最后，基层管理者要定期对制度进行梳理，定期汇编制度，方便各级人员对有效制度的查阅、掌握和执行。

（二）加强制度在基层员工中的宣传培训

当前，企业及部门各种各样的文件、制度、信息、纪要、简报、通报和通知非常多，基层员工多数时间忙于现场工作，可能对各类文件分不出哪些是必须掌握的、哪些只做一般了解即可。因此，制度宣贯要有针对性，要保证基层员工应知都知、应知必知。只有基层员工了解了制度、清楚了制度，才会去执行制度，从而确保制度的执行力。例如，某铁路运行车间对各项管理文件、规章制度等进行分类，确定各类文件对应作业长、班组长和员工各自需要掌握的重点和程度，并组织分类、分层次学习。通过建立标准化的文件体系，并定期进行考试，使得各层次人员清楚自身需要做什么、可以做什么、如何去做。这样一来，就有了保证制度执行力的基础。

（三）明确制度执行的责、权、利

责、权、利是否明晰对执行力的影响较大，当制度执行的责、权、利不明晰时，往往导致执行结果与执行人应该获得的利益和应该付出的成本不直接关联，好坏一个样，制度实际上没有执行力，三者均衡才会发挥出成效，推动制度的执行。不同层次的执行者所拥有的权力、利益，应与其相应承担的责任密切相关。

（四）处理好制度执行的原则性和灵活性

关于制度执行的原则性和灵活性，原则性是首要的、主要的。制度执行的原则性即维护制度的权威性和强制性。对此，美国学者提出"破窗理论"。"破窗理论"揭示了一个朴素而重要的道理：必须及时修复"第一扇被打破的窗户玻璃"，否则会危及整个制度大厦。而制度执行的灵活性是指在不违背制度基本原则的情况下，"变通"某些具体实施措施。受事物发展主观条件和客观条件的限制，制度必然有一个完善的过程，执行过程中也需应对一些新情况、新问题，制度执行要有一定的灵活性。制度执行的灵活性与自主裁决权的增大并不存在必然关系，对此很多人存在一些错误认识。制度执行的灵活性表面上是对制度的不作为或弱作为，但实质上是动态地对制度进行维护，与原则性达成的目标是一致的。例如，某铁路运行车间，为了降低机车故障率、降低机车维修成本，在原有机车日常保养的基础上增加了机车周保养制度，要求每天早班必须安排人员重点对指定机车进行全面保养。这样一来，大大增加了相关员工的劳动强度。一开始员工有较大的抵触情绪，不理解为什么要这么做。基层管理者在坚持每天检查不松懈的基础上，积极向员工解释这样做的缘由，同时给员工一个月的适应期。在这一个月内只把检查出的问题向员工反馈并要求理解、整改，加强同员工的沟通、交流，并不进行考核。一个月过后，开始正式进行检查与考核，该制度不仅执行得很顺畅，而且员工非常主动和理解。由此可见，制度执行过程中的原则性和灵活性的平衡与统一对提升制度执行力起着较大作用。

（五）营造制度执行文化，坚持人本管理

在制度建设中，应始终把人的因素放在中心位置，在开发基层员工的智力、挖掘基层员工的潜能和提高基层员工的素质上狠下功夫。根据基层管理的基本要求，结合基层管理体制、组织形式和队伍结构的新变化，使各类规章制度更好地体现基层员工精神、企业宗旨和价值观念。通过大力宣传企业文化，形成一种良好的工作环境，规范、协调和激励基层员工的行为，引导基层员工从理念上、情感上认同各项规章制度，从而自愿、自觉地遵守规章制度，创造性地完成各项工作目标。

基层管理者关注制度、关注执行，才能夯实基层管理的基础。

 案例讨论题

马化腾：这一类中层干部，我最多忍半年

千亿（人民币）级公司没落是很常见的事情。人要清醒，别人不是打不赢你，外面的掌声越热烈就越危险。真正的危机从来不会从外部袭来，在我们漠视用户体验的时候，就会遇到真正的危机。

1. 创业之初

20岁的时候我是一个非常内向的程序员，我不喜欢管人，不喜欢接受采访，不喜欢与人打交道，独自坐在电脑旁是我最舒服的时候。我周边的人，包括我自己都不认为我会办一个企业，管一个企业，因为怎么看我都不像是这样的人。

我唯一的资本是我写过几万行C语言的代码，也接过几个项目。我很想创造一个产品，然后有很多人用，但是原来的公司没有办法提供这样的一个环境，似乎只有自己开公司才能满足这个要求，所以我才被迫选择开了一个公司。

与我一起创业的伙伴几乎都是我的大学、中学同学。在创业的过程中，因为意见不统一，难免争吵，因此相互信任很重要。当时我出主要的启动资金，有人想加钱、占更大的股份，我说："不行，根据我对你能力的判断，你不适合拿更多的股份。因为一个人未来的潜力要和应有的股份匹配，不匹配就要出问题。"

为了不形成一种垄断、独裁的局面，他们的股份总和比我的多一点。当然，如果没有一个主心骨，股份大家平分，到时候肯定会出问题，同样完蛋。

开始创业后，我发现创业和我之前想的完全不一样，之前我看到很多有关美国硅谷创业的书，书里所讲的创业都是非常励志和令人向往的。但实际上，我们初期经常在想的是下一个月的工资和房租怎么解决，一年内的收入来自哪里。

在这个阶段，我们做了很多外包工作，帮别人开发软件，赚一点微薄的钱。我的名片写着工程师头衔，而不是老板，不然给合作方看见老板亲自干活，很难看。

后来腾讯QQ诞生了，因为我之前是从事通信行业的，所以腾讯QQ也和通信有关。腾讯QQ起初的形象是一个网络寻呼机。那时候我们想要做到3万用户，于是去学校的BBS上一个个地拉用户，但每天只能拉几十人。当时一想，按照这个速度凑到3万用户可能要2年，到时候公司没准就死掉了，项目又砸在手上了。

于是我自己又去网上推广，最后用户多起来了，因为我们的软件写得好，不宕机。没人聊天我就去陪聊，有时候还要换个头像假扮女孩子，因为得显得社区很热闹。

在这个过程中，IDG资本和盈科数码投资了我们，他们给了220万美元，各占公司20%的股份。获得投资后，我们都很努力，因为不想让投资方亏钱。大家都知道，风险投资肯定有亏钱的项目，但出于很强的荣誉感，我们觉得投资方在别的项目上亏钱我们管不着，但一定别亏在我们头上，我们不想给人当反面案例。

后面就很顺利了，融资，然后上市，但腾讯（即指深圳市腾讯计算机系统有限公司）最初的市值并不高。后来我听到很多创业的人说：如果估值低，就干脆别上市了。我觉得这样很不理智，对于上市这件事要有长远的眼光，不要只看一年半年。

2. 腾讯的三大节点

在腾讯的发展中，有三个非常重要的节点，一个是腾讯QQ与MSN对垒，一个是腾讯QQ与奇虎360对垒，一个是微信。

第一大节点，是腾讯QQ与MSN对垒。MSN曾是腾讯QQ最大的对手，但最终它失败了。现在我们来分析原因。

第一，它最终退出中国市场，是没有赶上社交化，它是被Facebook击败的；第二，MSN的中国本土化没做好，一旦改版中文字体就显示得乱七八糟，还经常发生盗号的情况，安全和本地运营都不过关。

当然，最根本的原因是，我们这些本地创业者身家性命都在产品里，而国际化的公司并不是。

第二大节点，是腾讯QQ和奇虎360对垒。自腾讯成立以来，我们从未遭到如此巨大的安全危机。那段时间，我和同事一起度过了许多个不眠不休的日子。

当时有人认为腾讯正在经历有史以来最危险的挑战。在那段时间，一种同仇敌忾的情绪在公司内部发酵，很多人都把奇虎360认定为敌人。但如果没有奇虎360的发难，腾讯不会有这么多的痛苦，也不会有这么多的反思，更不会有后来那么大的感悟。

经过这次事件，我发现，过去我总在思考什么是对的，但是未来我要更多地想一想什么是能被认同的。过去，我在追求用户价值的同时，也享受着奔向成功的速度和激情，但是未来要在文化中更多地植入对公众、对行业、对未来的敬畏。

第三大节点，是我们自己的微信。世界是很残忍的，多大的巨头都有可能随时倒下，而且倒下后你还能摸到它的体温。甚至强大如Facebook，因为大家担心它向移动端转变有问题，股票一度跌到700亿美元。

做微信的时候我们也很紧张，腾讯内部有三个团队同时在做，都叫微信，谁赢了就上谁。最后广州做E-mail出身的团队赢了，成都的团队很失望，他们就差一个月。

其实当时还有一个对手也在做类似的应用，而且他们赌我们不会这么快。在这段最危险的时间里，所有高管都在试用，有什么问题立刻在群里反馈，立刻去改。大家经常工作到凌晨3点甚至凌晨5点。微信出来了，腾讯获得了一张移动互联网的船票，而且是头等舱。

3. 转型之路

在创业最开始的那些年，面对竞争，我往往是简单地想，为什么要剥夺我给用户提供更好服务的机会？

但后来，我转而反思开放性不足的问题。现在我们真的是半条命，只做自己最擅长的事情，另外半条命属于合作伙伴。

我们最擅长的事情是做连接，腾讯QQ和微信是最重要的两个连接器，虽然定位不同，但承载的连接战略是类似的。腾讯QQ风格活泼，比较个性化，娱乐功能丰富，目标受众是年轻用户；而微信主要面向白领用户。

基于不同的定位，两者连接的商户、服务略有差异，但对腾讯来说，它们一起覆盖了不同年龄、地域和喜好的用户，并将他们与服务最大限度地连接起来。

在其他的业务上，我重新进行了梳理，改变了以往全部亲力亲为的业务战略，搜索整合进搜狗，电商整合进京东，团购整合进大众点评，并布局投资了这三家公司。此外，大量做减法和加法，砍掉O2O等诸多小的业务，同时大量投资腾讯生态周边的合作伙伴。如此一来，战略定位更加准确，也更聚焦于我们最擅长的社交平台和内容平台。

现在只要非核心赛道业务，别人能做的，我们就尽量让别人做。因为一个企业再大还是缺乏创业者的，把业务留给将所有身家性命都押在里面的人而不是让自己下面的部门跟他们死磕到底才是最好的选择。

在这个过程中，内部也有员工会说："那不是剥夺我们创新的机会吗？"我说，没办法，要么你想清楚放弃，要么你出去做，要么采取竞争的方式。比如，游戏开发的工作室，利润的20%算你的成本，招的人多，成本就大，要多少股票你自己挣，尽量营造市场竞争的氛围。

在未来业务的拓展上，我会问自己三个问题：这个新的领域你是不是擅长的？如果你不做，用户会损失什么？如果做了，在这个新的项目中自己能保持多大的竞争优势？

4. 人才机制

腾讯能走到今天，应归功于集体的战略智慧、执行力以及自发的危机感。一个人无法预知和操控时代，要懂得分工协作，依靠集体智慧，设定各自的分工和管理权限，群策群力，果断执行。

一家公司能否成功永远不只是钱或资源够不够的问题，关键的还是团队精神。尤其是将帅，将帅相当重要，将帅无能，累死三军。传统行业会有资金密集型扭转的机会，但移动互联网基本不太可能，这个市场不是拼钱、拼流量，更多的是拼团队、拼使命感和危机感。一切取决于你能不能做出精品。

我们开拓新业务的领军人物基本上都是自己人。而一旦决定做了，大到框架怎么搭、小到具体如何实施都放手给选定的人。我们也曾从外面挖运营的人才来做，但其忠诚度不高，最后几乎走光了。而且任何一个新业务的开展，请"高人"来搞定是不现实的，你自己一定要有了解。

对于自己人，也要相当注重人才梯队的交接班，不仅是高层，中层其实也一样，我们非常关注这一点，不能让一个人完全决定某个业务的生死。

我们很多人是做研发出身的，业务和推广不在行，逼迫他提高也不现实。

在内部挑选时，很可能选出来的人在业界算不上是最好的，所以要在团队上做些补偿，尤其是进入需要强力市场推广的阶段。要让他去找很强的副手，内部找不到，就去外面挖。每个中层干部都一定要培养副手，这是硬性的"备份机制"。你一定要培养，否则我认为你有问题，忍你半年可以，但半年后你还这样，那我就帮你配了，你不答应也得答应。

对于找职业经理人，我们很重视人品，我们很坚持腾讯价值观的第一条——正直。不拉帮结派，很坦诚，很简单，实事求是，一直坚持这样的做法，事情就会变得简单很多。

5. 危机感永远存在

我觉得互联网企业与传统企业非常不同的地方就是，互联网企业能在一秒内发生一个颠覆性的变化。可能我突然间接了一个电话，我们在线的设备就发生重大事故而毁掉了。

这在传统行业是不可能的，毁掉它要花很长时间，但是在互联网企业里只需要一秒钟。包括你用户的资料突然就流传到外界了，这对互联网公司来说是灭顶之灾。

因此，千亿级公司没落是很常见的事情；甚至到了千亿级，没落的概率会更高，包袱越重没落得越快。人要清醒，外面的掌声越热烈就越危险。

真正的危机也从来不会从外部袭来，在我们漠视用户体验的时候，就会遇到真正的危机。当某一天腾讯丢掉了兢兢业业、勤勤恳恳为用户服务的文化的时候，腾讯就迎来了真正的灾难。

回顾腾讯的创业之路，我觉得机遇很重要。我不觉得自己特别聪明，我做的东西也都是很简单的。在这个过程中，时代的因素是非常重要的，很多机遇是外界赋予的。在这方面我觉得自己很幸运，但也意味着我要时刻保持危机感，因为别人不是打不赢我。

中层管理者到底应该管理什么？从大的方面，管理的内容分为人和事。而事，又在人为，所以管理归根结底就是管人。中层管理者，对上级扮演着执行角色，没有什么管理职能，无须探讨；对下属扮演着领导角色，带领团队需要管理，实施目标也需要管理。中层管理者要做好管理，先管理自己，再管理下属。

每个人的发展都是以自我为中心、以利益诉求为半径的一个圆，而企业的发展同样是一个圆。在双方都在不断增大利益诉求半径的时候，这两个圆可能相切一瞬间，也可能相交一段时间。作为打工者，员工很难让两者做到同心。所以，做好团队建设目标，就是要在一定时期内，使员工与公司的价值认同和利益认同相一致，让两个圆相交的时间更长一些。

同时，只有价值相同的人在一起，才能形成有凝聚力的商业组织，而只有在组织内实现利益（现金利益和增值利益）分配的认同，才可能把聚在一起的人留在一起，让组织能继续存在。

（来源：根据网络相关文章整理而成）

课后思考

1. 为什么说中层执行力是战略承上启下的关键?
2. 简述执行力对中层管理者的重要性。
3. 企业中层管理者如何提升执行力?
4. 中层管理者到底应该管理什么?

第九章

构建高效能的组织执行力系统

讨论团队之前,我们来看一则寓言:在非洲大草原上,如果见到羚羊在奔跑,那一定是狮子来了;如果见到狮子在躲避,那一定是象群发怒了;如果见到成百上千的狮子和大象集体逃命的壮观景象,那是什么动物来了?蚂蚁大军。

第一节 团队建设和贯彻执行力

一、团队建设

团队的定义有很多。在不同的领域,人们对团队的定义也是不同的。我们认为,团队是一个由不同个体组合而成,通过合理利用不同个体的知识和技能来解决所面临的问题,从而达到共同目标的组织。

团队建设就是有计划、有组织地增强团队成员之间的沟通和交流,增进团队成员之间的了解与信赖,使团队成员在工作中分工合作更默契,对团队目标的认同更统一、明确,能更高效、快捷地完成团队工作。围绕这一目标所从事的工作都属于团队建设。通过团队建设,可以营造和维持积极、能取得成绩的工作气氛;可以有建设性地处理负面的情况;可以消除人际的障碍,建立互谅和合作的关系;可以使人朝着有更理想的表现的方向迈进;可以树立榜样,说明应该怎样有效地工作。

(一)团队精神

所谓团队精神,简单来说就是大局意识、协作精神和服务精神的集中体现。团队精神的基础是尊重个人的兴趣和成就;核心是协同合作;最高境界是全体成员的向心力、凝聚力;反映的是个体利益和整体利益的统一,进而保证组织的高效率运转。团队精神的形成并不要求团队成员牺牲自我,相反,挥洒个性、表现特长可以保证团队成员共同完成任务目标,而明确的协作意愿和协作方式则可以产生真正的内心动力。团队精神是组织文化的一部分,良好的管理可以通过合适的组织形态将每个人安排至合适的岗位,充分发挥集体的潜能。如果没有正确的管理文化,没有良好的从业心态和奉献精神,就不会有团队精神。

团队精神具有以下功能。

1. 目标导向功能

团队精神的培养,使团队成员齐心协力,拧成一股绳,朝着一个目标努力,对于团队成员来说,团队要达到的目标即是自己所努力的方向,团队整体的目标顺势分解成各个小目标,在每个团队成员身上得到落实。

2. 凝聚功能

任何组织群体都需要一种凝聚力,传统的管理通常采用组织系统自上而下地下达行政指令的方法,淡化了个人在情感和社会心理等方面的需求。而团队精神则通过对群体意识的培养,通过团队成员在长期的实践中形成的习惯、信仰、动机和兴趣等,来沟通团队成员的思想,引导团队成员产生共同的使命感、归属感和认同感,反过来逐渐强化团队精神,产生一种强大的凝聚力。

3. 激励功能

团队精神要靠团队成员自觉地要求进步,力争与团队中最优秀的成员看齐。通过团队成员之间正常的竞争可以实现激励功能,而且这种激励不是单纯地停留在物质的基础上,还能得到团队的认可,获得团队中其他成员的尊敬。

4. 控制功能

团队成员的个体行为需要控制,群体行为也需要协调。团队精神所产生的控制功能,是通过团队内部所形成的一种观念的力量、氛围的影响,去约束、规范、控制团队成员的个体行为。这种控制由硬性控制转向软性内化控制,由控制团队成员的行为转向控制团队成员的意识,由控制团队成员的短期行为转向对团队成员价值观和长期目标的控制,因此更为持久、更有意义,而且更容易深入人心。

(二)团队的构成要素

团队的构成要素主要有目标(Purpose)、定位(Place)、人(People)、权限(Power)和计划(Plan)等五个,简称5P。

1. 目标

团队应该有一个既定的目标,为团队成员导航,使团队成员知道要向哪个方向努力,没有目标这个团队就没有存在的价值。

团队目标必须与组织目标一致,此外还可以把团队目标分成小目标,把小目标具体分到各个团队成员身上,使团队成员实现个人目标,最终实现团队目标。

2. 定位

定位包含以下两层含义。

第一层含义，团队的定位：团队在企业中处于什么位置？由谁选择和决定团队成员？团队最终应对谁负责？团队采取什么方式激励团队成员？

第二层含义，个人的定位：作为团队成员，在团队中扮演什么角色？是制订计划者，是具体实施者，还是评估者？

3. 人

人是构成团队最核心的力量。3个或3个以上的人就可以构成一个团队。

团队目标是通过团队成员具体实现的，所以团队成员的选择是团队建设中非常重要的部分。在一个团队中，可能需要有人出主意，有人订计划，有人实施，有人协调不同的人一起去工作，有人去监督团队工作的进展、评估团队最终的贡献。不同的人通过分工来共同完成团队目标。在团队成员选择方面，需要考虑其能力如何、技能是否互补和经历如何。

4. 权限

团队中领导者权力的大小与团队的发展程度有关。一般来说，团队越成熟，其领导者所拥有的权力相应越小。在团队发展的初期阶段，领导权相对比较集中。

在团队中，权限涉及以下两个方面的内容。

一方面，涉及整个团队在组织中拥有什么样的决定权（如财务决定权、人事决定权和信息决定权等）。

另一方面，涉及组织的基本特征，如组织的规模多大、团队成员的数量是否足够多、组织对团队的授权有多大和组织的业务是什么类型等。

5. 计划

计划有以下两层含义。

第一层含义：目标最终的实现，需要一系列具体的行动方案，可以把计划理解成实现目标的具体工作的程序。

第二层含义：提前按计划进行可以保证团队工作的进度。只有在计划的操作下，团队才会一步步贴近目标，从而最终实现目标。

（三）团队的重要性

折一根筷子容易，要折一把筷子就难了。团队可以让我们发挥出"1＋1＞2"的作用。

1. 让团队成员具有归属感

让团队成员具有归属感，有助于提高团队成员的积极性和工作效率，让他们不会因为只有一个人在努力而产生孤寂感。团队具有目标一致性,所以产生整体的归属感。正是这种归属感让每个成员感到在为团队努力的同时也是在为自己而努力,从而激起更强的工作动机,工作的积极性也就随之油然而生,从而使得工作效率比个人时要高。

2. 个人能力提升

每个人都希望别人重视自己,觉得自己不比别人差,都希望自己做得更好。在团队中,这些心理因素都不知不觉地增强了成员的上进心,使成员都不自觉地要求自己进步,力争在团队中做到最好,赢得其他成员的重视。当没有做到最好时,上述心理因素可促进成员之间的竞争,使其他成员努力向团队中最优秀的成员看齐。在这不断竞争当中,团队的整体能力得以提高。团队成员的内部竞争起到一定程度上的激发作用。这种激发作用来源于团队成员的心理欲望,但是要把握好这种欲望,避免因团队成员的个人英雄主义而影响团队的整体战斗能力。要谨记,木桶的最大容量取决于最短的那块木板。

3. 人多力量大

一个人的力量是有限的,现在我们鲜少看到一个人在做一个项目。一个人单打独斗很难把全部事情都做尽、做全、做大。而多人分工合作就不同了。多人分工合作可以把团队的整体目标分割成许多小目标,然后将小目标分配给团队的成员去完成,这样就可以提高效率而缩短完成大目标的时间。

4. 工作创新:集思广益,群策群力

从团队的定义可知,团队由不同的个体组成。"三人行,必有我师焉。"每个人都有自己的优势和不足,人的经历不一样,造成人对事物的观点不同。团队成员组成的多元化有助于产生不同的想法,从而有助于在决策的时候集思广益,进而产生一种创新的工作思路。

5. 行为规范

当别人都戴着帽子的时候你不要光着头,就是说当大家都按照一个行为方式做事的时候,你不要做一些出格的事情。在团队内部,当一个人与其他人不同时,团队内部所形成的那种观念力量、氛围会对这个人施加有形和无形的压力,致使他在心理上产生一种不舒服的感觉。在这种压力下,他在不知不觉中随同大众,在意识判断和行为上表现出与团队中大多数人相一致,团队从而达到了约束、规范和控制个体行为的目的。约束、规范和控制个体行为有助于团体行动的标准化,有利于提高团队的办事效率。

6. 提高决策效率

团队与一般的群体不同,团队的人数相对较少,这有利于减少信息在传递过程中的缺失,有利于成员之间的交流、沟通,有利于提高成员参与决策的积极性,有利于实现决策民主化。

综上所述，团队合作在实现既定目标上具有很多优势，发挥着其他群体不可替代的作用。所以，我们要学会与他人合作，学会做一只合群的大雁，这样才能使我们的团队"飞"得更高、更快、更远。

（四）如何建立好的团队

团队是什么？顾名思义，团队就是团结的队伍。这样的定义也许显得太直白了，但确实能表述一个团队最重要的特征，那就是团结，没有团结就没有团队。不同的人的经历、追求、人生观和价值观不同，所以要将一群人团结起来，建立一个团队不是一件很容易的事情，而建立一个好的团队就更难了。那么，该如何建立一个好的团队呢？

1. 要明确团队目标

目标很重要，因为目标就是方向。所有团队都是为完成一定的目标或使命而建立的。没有目标的团队就没有存在的意义，或者说没有目标的队伍就称不上是一个团队。

2. 确立团队成员标准，选对人加入

团队的目标确定了，就要选择合适的团队成员。该如何选择团队成员呢？管理者应该选择那些认同团队价值观、优势能够互补的人来团队工作。对价值观的认同很关键，如果团队成员不认同团队的价值观，团队内部就不能实现很好的沟通，也就没有效率可言。另外，并不是将最强的人组合在一起就能组成一个最强的团队，团队成功的关键在于充分发挥整体优势，需要团队中的成员做到优势互补，实现整体大于局部之和。

3. 建立好团队内部规则

没有规矩不成方圆，一个团队要想形成战斗力就必须建立健全规则，如岗位职责、权利界定，以及团队成员交流、沟通方式的确立等。这些规则应能保证一个团队的正常运行，将团队中每个成员的积极性、主动性和创造性发挥出来，使整个团队充满活力。

4. 选择一个好的团队领导者

我们不能强调个人的作用，但也不能忽略个人的作用。一个好的团队领导者对建设好的团队起到举足轻重的作用。一个好的团队领导者能充分发挥团队中每个成员的优势，使团队的资源实现最大限度的优化，从而创造出非凡的业绩。

5. 营造融洽的工作氛围

最坚固的堡垒会从内部攻破。钩心斗角只会让团队更不稳定。当发现有钩心斗角的苗头时，应该立即把它消灭。必要时，可采取相应手段，打造相互协作的氛围。管理者应让团队成员深刻地认识到，只有相互协作才能使工作更加轻松，才能让个人的能力得到更大的发挥；应鼓励团队成员积极沟通，相互沟通能够增加彼此的信任和合作默契，减轻彼此的防御心态，能够让团队更加融洽。

6. 学会宽容

宽容是一种很高的品质。在一个团队内部，由于每个团队成员的性格特征可能不同，考虑问题的出发点不同，难免会产生摩擦，但每个人都应该抱着一种"对事不对人"的态度去对待别人对自己的批评，而不能一味地去争执，许多东西需要时间去证明，争论没有意义。

7. 加强学习

仅有工作的热情是不够的，关键还要有工作的能力，有创造业绩的能力。团队应该发挥集体学习的优势，让成员们敞开心扉，共同学习，共同成长。集体学习的效果要比个人学习的效果好得多，因为大家可以分享。

二、提升团队执行力

一个有执行力的人会想尽一切办法来完成上司安排给他的任务。方法总比困难多，总是把借口挂在嘴边的人，说有多大能力是不可信的。在任务面前，正确的做法是，有条件要上，没有条件创造条件也要上。

一个人的态度决定着他的高度。以消极的态度去考虑问题，那么你得出的观点也会是消极的；而以积极的态度去考虑问题，那么你得出的观点也会是积极的。我们以一种做事业的心态投入到工作中去，把今天的工作视为事业，在三到五年后，我们可能就会拥有自己的事业。管理者应该让自己的下属明白，他是为谁而工作、为谁而努力；应该让下属明白，他为公司付出劳动，同时公司也在为他提供平台、提供资源，他的成长离不开公司的帮助。

（一）团队执行力不强的原因

团队执行力不强通常是由以下八个原因造成的。

第一，管理者没有常抓不懈。从大的方面来讲，管理者没有常抓不懈是指管理者对政策的执行不能始终如一地坚持。

第二，管理者出台管理制度与下达指令时不严谨，朝令夕改，使得团队成员无所适从，最后导致好的制度、好的规定和正确的指令得不到有效执行。

第三，制度方案本身不合理，缺少针对性和可行性，或者过于烦琐而不利于执行。

第四，执行的过程过于复杂、不合理。有研究显示，处理一个文件只需7分钟，耽搁在中间环节的时间却多达4天。

第五，在工作过程中缺少良好的方法。

第六，工作中缺少科学的监督考核机制。这包括两种情况：一是没人或没有监督；二是监督的方法不对，从而导致没有效果。

第七，培训中的浪费。很多企业都重视员工培训，从管理到技术，从技能到心态，无所不包，而不切中要害的培训往往会导致执行力不足。

第八，企业文化没有形成凝聚力，或者企业文化不能得到员工的认同。

（二）如何提高团队执行力

1. 明确团队目标

团队目标要明确，且不能脱离实际情况，不能任由团队领导者凭主观臆想来制定。过于宏大的团队目标，不但不能激励团队成员，还会让团队成员失去信心、丧失斗志。

2. 懂得合理授权

团队领导者要根据团队成员的特点，科学、合理地分派工作任务，安排合适的人去做合适的事情，通过正确、合理的授权，发挥每位成员的特长，增强团队的战斗力。

3. 发挥标杆作用

让最优秀的人站在领先的位置，让其成为别人追赶的目标，通过目标导向作用，激发团队的正能量。团队领导者应身先士卒，发挥表率作用。

4. 及时激励优秀成员

对团队中表现优秀的成员及时给予肯定，通过表扬和奖励，向其他成员传递积极信息，激发团队成员的内驱力，使其释放更强的能量。

5. 强化督办反馈

团队目标有分解，成员工作有分工。在工作过程中，要加强信息沟通，自上而下地加强督办，从下向上地反馈结果，确保工作执行到位。

6. 不要轻易放弃

团队执行力的高低不仅表现在工作是否高效上，还表现在是否有坚持精神上。团队在执行任务的过程中，难免会遇到困难、受到挫折。此时，全体成员应该坚持一个信念，那就是坚持到底，不轻易放弃。

（三）如何提高个人的执行力

1. 提高自制力

自制力是控制言行思想的一种能力。自制力强的人做事基于客观条件或资源，通过对客观条件或资源的判断，做出相应的对策。这种人不会随意地去评判、否定或支持一个事物（如一种新的政策或一个新的目标），除非对这个事物有足够的了解。自制力弱的人往往会轻易地做出一个决定。

2. 控制好情绪，保持清醒的头脑

控制好情绪有利于开展工作。工作中出现了问题，肯定会影响到心情，但是一定要

明白，有了好的心情才容易有好的工作效率，才容易有好的工作态度。要想控制好情绪，就应该提前考虑到可能出现的问题，并想好应对计划。

3. 管理好时间

良好的时间观念，对工作的安排起到非常有利的作用。我们应该在严谨的时间安排下完成工作，不能有拖延的想法，应该雷厉风行。

4. 提高抗压能力

明明知道前面是什么样的困难，依旧能够克服自己的情绪，努力地去应对困难，而不是看到有困难就退缩。抗压能力不好的人哪怕一时接手了一项有挑战性的工作，他也坚持不了多久，过不了几天就会放弃。

三、执行力与团队建设

执行就是把目标变成结果的行为。执行力，顾名思义，就是指执行的能力，就是指贯彻战略意图、完成预定目标的操作能力。执行力是企业把战略、规划、目标转化为效益、成果的关键，包含完成任务的意愿、完成任务的能力和完成任务的程度。提高执行力就是要提高操作能力，把目标转化为最佳结果，发挥预定目标的最佳效益。

执行力体现的是一种负责、敬业的精神，一种服从、诚实的态度。提升执行力之所以能够成为当今社会的热门话题，是因为它是改善企业基础管理极重要、极核心的准则之一。

执行力就个人而言，就是指要有把想干的事干成功的能力；就企业而言，就是指将长期战略一步步落到实处的能力。高效的执行力是企业成功的必要条件，任何企业的成功都离不开高效的执行力。企业的战略方向一经确定，执行力就变得尤为关键。就团队而言，执行力是指团队把战略、决策持续转化为结果的满意度、精确度和速度，它是一项系统工程，表现出的是整个团队的战斗力、竞争力和凝聚力。

执行力和团队建设，包括以下四个方面的内容。

（一）要有率先垂范的团队领导者，营造良好的执行环境

领导者是团队的核心，是团队的领路人，领导者的执行力决定了团队的执行力。领导力就是战斗力，领导力就是执行力。团队的领导者要有战胜困难和完成预定目标的勇气，要有鼓舞和激励团队的手段和意识，要有率先垂范和积极进取的拼搏精神。一个高效的管理者应具备以下素质：第一，识人用人；第二，指令明确；第三，关注细节；第四，有坚韧的毅力；第五，能够掌握节奏，必要时善于转弯。

提高自身的执行力是团队成员的义务，提高团队成员的执行力是领导者的责任。身教胜于言传，"正人先正己"，要求团队成员做到的，领导者必须先做到。如果领导者有法不依、有令不行、上有政策、下有对策，那么团队成员又怎么会听从他的安排呢？如果说领导者能以身作则、率先垂范，团队成员上行下效，怎么会执行不力呢？所以说，

团队的执行力强弱与否取决于领导者。领导者的一次率先垂范胜过对团队成员一百次苍白无力的说教。

执行力是衡量一个管理者能力的重要标准，更是评估管理者工作业绩的一个重要指标。企业领导者一方面要以严谨、科学的态度进行企业决策和经营，另一方面要在基础管理中强化贯彻执行力。对基层管理者有两种能力的要求，一种是灌输思想的能力，另一种是贯彻行为的能力。这两种能力缺一不可。

由于执行力受多重因素的影响和制约，管理者还应该做到以下几点。第一，设立清晰的目标、制定实现目标的进度表。管理者应确保所设立的目标是可衡量、可检查的，而且目标一旦确定就层层分解、落实。第二，找到合适的人并发挥其潜能。第三，努力提高自身能力，高执行力不是与生俱来的，关键要靠自己不断学习。第四，努力发挥潜力。第五，善于借用外力。对于基层干部来说，更应学会善借领导之力，善借社会之力，善借舆论之力，以推动企业管理中的各项工作。

（二）打造学习型团队、不断提升员工的"团队合作力"是提高执行力的关键

执行力受多种因素的影响和制约，所以提高执行力是一个复杂、长期和艰苦的过程。企业的战略、目标和任务最终要靠员工的执行来完成，员工的"团队合作力"和"共好"的心态是打造强有力核心团队的基础，是提升企业执行力的保障。

1. 员工个人和团队必须具有职业化素养，要有环境适应能力和敬业乐群的精神

员工要有敬业乐群的精神，在工作中既坚持原则，又积极主动；既勇于承担责任，又自觉遵守制度，以良好的心态去执行好企业的各项规章制度。企业要培养爱岗敬业的团队。团队中的每一位成员都要热爱本职工作，勤于钻研，熟练掌握工作流程，与企业、团队的整体目标同呼吸共命运，形成团队的合力，提高团队的整体工作效益。员工要有环境适应能力。倡导"真诚，沟通"的工作方式，在最短的时间内了解企业的工作环境，并能愉快地与大家相处的员工才是企业期望的人才。

2. 建立有组织能力的团队

建立有组织能力的团队是提高执行力至为关键的一环。企业的每一个决定和每一项日常规章制度都要靠团队去组织实施，一个组织涣散、没有凝聚力和良好操作能力的团队又怎么能够去提高执行力呢？没有执行力或执行力不到位就会导致工作被动，完不成企业预定的目标，甚至给企业带来负面影响，导致较大的无形损耗。理解和掌握制度的内涵是提高执行力的基础，周密计划和科学安排是提高执行力的关键。从人的角度来说，执行力就是用合适的人做合适的事，就是知己知彼，掌握和识别人的职场特性，充分发挥人的积极性和创造性。从组织结构角度来说，执行力就是在组织运作过程中的每个环节不折不扣地落实统一的、规范的作业制度和奖惩标准。

提高团队的组织能力还要求团队成员在任务面前心往一处想、劲往一处使，团队的

合力越大，执行力就越强；反之，团队的合力越小，执行力就越弱。内耗是执行力的天敌，我们在工作中要团结同事、以身作则、整体推进，这样才能众志成城，真正提高团队的执行力，把各项任务完成得有声有色。

3. 要打造务实奋进的团队

执行是一种态度。没有愿意执行、乐意执行的态度，就不可能有执行到位的结果，所以，执行是一种态度。没有执行力就没有竞争力，执行对于企业来说不仅仅是个人行为，更是团队的共同行为。所以，我们在工作中要兢兢业业、勤勤恳恳、以身作则、务实奋进，只有这样整个团队才能更好地完成每项工作。

4. 要打造具有创新思维的团队

团队的成长和发展主要靠不断创新，停留在现状就是在退步。打造最具核心竞争力的团队是对工作精益求精的具体表现。要想打造核心竞争力，团队执行任何一项工作都要力求做得最好，达到或超出预期目标；以愿景激励团队成员更好地发挥潜能，形成创新的思维方式。即使明知有困难，团队也要坚决地去执行，在执行中创新，在创新中发展，只有这样才能确保企业的各项战略、决策落到实处、取得实效。

（三）强化制度建设、积累成功经验是提升团队执行力的动力源泉

制度本身就是一种管理、一种责任。制度建设作为团队的较基本的建设之所以是必不可少的，是因为制度是起码的体系和架构，是团队运作的保证。因此，企业应加强制度建设。大部分企业已经有了一整套比较完善的、符合工作实际的制度，问题是怎样才能让这些制度从纸上走出来，在提升团队执行力上发挥作用，使团队预期的工作目标得以实现、预期的经济指标得以达到。目标管理获得成功是团队执行制度并进行有效控制的结果。在具体的管理工作中，需要对管理对象实行有效的监督和控制。在有些情况下，被管理者只会做管理者检查的事，而制度规定的、布置要求的事，只要无人过问，通常不会自觉去做。提高执行力，就是要扩大管理的深度和广度，就是要切实把各项规章制度落实到每个人、每个工作环节、每个工作时段和每个工作场地。在落实管理制度时，不应该只停留在布置了、做到了上，布置了不一定做到了，做到了不一定做好了，没有强有力的执行力是做不到切实落实管理制度的。制度建设要在"严"和"密"上下功夫。严就是指制度要明确；密就是指没有疏漏，每个细节都要考虑到。制度一旦制定就应发挥作用。

简洁、高效的制度是提高执行力的保障。制度的作用就是让员工按照规定的要求和流程高效地处理各自的工作。而管理就是使工作流程简单化。

一个企业只有建立起制度化的管理模式和执行文化，使员工普遍按照制度要求规范其行为，并且在管理上有一股"盯"劲，盯住细节，盯住某个人，盯住某件事，不达目的、不收到效果不放手，强化真抓实干、亲力亲为的工作作风，将管理手段贯穿工作运行的全过程，才能走得更好、更远。

企业要建立起有效的激励体系。科学的激励措施是提高执行力的源泉。有了公平、

公正和科学的激励措施，团队的执行就有了动力。有了好的激励措施，员工会自发地提高执行效力。如果没有激励措施，员工往往会后劲不足、有始无终。另外，企业奖罚员工时，要做到"奖要奖得心花怒放，罚要罚得胆战心惊"，要奖罚及时、奖罚分明。

我们做任何工作，都要善于及时总结工作中的成功经验和失败教训，为今后开展工作提供动力源泉，从而真正有利于执行力的不断提升。

（四）推进企业文化建设是不断提升团队执行力的根本保证

要提升团队执行力，就必须加强企业文化建设，动员全体员工都加入到企业文化建设活动中。员工队伍的建设是一项长期的工作，要靠文化的熏陶、制度的约束、领导者的引导和教育，以及个人素质的提高。企业文化不仅是一种氛围、一种环境，更是一种准则。好的企业文化，能激起员工的斗志，使其奋发图强。所以，只有建立一种健康的、积极的、向上的、舒适的工作、学习、生活、社交的氛围，才能让员工集中精力、不为身外琐事分心；才能够让员工正常发挥自己的才能，不用瞻前顾后；才能够让员工全力以赴而无后顾之忧；才能够提升员工对企业的认同感、信任感和忠诚度，提升员工的创造力和求知欲，从而更好地为企业服务。

要建立执行力文化：其一，讲求速度，崇尚行动雷厉风行；其二，讲求团队协作，沟通直接；其三，讲求责任导向，提倡"领导问责"；其四，讲求绩效导向，拒绝无作为，关注结果，赏罚分明；其五，讲求继承文化，对企业中优秀的传统、规章和成果要在继承的基础上改革创新；其六，讲求打造"爱心文化"，倡导乐于分享、乐于奉献、共同成长。作为管理者，必须打造出核心团队。建立决策、管理、创新的工作团队，就是要把每个人的能力、经验、态度和价值交织在一起，创造出一支有活力和竞争力的队伍，并不断调整、强化核心竞争力。执行力本身就是一个过程加结果的代名词，无"执行"何以谈"力"？任何事物的产生和发展必有其原因，也必有其结果，没有无果之因，也没有无因之果。所以，我们在谈执行力时，抛开过程和条件谈结果是不行的，那样只会使人心涣散，导致结果适得其反。

一个成功的企业百分之五十的成功靠的是长期贯彻执行力，执行需要素质，而素质来源于文化建设。美国企业的平均寿命之所以较长，一个重要的原因就是美国企业的执行力较强，有自己独特的文化理念。为什么这样说呢？因为高素质、高效率的团队会根据市场的变化来灵活调整、制定企业的经营策略，掌握市场主动权，能够从市场变化中寻求和把握机遇，积极探索新的经济增长点。

总之，团队是由个人组成的，团队建立在机制和管理的正确理念之上，执行是价值链的传递，执行力的决定因素是多方面的，环境决定着人的行为，而执行力作为企业成功的核心和关键，与各个层级有着密不可分的联系，也有着很多相互制约的因素。执行力，说小，就一个字——干；说大，是一项系统工程，需要企业从上到下认真贯彻和落实。提升团队的执行力，就是要大力加强行业的文化建设，因为有什么样的文化，就会产生什么样的理念，产生什么样的价值观，制定出什么样的规则，迸发出什么样的团队执行力。良好的执行力，源于企业各层级人员尽职尽责地完成每一项工作，源于企业全体员工为了共同的奋斗目标，共同努力，团结协作。

第二节　创建学习型组织，不断提升执行力

一、创建学习型组织，提升队伍素质

创建学习型组织，是提高队伍综合素质、加快企业组织成长的重要手段和基础工程。创建学习型组织是顺应行业发展形势的需要，是推进企业发展的必然要求，是提高员工综合素质的重要手段。

学习型组织应包括以下五个要素。

（1）建立共同愿景。愿景可以凝聚组织上下的意志力，通过组织共识，大家努力的方向一致，个人也乐于奉献，为组织目标奋斗。

（2）团队学习。团队智慧应大于个人智慧的平均值，以做出正确的组织决策，透过集体思考和分析，找出个人弱点，强化团队向心力。

（3）改变心智模式。组织的障碍多来自个人的旧思维，例如固执己见、本位主义，唯有通过团队学习及标杆学习，才能改变心智模式，有所创新。

（4）自我超越。个人有意愿投入工作，个人与愿景之间有种"创造性的张力"，正是自我超越的来源。

（5）系统思考。应通过资讯收集，掌握事件的全貌，以避免见树不见林，培养综观全局的思考能力，看清楚问题的本质，有助于清楚了解因果关系。学习是心灵的正向转换，企业如果能够顺利导入学习型组织，不仅能达致更高的组织绩效，更能激发组织的生命力。

（一）充分认识创建学习型企业的意义

进入21世纪，人类社会迎来由知识和信息主导的知识经济时代。知识经济时代的到来，不但对国家和民族是一次机遇和挑战，而且对每个企业和个人也是一次机遇和挑战。资料显示，在全球500强企业中，50%以上是学习型企业；美国排名前25位的企业中，80%是学习型企业；全世界排名前10位的企业中，100%是学习型企业。

1. 创建学习型企业是适应竞争环境的需要

随着改革开放的不断深入，世界经济一体化趋势不断加强，国外企业巨头正逐步参与到国内企业市场竞争活动中来，与我国的企业展开激烈的竞争。面对变革了的内部环境和外部环境，中国企业必须顺势而为，不断地对自身进行调整，对影响企业运行的各种内在因素，包括企业的价值观、经营哲学、经营宗旨和思维模式等进行改革，才能更好地参与市场竞争。而建立学习型企业，可以提升企业对环境的敏感性，增强对环境的适应能力，有利于企业参与新时代的国际竞争。

2. 创建学习型企业是实现品牌发展的需要

品牌建设和整合是一项涉及企业的战略、文化、生产、技术和管理等各个方面的系统工程，企业重组要求品牌竞争力尽快得到加强，而创建学习型企业对提高产品质量、技术创新能力、市场开拓能力，尤其是提高管理水平，作用是明显的。创建学习型企业是企业从整体角度系统塑造品牌的有效方法，有利于整合、优化资源，提升品牌的内涵，为形成强势品牌提供有力的支持。

3. 创建学习型企业是促进员工全面发展的需要

随着时代的发展，新的工作方式正在取代原始的、简单的工作方式，同时员工的需求也发生着变化，他们不但追求物质方面的满足，而且追求自身的全面发展。21世纪是人才的世纪，具有高素质、高技术的员工队伍，是企业兴旺发达的保证。而学习型企业的基本特征就是，引导企业的广大员工不断学习。创建学习型企业有利于培养员工发现问题、解决问题的能力，有利于培养员工的管理能力，有利于提高员工的综合素质。

4. 创建学习型企业是推动基础管理上水平的需要

实现基础管理进步是一个长期的过程，永远是进行时。从现实的角度来看，随着企业联合重组的加快推进和商业流通体制改革的不断深化，无论是在管理体系、管理基础和人员素质方面，还是在成本费用、能源消耗和流程效率等方面，大多数企业与一流的基础管理、科学的管理体系还有不小的差距，各企业之间基础管理水平也参差不齐。企业管理者一定要理性而不自满，增强忧患意识，认识到加强基础工作的长期性，从一点一滴做起，从管理的最基本的工作做起，把建设学习型企业的要求全面落实到基层，加强学习，增强基层单位创新的活力，确保基础管理水平全面提升。

（二）创建学习型企业过程中存在的不足

1. 创建学习型企业的目标不明确

不少员工对学习型企业的概念、目标认识不清，认为创建学习型企业无非就是提高个人的学历层次、多读几本好书、多考出几本上岗证和多掌握几门手艺等，把学习型企业的创建仅仅看作是学习方法改善和学习能力提高的培训，而不是将学习型企业创建视为一项管理体系、一门管理艺术和一种管理方法。

2. 存在认识误区，厌倦变革

有的员工对当今企业一系列组织结构、营销模式和管理体系的变革认识存在误区，认为这些变革把企业工作化简为繁了，对企业改革创新的必要性和重要性认识不足。

3. 机制不完善，体系不健全

提高员工队伍的整体素质、培育知识型员工，创建学习型企业，是一项长期的系统工程。仅仅成立领导小组、制定实施方案和建立规章制度只是人为地把创建学习型企业简单化、活动化了，所创建的并不是真正的学习型企业。

4. 学以致用的氛围还不浓厚

不少员工在创建学习型企业的活动中，听了很多，看了不少，在实际工作中，运用却寥寥无几。学习型企业强调的是学以致用、学用结合，在吸收现有知识的基础上创新知识，推动工作。因此，员工既要学习理论，因为只有理论才能解决本质问题，又要在实践中学习，把自己与他人的实践上升为理性的思考。

对于创建学习型企业过程中的障碍，究其产生的原因，主要是不清楚学习型企业的内涵。真正的学习型企业，已经不再一般地强调个体学习和组织学习，而是强调要能够不断主动学习，持续创造，真正与时俱进，强调与信息社会发展相适应的那种创造性学习；已经不再一般地强调学习的必要性、重要性和建立一般的学习制度，而是强调要形成一套推动全体员工不断学习、终身学习的学习机制，促使领导者和基层员工不断更新知识、更新观念，形成反思、反馈、共享的活力，强调有效益的学习；已经不再一般地倡导某种学习方法，主张制定某种学习纪律，而是倡导培育与知识经济发展相适应，与控制论、信息论和先进管理理论相匹配的一整套学习技术和方法，强调不断提高创新力、领导力、执行力的那种变革式学习。

（三）创建学习型组织的要求

1. 树立正确的学习观念

树立正确的学习观念，是创建学习型组织的前提。科学知识是指导实践的理论基础；学习是前进的力量源泉，是自我发展的资本积累。学习既是提高个人素质的必然要求，也是增强竞争优势的力量之源。只有树立起正确的学习观念，才能形成良好的学习态度并增强学习意识，才能为创建学习型组织打下坚实的基础。

2. 建立健全学习机制

建立健全学习机制，是创建学习型组织的保障。主管部门主要领导者要高度重视学习型组织的创建，加强领导，从实际出发，认真制订并落实学习计划。领导者率先垂范，带头学习，通过深入学习业务知识，来提高自身综合素质以及驾驭全局、协调各方和解决矛盾的能力，以适应企业所属行业不断发展的迫切需要；以实际行动带动全体员工学习，在企业各部门形成学习的风气、研究的风气、探索的风气和实践的风气；同时，要把员工的学习态度、学习表现和学习成果作为年度考核的重要依据之一，将学习、考核和任用有机结合起来，以此来增强员工学习的紧迫感和责任心，引导员工通过学习提高素质、迎接挑战。

3. 构筑良好的学习平台

构筑良好的学习平台，是创建学习型组织的基础。岗位技能培训是员工终身学习的基本保障。员工要加强对自身岗位技能的再学习、再培训，不断更新知识，以适应行业发展的需要。企业要组织形式多样的短期培训，以保证员工能够得到及时培训，提高员工的业务技能；要有针对性地开展业务竞赛活动，提高员工的实际工作能力。另外，员工还要注意学习法律法规、市场营销和计算机等相关知识，扩大知识面。

4. 建立健全选人用人机制

建立健全选人用人机制，是创建学习型组织的关键。第一，企业要建立有利于留住人才、吸引人才和人尽其才的人才分配和人才选拔任用机制，拓宽用人渠道，做到不唯学历、不唯职称、不唯身份、不拘一格用人才，由原来单一的领导型人才培养向经营管理型、专业技术技能型和工作实用型多方面人才培养转变，形成有利于人才健康成长、发挥才干的良好环境，培育尊重人才、鼓励创新和终身学习的企业文化。第二，企业要建立科学的评价机制，打通员工晋升的通道，通过岗位等级变动、专业技术职务评聘、职业资格认证和工作业绩考核等实现等级能升能降和竞争上岗，通过竞争使人才脱颖而出，努力营造良好的岗位竞争氛围，促进员工队伍建设健康、有序进行。

5. 建立激励机制

企业应采取考核、评比和表彰等措施，鼓励先进，鞭策后进，增强员工学习的内驱力，提高员工学习的自觉性、主动性和创造性。同时，企业应加强对员工学习的督促和学习情况的检查，将员工的学习情况作为年度考核、评先评优、职级晋升和提拔使用的重要依据，以进一步激发员工的学习热情和动力。

学习型社会才能繁荣昌盛，学习型组织才能充满活力。创建学习型组织是一项长期的工作，企业要进一步加大创建学习型组织工作的力度，努力提高管理人员的学习能力、服务能力和工作效率，以企业共同价值观为指导，使员工以更加饱满的热情、更加高昂的斗志和更加务实的作风，为企业全面上水平贡献自己的一份力量。

二、推进企业系统创建学习型组织的意义

当前，世界正处于大发展、大变革和大调整时期。知识的发展、更新日新月异，我国正处于加速发展和全面上升的重要时期。如果企业领导者不了解世情、国情及本地区、本企业的实际情况，不懂得业务知识，不掌握工作发展的新趋势，就无法把握工作的开展方向，更不可能带领员工实现工作的跨越式发展。企业领导者要珍惜岗位、刻苦学习、增长才干，真正成为能够担当重任、善谋大事的中坚力量。

（一）推进企业系统创建学习型组织是新形势下实现企业整体规划目标的迫切需要

当前，我们所处的环境、面临的形势和承担的任务都在发生深刻的变化，加强学习比以往任何时候都显得更为重要和紧迫。推进学习型组织创建，是企业在新时期、新阶段为实现新梦想而采取的重大战略举措，对保持企业的先进性、巩固和提高领导者的管

理能力，推动经济结构调整和保持经济平稳增长，以及实现企业规划整体目标都具有重大且深远的意义。

（二）推进企业系统创建学习型组织，是新形势下更好地履行企业职能的迫切需要

随着经济社会的发展和新形势的需要，社会对企业的工作会提出新的、更高的要求，要求企业为经济发展服务、为构建和谐社会尽责，从以经济调控为主向经济调控与社会调控并重转变，更好地为经济社会又好又快发展服务。企业要适应新形势，根据新任务的需要，履行好工作职责，放眼大局、着眼长远，高度关注和掌握国家经济社会发展的方向、目标、战略和决策，学习并掌握国家制定的经济社会发展战略和出台的各项政策。有些企业机构臃肿、效率低下，而很多知名的大企业却规范得多、高效得多。造成这种差距的原因是多方面的，这里有机制、技术等方面的原因，但很重要的原因是人员素质的差距，而提高人员素质的有效途径就是加强学习。因此，推进学习型组织创建，提高各级管理人员和员工队伍的素质，是更好地履行职责的迫切需要。

三、对创建学习型组织的认识与思考

学习型组织理论是一种企业组织理论。学习型组织是一种有机的、高度弹性的、扁平化的、符合人性的、能持续发展的、具有持续学习能力的组织。成为学习型组织的途径有五种，即自我超越、改善心智模式、建立共同愿景、团体学习、系统思考（即五项修炼），其中以系统思考为核心。系统思考的基本方法和理论基础是系统动力学，但是系统思考更强调通过系统基模进行定性分析。因此学习型组织理论是系统动力学方法在组织管理领域的成功运用。

学习型组织最初的构想源于美国麻省理工学院的佛瑞斯特。他是一位杰出的技术专家，是20世纪50年代早期世界第一部通用电脑"旋风"创制小组的领导者。他开创的系统动力学提供了研究人类动态性复杂的方法。所谓动态性复杂，就是将万事万物看成是动态的、不断变化的过程，仿佛永不止息之流。1956年，佛瑞斯特以他在自动控制中学到的信息反馈原理研究通用电气公司的存货问题时有了惊人的发现，从此致力于研究企业内部各种信息与决策所形成的互动结构究竟如何影响各项活动，并回过头来影响决策本身的起伏变化的形态。佛瑞斯特既不做预测，也不单看趋势，而是深入地思考复杂变化背后的本质——整体动态运作的基本机制。他提出的系统动力学与目前自然科学中最新发展的混沌理论和复杂理论所阐述的概念，在某些方面具有相通之处。1965年，他发表了一篇题为《企业的新设计》的论文，运用系统动力学原理，非常具体地构想出未来企业组织的理想形态——层次扁平化、组织信息化、结构开放化，逐渐由从属关系转为工作伙伴关系，不断学习，不断重新调整结构关系。这是关于学习型企业的最初构想。

彼得·圣吉是学习型组织理论的奠基人。作为佛瑞斯特的学生，他一直致力于研究以系统动力学为基础的更理想的组织。1970年在斯坦福大学获航空及太空工程学士学位后，彼得·圣吉进入麻省理工学院斯隆管理学院攻读博士学位，师从佛瑞斯特，研究系统动力学与组织学习、创造理论、认识科学等融合，发展出一种全新的组织概念。他用了近十年的时间对数千家企业进行研究和案例分析，于1990年完成其代表作《第五项修炼——学习型组织的艺术与实务》。他指出现代企业所欠缺的就是系统思考的能力。它是一种整体动态的搭配能力，因为缺乏它而使得许多组织无法有效学习。之所以会如此，正是因为现代组织分工、负责的方式将组织切割，而使人们的行动与其时空上相距较远。当不需要为自己的行动的结果负责时，人们就不会去修正其行为，也就无法有效地学习。

（一）对学习型组织的认识

所谓学习型组织，是一种宏观的管理理论，适用于各级组织。它拥有终身学习的理论和机制，建有多元回馈和开放的学习系统，可形成学习共享与互动的组织氛围，具有实现共同愿景的不断增长的学习力。学习型组织工作学习化使成员深刻认识到创造新生活的意义，使组织不断创新发展。

1. 从内涵的角度来认识

学习型组织是一个不同凡响的、更适合人性的组织模式，它有着崇高且正确的核心价值、信念和使命，具有很强的生命力和实现梦想的共同力量，是一个不断创新、持续蜕变的组织。从它的定义可知，它首先是一个学习团队，其次是一种更适合人性的组织模式，最后有共同的价值观和愿景，并具有很强的学习力。学习型组织要通过自我超越、改善心智模式、建立共同愿景、团体学习和系统思考五项修炼在实践中创建。这五项修炼主要有以下三个特点：一是强调组织整体以及组织与外部整体的重要性；二是强调沟通与合作，强调上下互动的关系，通过改变组织成员在组织中思考与互动的方式，改变组织的活动；三是学习型组织以系统思考、多元整合的方式提供一种全新的规范，较其他管理理论更加完整、更加系统。我们了解了这些特点以后，就不难将五项修炼管理方法与其他管理理论互相搭配运用，甚至可以在运用过程中有所创新。

2. 从学习的角度来认识

知识经济时代的到来，导致人类知识更新的速度加快。有专家分析：在农业经济时代，人只要7~14岁接受教育，就足以应付往后40年的工作生涯之需；在工业经济时代，人的求学时间延伸为5~22岁；在信息技术高度发达的知识经济时代，人只有随时接受最新的教育，并持续不断地增强学习能力，方能获得成功。从人的社会性角度来看，人生来就是积极进取、需要学习的，工作的多样性、自主性也需要人不断学习。对一个员工来讲，要想改变、适应、成长，持续学习是不可缺少的条件，这是工作本身的要求。学习型组织正是通过学习来重塑自我、做到从未做到的事、重新认识这个世界和人类与世界的关系，以及增强创造未来的能量的。我们每个人唯有不断地学习，团队只有建成学习型组织，才能在这瞬息万变的时代中生存、发展和成功。这正是学习型组织理论要告诉我们的。

3. 从管理的角度来认识

任何一个企业都有一个发展周期，在经历起步、加速成长或扩展后，会逐步变慢，最终停止成长甚至可能加速衰败。特别是在全球社会、经济、政治和观念变化越来越迅速且复杂的环境中，这个发展周期会越来越短，组织要有效应变，实在是一件极其艰难的事。当外部变化对企业产生冲击时，企业必须具备观察环境变化的能力，尽力收集周围许多变化所透露出的信息。但企业要如何解读这些信息，如何及早辨认那些不确定的却可能对组织产生致命威胁或较大机会的迹象呢？学习型组织不是"头痛医头、脚痛医脚"地来观察组织中的问题，而是直逼本源。企业的问题和危机，常常是由其所处的系统的结构所造成的，并非外部力量或个人错误使然。学习型组织要求组织成员系统思考，高度重视这种缓慢的渐变过程。

（二）学习型组织对企业的作用

任何企业都是人的组织体。学习是人类的天性，学习和发展是创造力、凝聚力和贡献的"燃料"，每个人都有两项工作，即现在的工作与改善现在工作的工作。事实上，在现今的组织中，靠权力管理并不能解决所有的问题。因此，学习型组织对企业不仅是可行的，而且具有一定的积极作用。

1. 学习型组织有利于全面提高企业的核心竞争力

企业的核心竞争力，是影响企业生存和发展的各种关键要素所形成的合力。在现今的企业中，企业的核心竞争力更多地表现为企业的学习力。企业的竞争说到底就是学习力的竞争。因此，学习力对于一个企业、一个人来说都很重要。学习力就是指学习的本领，包括学习动力、学习毅力和学习能力三个要素。学习型组织告诉我们：在一个变化越来越迅速的年代，每个组织和个人都必须经由新的学习不断超越自我，未来唯一持久的优势，是有能力比你的竞争对手学习得更快。没有学习力的人很快会变成庸才，没有学习力的组织终究会被淘汰。学习型组织把人才放到战略性的位置，学习被当作不可缺少的竞争战略。要获得比竞争对手更强的学习能力，就要将企业建设成一个学习型组织，通过提高学习力来增强竞争力，从用人干工作向用工作育人转变，实现可持续发展。因此，创建学习型组织可以使企业持续增长学习力，真正改变心智模式，打破部门界限，顺利推进各项改革举措，赢得竞争优势。

2. 学习型组织有利于企业人力资源开发机制的建立

在知识经济时代，知识更新的速度越来越快，衡量一个企业竞争力的大小，不仅要看它拥有多少知识存量，而且要看它拥有多少知识流量。知识存量体现了一个企业的创新能力，而知识流量则体现出一个企业的创新潜力。学习型组织强调沟通与合作、上下互动，致力于培养创造型、智力型的劳动者，提出企业要成功就要靠知识，靠全体员工的创造力，靠组织团队学习，靠企业人力资源能力建设的创新，这既符合以人为本的管理理念，也符合把一切积极因素充分调动和凝聚起来的精神。通过学习型组织的创建，可以更好地体现以人为本，能够最大限度地挖掘和释放广大员工的创造潜能，营造尊重人、理解人、关心人的良好氛围，从而开发整个团队的人力资源，在企业取得更高层次的共识、向上发展的共识。这是创建学习型组织的目的所在。

3. 学习型组织有利于促进企业管理创新

创新是企业管理的重要组成部分。传统的企业管理是一种"制度+控制"的管理，而学习型组织提倡的是"学习+激励"的管理，即让人更聪明地工作。企业管理包括的范围非常广，如财物管理、时空管理、信息管理和计划管理等。创建学习型组织对于企业管理而言，至少有三个方面的作用。一是挖掘管理潜力。管理实践证明，各个管理系统、各个管理环节都隐藏着巨大的潜力。如何抓住这种潜力？通过一定的组织形式，让大家相互沟通，上下交流，深度会谈，提出一些好的意见和建议，通过论证后去组织实施，就能够取得良好的经济效益。创建学习型组织可以把这些管理系统、管理环节中的潜力挖掘出来，使之转化为生产力和实际效益。二是放大管理功效。企业管理产生的功效称为管理功效。这个功效有大有小，功效的大小要看这个功效放大的倍率。真正的效益应该产生在人与人、部门与部门的相互协调之中。学习型组织可以促进有效的协调，来推进管理功能的放大。三是学会系统思考。系统思考是学习型组织五项修炼的核心，它要求人们整体地思考问题，用系统思考来代替机械思考，用整体思考来代替片段思考，用流动思考来代替静止思考。比如，当我们的市场占有率下降了，我们往往想到的是市场营销、宣传和降低价格等，这样虽然可以解一时之急，短期内也会有效，但同时会使服务质量下滑。长期持续下去，会导致企业热衷于营销，而忽视本质的东西——提高质量，使企业陷入恶性循环。这在学习型组织的系统思考中称为"补偿性回馈"，即人们善意的干预引起了系统的反应，而这个反应反过来又会抵消干预所创造的利益。这样的例子在企业中非常多。因此，通过学习型组织的创建，可以使我们学会系统地、动态地、本质地思考问题，构筑起组织新的创新能力。

（三）如何创建学习型组织

创建学习型组织对提高企业综合素质、推动企业两个文明建设具有重要意义。在创建学习型组织的过程中，一定要结合本单位、本部门工作的实际，循序渐进，先行试点，逐步推开，务求实效。

1. 要有一个切合实际的共同愿景

共同愿景是学习型组织中的一个专用名词，意思是一个比较符合企业实际、能够实现、全体员工认可的奋斗目标。它包括企业的共同目标、价值观和使命感三个要素，分为企业的大愿景、团队的中愿景和员工个人的小愿景三个层次。创建学习型组织首先要确立共同愿景，就是先为全体员工确定一个共同的奋斗目标。同时，这个目标要与每个员工自己的目标相一致。这样，才能凝聚企业上下的共同力量，使全体员工为同一目标而努力工作。

2. 要认真学习、领会学习型组织的真谛

对于任何一项工作，只有认识提高了，工作才能做好。创建学习型组织要让员工明白什么是学习型组织、学习型组织是干什么的、怎样创建学习型组织等。这是必须做好的一项工作。要通过切实有效的组织引导和学习，使管理者充分认识到创建活动是一个全员在经营管理、改革发展中不断实践的过程，使管理者树立以知识为本的重要理念，使干部明确认识创新是未来管理的主旋律、知识是最重要的资源，学习型组织是未来成功企业的模式，从而提高其对创建学习型组织重要意义的认识，促使其把创建工作作为自身生存与发展的一种内在需要，向学习要创新能力。

3. 要营造一个全员学习的环境和尊重人、理解人、关心人的良好氛围

创建学习型组织，必须重新认识、理解"学习"这个概念。学习型组织的学习不是普通意义上的学习，而是一种在加工和再造过程中的学习，是把接收到的信息和理念与自己以往获得的知识相结合，去补充、修正自己的知识，然后加以创新，进而加强整个组织进行改革的能力。同时，学习型组织也不仅仅是学习，不是指将一个组织办成一所学校，它是要突出学习在企业中的重要作用，强调学习与工作不可分离，既要把工作的过程看成是学习的过程，将工作学习化，又要把学习看作与工作一样，将学习工作化，更强调组织的学习、团队的学习。要通过教育引导，使广大员工提高学习的自觉性，积极倡导"在工作中学习，在学习中工作"的理念，破除把学习和工作对立起来的传统思维模式，引导员工养成终身学习的习惯，形成一个全员学习、终身学习、群体智力开发的企业环境和进一步推动创建"素质工程"的氛围，使管理者朝着在创新中追求卓越的方向努力，使员工朝着在岗位上追求成才的方向努力。

4. 要建立必要的制度

自由和创造基于严格的管理，这一点很重要。创建学习型组织并不意味着随意发挥、没有规矩、对人缺乏控制的管理，而是以科学、规范的管理为保证，在规范的管理下发挥团队的机动性、凝聚力和突击力。因此，创建学习型组织必须要有相应的制度作保证，在学习型组织创建中重构企业的组织和机制，使企业管理逐步走向规范。制度的建立需要一个过程，在创建初期，应该在坚持以往一些行之有效的制度的同时，结合实际从建立健全学习机制、激励机制、质疑机制和创新机制入手。学习机制包括定期学习、教育投入和培训等，激励机制包括奖惩、先进典型和内部竞争等，质疑机制包括领导层的决策、企业民主管理和职代会等，创新机制包括观念、技术、管理和文化创新等。

5. 要结合实际、稳步推进

创建学习型组织是一种管理实践，它并没有统一的模式，企业要结合实际去创建学习型组织。学习型组织只有通过民主、平等、宽容、激励和互动的方式才能逐步演进、升华。创建学习型组织不是最终目的，重要的是通过创建过程，提高管理水平。在组织

开展过程中,企业要遵循分阶段、分层次进行的原则,针对不同情况、不同对象和不同层次,提出相应的学习内容和方式,使创建工作具有可操作性和自身特色。同时,学习是一个终身过程,创建学习型组织工作只有起点、没有终点,学得越多,越觉得自己无知,越深感提升自己的学习力是永无止境的。

6. 要力戒形式主义

创建学习型组织不是为了做表面文章,而是要产生实际的管理成效,它是个人或企业的一种需要,一种发自内心的、本能的需要。企业在创建学习型组织的过程中切忌照搬照抄和走形式,要认真去做,要做就做好。只有认真起来了,才能认真地去研究问题,认真地去解决实施过程当中出现的问题,才能将这项工作不断推进,并发挥其真正的作用,实现企业的创新和发展。

7. 要发挥领导和组织的作用

创建学习型组织既需要学习理论知识,又需要开展实践活动。各级组织在创建工作中要起表率作用,率先开展创建学习型机关、学习型班子等活动,带动创建活动的开展。各级干部特别是领导干部对创建学习型组织具有重要的导向作用,要成为学习型组织的带领者、倡导者和实践者,全面推动创建活动的开展。

第三节 目标形成共识,才能更好执行

目标是组织发展的共识,只有形成共识,才能更好推动执行。

一、领导者以身作则,人力资源就可以发挥最大的执行力

很多老板喜欢发牢骚说:"怎么搞的,今天这么多人迟到?"其实他自己当天也很晚才到。

职场中有个怪圈:高层埋怨中层,中层埋怨基层;反过来,基层埋怨中层,中层埋怨高层。执行力很差,弄清楚是从哪里开始差的,这一点很重要。我们自己检查一下:我们的领导者和下属之间有没有相互埋怨?同事和同事之间有没有这样的现象?

领导者如何检查下属的执行力?谁是总指挥?他是否被授权调度一切?事前有没有将高端愿望解码成每个人应该做的事的工作派遣单?是否人人紧盯过程且随时调整?是否已经养成自动汇报的习惯?是否在一定的时段,对失误、疏忽、敷衍、损害等诚实地总结了?

领导者与下属之间的关系应如图9-1所示。

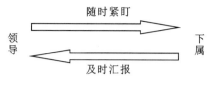

图 9-1　领导者与下属之间的关系

二、企业目标形成共识，才能较好地执行

（一）明确的目标是执行力的方向

"千斤重担大家挑，人人肩上有指标。"这里的"指标"就是指目标。作为一名员工，他的工作职责与工作目标的达成，会对企业的总体目标做出贡献。企业目标、部门目标和员工目标，体现了目标的层级关系。目标必须分解，以求更具体、更具操作性。企业目标明确了，执行力才有了前进的方向，而不是像盲人骑马，走到哪儿算哪儿；企业目标明确了，不同的职能部门、全体员工在工作中才能形成一股合力，从而更好地发挥知识和技能的聚合作用，进而更好地促进目标的达成。

（二）团结协作是执行力的保障

企业要在企业文化建设和日常工作中，创造、培养一种团结协作的环境。一是企业要树立一种美好的愿景，让员工看到企业发展的前途和方向，使员工为共同的奋斗目标而努力。一个拥有美好愿景的企业，在一定程度上会过滤员工的不正当的思想和行为，有利于员工的团结。二是企业应使全体员工都明确自己的工作职责、工作目标，并建立合理的薪酬体系。清晰的工作职责和工作目标，有利于员工在工作中找准努力的方向，并加强团结。目标的达成多数是在团队协作下完成的，不团结就很难达成目标。如果将明确的工作职责和工作目标与合理的薪酬奖惩体系挂钩，则会对员工之间的团结起到一种有效的促进作用。三是企业要加强对员工的教育，培养他们的团队意识和合作精神。企业要教育他们团结不仅是职业道德的要求，也是自身发展的需要，同时与自身的经济利益密切相关。

（三）组织执行力是执行力的重点

对个人执行力的重视和对组织执行力的忽视是目前有些企业存在的问题。部门之间缺乏协调性，每个人都站在自己的立场去考虑问题，各部门不能为同一个目标共同努力，会给企业的执行力带来严重的影响。组织执行力首先要强调团队领导者的执行力，部门领导者如果考虑的只是部门的利益，或者一己私利，不能围绕企业的总体目标去开展工作，企业的执行环节就会出现缺失，执行力也就无从谈起。企业要使员工明确企业的执行框架和企业的执行流程，从而达到提高执行力的目的。

（四）知识和技能是执行力的基础

知识和技能是靠人员来提供的。知识和技能不仅体现在完成任务的能力要求上，而且体现在完成任务的效率和质量上。所以，对一个人的知识与技能的考核不能仅仅局限于他的能力素质，要从时间、费用、质量和对周边环境的影响等多方面进行。完成同样一件事，所花时间有长短，所用费用有高低，完成质量有好坏，对资源的使用有多少，对周围环境的影响有好坏。所以对每个人能力的评价应是多维的。现代社会是一个讲究效率的社会。任何一个项目的运作都有时间、资源的要求，同时要把它放到一个系统中去给予重视。一项任务完不成，下一项任务就无法开展；一个目标实现不了，就会影响整个目标。

（五）领导风格是影响执行力的重要因素

领导风格对执行力的影响是一个重要因素。在管理界，有"严管重罚"的例子，也有"文件、会议满天飞"的例子。"严管重罚"与整天开会、发文件，是两种不同的领导风格。虽然其对执行都起到一定的作用，但好多事往往适得其反，大家相互推诿扯皮的现象多了，敢于承担责任的人少了；雷声大、雨点小的现象让大家看惯了；为了发文件而发文件的事也层出不穷。这又何谈有效执行呢？杰克·韦尔奇把深入一线作为一项非常重要的工作，对他来说，大事与小事并没有什么明确的界限。这也是一种领导风格。这种风格带来的结果就是执行力的强化。杰克·韦尔奇通过与员工的交流来收集信息、评价员工，发现执行力的强弱和目标与执行之间的差距。长期以来，这种领导风格就成为执行力文化的一部分。在以执行力为文化的企业中，领导者必须参与到具体的运营过程中。只有这样，他才能对企业现状、项目执行情况、员工状态和生存环境进行全面、综合的了解，才能找到执行的具体情况与预期之间的差距，并进一步对各个方面进行正确而深入的引导。当领导者和基层员工都在执行力文化中愉快做事时，企业就会变得现代化和高效率。好的基层员工会在领导者的参与和与领导者交流中得到表现，领导者的亲和力和凝聚力也随之弥漫到整个企业中，执行力文化便会呈现出一种令人陶醉的人情味，企业从而变得更加活泼、团结、高效，而且开放、透明。

（六）执行流程是提高执行力的保障

企业的执行流程包括战略流程、运营流程和人员流程等。战略流程的目标是保证企业能制定正确的竞争战略。运营流程的目标是使得企业在现有的人力资源的基础上和企业竞争战略的前提下制订合适的运营计划。它是战略流程和人员流程的结合。人员流程是企业执行流程的关键，人员流程不仅保证企业为今天的战略实施找到适合的人才，而且为企业的长期战略发展储备足够的未来人才。更重要的是，还必须提供一个完善的论功行赏机制，确保在正确"论功"的前提下正确"行赏"。可以这样说，人员流程是企业战略流程和运营流程的基础，是企业执行流程的重中之重。

（七）执行力文化是实现执行力的结果

企业的执行力文化，就是把执行作为所有行为最高准则和终极目标的文化。对所有有利于执行的因素都予以充分而科学地利用，对所有不利于执行的因素都立即排除，以一种强大的监督措施和奖惩制度，促进每一位员工全心全意地投入到自己的工作中，并从骨子里改变自己的行为，最终使团队形成一种注重现实、目标明确、简洁高效、监督有力、团结紧张、严肃活泼的执行力文化。文化首先是一个结果，然后才是一种手段，执行力文化更是如此。有些企业家声称要建立执行力文化，认为执行力文化建立后就可以为企业带来强有力的执行力，而忽视团队管理者执行力的提升、执行流程的完善和执行工具的开发。事实上，执行力文化是组织执行力提升的自然结果，不必刻意地去追求。成功的执行并没有什么神秘可言，道理很简单，关键还是"做"的问题。正如一位成功学学者所说："把简单的事重复做、反复做，也许我们就成功了。"

三、战略可以模仿，唯有执行是根本差距

（一）从来不缺思想家，缺的是执行人

在许多对执行力的论述中，强调了管理者的执行力和企业的执行力是两个完全不同的概念。管理者的执行力是个人能力，而企业的执行力是组织能力或制度性能力。

有一位企业家曾说过："一位管理者的成功，5％在战略，95％在执行。"每一个企业的管理者都可以说是战略家，都有很好的想法，但当自己必须亲自处理公司的管理流程时会大皱眉头，认为这是早已过时的微观化管理，自己应该充分地放权，将权力交给那些负责具体工作的人。

对个人而言，执行力就是办事能力；对团队而言，执行力就是战斗力；对企业而言，执行力就是经营能力。衡量执行力的标准，对个人而言是按时、按质、按量完成自己的工作任务；对企业而言，执行力就是在预定的时间内完成企业的战略目标。执行力要成为一种优势，就要把握执行制胜的二十四字真经，即认同文化、统一观念、明确目标、细化方案、强化执行、严格考核。

高管的一项重要能力是使别人执行的能力，下属执行力的强大与否与此有很大关系。要做好战略已不易，贯彻更不易。"使之执行"的能力就是高管最好的执行力。当一个员工情绪激昂、心情愉悦的时候，不用别人督促，他的执行力就会很高，行为就很积极、主动；反之，当他情绪不高、心情郁闷的时候，即使他嘴里说"一定好好干"，其行动往往是不理想的，执行力也不可能有多强。

成功者往往是执行力很强的人。执行力强的人，反省能力也很强，如果在实践中发现战略有误，会以最快的速度去修正战略，不会执迷不悟。

在美国西点军校里有一个广为传颂的悠久传统，就是遇到军官问话，只能有四种回答，即"报告长官，是！""报告长官，不是！""报告长官，没有任何借口！"除此之外，不能多说一个字。"没有任何借口"是美国西点军校奉行的最重要的行为准则之一。它

强化的是每一位学员想尽办法去完成任务，而不是为没有完成任务去寻找借口。其核心是敬业、责任、服从和诚实。这一理念是提升企业凝聚力和竞争力、建设企业文化的最重要准则之一。秉承这一理念，众多知名企业建立了自己杰出的团队。

（二）较强的执行能力

"没有任何借口"体现的是一种较强的执行力，一种服从、诚实的态度，一种负责、敬业的精神。在现实生活中，我们缺少的正是不找任何借口的人。企业管理专家谭小芳认为，每个组织并不缺乏伟大的战略，真正需要的是把战略落实到位的执行力。毕竟，市场再不景气，仍有企业完成预定的运营目标；构想再宏大，也要有人将它实践出来，这一切靠的就是执行力。

全世界做网络设备做得较大的思科公司，拥有行业垄断技术，然而其总裁在谈到公司成功的主要原因时，竟然认为成功不在于技术，而在于执行力。由此可见，执行力在世界级大公司里被看得有多重要。甚至可以这么说，发展快且好的世界级企业，往往都是执行力强的企业。比尔·盖茨就曾坦言："微软在未来10年内，所面临的挑战就是执行力。"当然，我们不可否认，许多组织的成功离不开其战略的创新或经营模式的新颖，但如果其执行力不强，也一定会被模仿者追上。

当戴尔公司的直销模式在美国取得较大成功时，一向以"渠道优势"著称的联想集团也开始转型。联想集团在中国通过大客户部、电话直销中心等开展直销业务，以对抗戴尔公司。虽然联想集团也是一家非常优秀的企业，但它在直销业务的启动上遭遇了极大的困难，效果并不理想。要知道，真正撞坏巨轮的，不是海面上冰山的一角，而是海面下的庞然大物。在戴尔公司的背后，我们看到了"卓越的管理技术""与战略相匹配的企业文化"等，所以，戴尔公司取得成功靠的不仅仅是其直销模式，更是其围绕直销这一模式的"执行体系"。

如今，对于执行力的意义，已经无须多言。对于提高执行力的着眼点，因为人们对此问题的关切，也已经认识得比较全面。现在，需要我们关注的是"提高执行力"本身的执行问题。有人强调，执行力不是一个表象问题，要达到"提高执行力"的目标，我们首先要找出执行力管理的根源——那些起到基因作用的要素，以保证执行力的"健康发育"。

从企业管理的角度来看，既然岗位设置已经完毕，剩下的就是各司其职、各负其责。执行力要的就是按时、保质和保量。抓住了执行力的根本——队伍建设、流程规范和提升士气这个"铁三角"，再加上"没有任何借口"的精神——体现的是一种负责、敬业的精神和一种服从、诚实的态度，那么提升执行力就不再那么让人束手无策了。

第四节　实行科学有效的目标管理考核

彼得·德鲁克在《管理的实践》一书中提出目标管理的概念，SMART原则便是目标管理的概念之一。根据彼得·德鲁克的说法，管理人员一定要避免"活动陷阱"，不能只顾低头拉车，而不抬头看路，最终忘了自己的主要目标。目标管理的一个重要概念是，企业战略规划不能仅由几个高管来执行，所有管理人员都应该参与进来，这更有利于战略的执行。另一个相关概念是，企业要设计一个完整的绩效系统，它帮助企业实现高效运作。由此看出，目标管理可以视为价值管理的前身。

一、什么是 SMART 原则

SMART 原则是目标管理的概念之一，目标管理是一种通过组织管理者共同参与来制定和实现目标的方式。实施目标管理，不但有利于员工更加明确、高效地工作，更是为未来的绩效考核制定了目标和考核标准，使考核更加科学化、规范化，更能保证考核的公开、公平与公正。

目标设定看似一件非常简单的事情，每个人都有过制定目标的经历，但是如果要让目标真正得到管理，必须学习并掌握 SMART 原则。

二、如何设定绩效目标和绩效考核

很多管理者在日常管理过程中，目标设定时凭感性或经验，缺乏科学的思路和方法，导致目标过高或过低。目标过低，团队轻松达标，完全没有压力，从而带来绩效目标和考核失控；目标过高，通过努力也无法实现，典型的画大饼，团队会有无所谓的心理，不可能激发奋斗热情。目标过高或过低，都会让组织的期望难以实现。那么，如何设定目标呢？

1. **目标设定的思路**

底线目标设定：原则上以组织的预算作为依据，根据预算指标的分解测定出来的值作为必达目标。

奋斗目标设定：追求更好，体现价值。你想在预算的基础上下降（上升）多少（说白了就是指标与绩效激励的价值体现）。

卓越目标设定：你的愿景是什么？你最期望达到什么水平？必须对奋斗值有一定程度的体现。

2. **绩效考核的思路**

可分为两段开展绩效考核，让团队成员的水平得到充分的体现和发挥，分别为：必达与奋斗之间，奋斗与卓越之间。具体思路如下。

完成值在必达与奋斗之间时，可以按照指标浮动的比例及分配的权重进行绩效考核，必须设定保底值，原则上低于保底值时，绩效为零。

完成值在奋斗与卓越之间时，可以考虑在分配权重的基础上，额外追加绩效（追加多少得根据贡献价值，按照取得效益的一定比例），按照以下思路进行考核：

思路1——绩效递增的方式，从奋斗目标开始起步，按照指标达成的浮动及比例进行绩效激励；

思路2——一次性绩效考核的方式，指标完成值达到卓越值，一次性进行绩效考核。

三、如何确保绩效目标执行到位

很多组织在实施绩效过程中，尽管制定好了绩效目标，但是往往难以执行下去。一些管理者动辄将原因归咎于"员工低效"等问题，而没有探究如何解决问题。

（一）首先要从绩效目标制定方面入手，保障目标的合理性

确保目标落地的关键在于以下三大因素。

1. 人岗匹配

这是实现目标的首要因素。确保每个岗位的人员与其职责相匹配，能够高效地达成目标。

2. 目标制定

目标的制定需要经过深思熟虑，可考虑引入三级目标（初级目标、中级目标、高级目标）制，并对每一级目标制定不同的管理机制。一般而言，初级目标对接任职资格；中级目标对接薪酬；高级目标对接奖励。通过制定不同等级的目标以增加管理的宽容度，使员工更加积极地面对绩效目标，并提高工作积极性。

3. 目标评估

对目标完成的结果进行科学客观的评估。这包括分析目标的完成情况、投入情况和人员情况。采用人事分开的评价系统，可以更客观地评价结果，并考察过程中的努力与最终结果之间的关系，从而使考核结果更科学。

通过关注上述三个关键因素，公司可以确保目标的顺利落地，提高员工的积极性和工作效率，并为公司的长远发展奠定坚实基础。

（二）通过开展工作量分析，提高工作饱和度，也能够支持目标的合理制定和高效实现

在工作饱和度方面，需对工作量进行分析后合理安排职责及编制。一般而言，工作饱和度的分析步骤如下。

（1）根据部门和工作内容对各类人员进行分类，并定义不同的工作类别，包括工作项目和非工作项目。

（2）设计标准表格，用于员工每日记录工作内容、耗时等信息。

（3）要求员工填写工作日志，包括具体的工作类别、内容和耗时。

（4）分析收集到的数据，统计每个人的工作饱和度以及各类工作所占的比例。

对于饱和度比较低的部门和员工，应及时予以干预，通过一些方式提高低效员工的效率，可采取以下措施。

（1）竞争机制。通过竞争激发员工的积极性，提高工作效率。

（2）奖惩措施。通过奖励和惩罚来促进员工提高效率。

（3）提高员工素质。通过培训和教育，帮助员工树立正确的价值观和工作观，提高工作效率。

当员工具备了一定的知识水平和正确的价值观后，他们就会主动地提高工作效率，从而实现效率和饱和度的平衡。企业应加强工作饱和度管理，营造整体饱和的工作氛围，促进员工的积极性和工作效率的提升。

（三）加强对员工的管理工作，这要求领导增强其对员工需求的关注度

在布置任务时，领导需要明确提出要求、指定责任人、规定截止日期并设定预期目标。明确的要求有助于减少后期可能出现的责任推诿现象，从而降低管理矛盾。

为了确保员工明确自己的职责，领导需要强调工作职责的重要性，而不仅仅是工作内容。如果员工只关注工作内容，他们可能会认为自己仅仅是执行者，完成任务后缺乏成就感。因此，领导需要激励员工认识到他们的工作职责，并为完成这些职责而努力。这样，员工可以从他们创造的工作价值中获得满足感。

此外，领导可以让员工参与决策讨论，使他们感受到领导的尊重和重视。在布置任务时，领导应向员工解释这项任务的背景和目的，并让他们了解潜在的问题。当出现意外情况时，领导可以鼓励员工提出解决方案，这样能够激发他们的创新思维和主动性。

通过明确要求、强调职责、鼓励员工参与决策和解决问题，领导可以更有效地布置任务，提高员工的责任感和工作积极性。

四、优秀的目标管理＝"方法＋工具"

做好目标管理主要包括三步：设定目标、分解目标、实施目标。

（一）目标设定，采用 SMART 原则

采用 SMART 原则实施目标管理不仅有利于员工更加明确、高效地工作，更为管理者将来对员工实施绩效考核提供了考核目标和考核标准，使考核更加科学化、规范化，更能保证考核的公正、公开与公平。SMART 原则主要包括以下内容。

S——Specific：明确目标要达成的结果，目标要明确、易于理解和管理。

M——Measurable：制定目标时需要考虑到实际情况，将目标转化为数据和数字。

A——Attainable：确保目标的可行性，不能刻意制定过高、不切实际的目标。

R——Relevant：确保目标和企业战略发展方向相一致，在组织中起到积极的作用。

T——Time-bound：为每个任务预留出一个时间表，确保目标都是有时间限制的，并定期追踪目标的进展情况。

（二）目标分解，采用剥洋葱法

剥洋葱法是一种拆分目标、制订计划的方法。把终极目标看作是洋葱的芯，外面一层一层的结构就是到达终极目标前的一个个小目标，从外向内剥洋葱的过程，也就是实现终极目标的过程。

以哥伦布发现新大陆为例。如果哥伦布要定一个 OKR（目标与关键成果），他会怎么做呢？

在哥伦布之前，从西方通往东方一共有两条路线：一条是陆路，由里海、黑海到达小亚细亚，这条路线被当时的奥斯曼帝国垄断；另一条是海路，途经非洲的好望角到达印度，这条路线被葡萄牙把持。

因此，当时哥伦布希望能开辟一条新的海上通路。哥伦布凭借自己丰富的航海经验，提出了一个大胆的设想：向西航行。用 OKR 语言表达，哥伦布的 O 就是"向西航行，发现通往东方印度的新航路"。在哥伦布时代，没有经纬度地图，哥伦布不知道印度准确的经度和纬度是多少，只知道印度在地球的东方。

为了实现找到新航路这一目标，他首先拟定了一个通往新大陆的方案，并不断完善这一方案。之后，他花了大量的时间去说服西班牙王室，希望王室能提供两艘大船并拨一笔专款以资路费。在这些准备工作就绪之后，他就可以正式启航去探索新大陆了。哥伦布打算在航海过程中绘制海图，标注海洋水域和陆地方位的确切情况，进而打算编制一本书，用绘图说明赤道两边纬度和西行经度的整体情况。

以某项工程为例：比如某项工程项目工期目标为 2021 年 12 月 5 日开始，2024 年 12 月 25 日完成调试运行，具备开车条件。基于剥洋葱方法，我们可以将项目工期目标分解为项目年度目标：

2021 年 12 月 5 日，项目开工；
2022 年 12 月 10 日，完成项目工艺和项目施工图纸的设计；
2023 年 12 月 20 日，完成所有桩基工程；
2024 年 12 月 25 日，完成项目调试及试运行。

（三）目标实施，采用 PDCA 循环

PDCA 循环又叫质量环，是按照 Plan（计划）、Do（执行）、Check（检查）和 Act（处理）的顺序进行质量管理，并且循环不止地进行下去的科学程序，已是管理学中的一个通用模型。

PDCA 四个英文字母及其在 PDCA 循环中所代表的含义如下：

Plan（计划）：包括方针和目标的确定，以及活动规划的制定。
Do（执行）：根据已知信息，设计具体的行动方案，再落实计划。
Check（检查）：总结结果，明确效果，找出问题。
Act（处理）：对检查结果和问题进行具体处理，没有解决的问题进入下一个 PDCA 循环。

复盘后进行 PDCA 管理，能够最大限度地减少失误。

PDCA 的 4 个阶段怎么用？（以设计产品为例）

（1）在计划阶段要通过市场调查、用户访问等，摸清用户对产品质量的要求，确定质量政策、质量目标和质量计划等，包括现状调查、分析、确定原因、制订计划。

（2）在设计和执行阶段实施上一阶段所规定的内容。根据质量标准进行产品设计、试制、试验及计划执行前的人员培训。

（3）在检查阶段主要是在计划执行过程之中或执行之后，检查执行情况，看是否符合计划的预期结果与效果。

（4）处理阶段主要是根据检查结果，采取相应的措施。巩固成绩，把成功的经验尽可能纳入标准，进行标准化，遗留问题则转入下一个 PDCA 循环去解决。

目标管理是以目标为导向、以人为中心、以成果为标准，使组织和个人取得最佳业绩的现代管理方法。至于采取哪一种方式，得基于管理者的考虑及对绩效目标的支撑，也得根据组织或团队的具体情况。

 案例讨论题

字节跳动 10 多万人高效办公的背后，OKR 是关键

"知识型组织中，每一个人都是管理者。"这是彼得·德鲁克关于管理者的重新定义。张一鸣在字节跳动八周年的全员信中写道："他（德鲁克）对于目标管理的思考，启发了我们对于组织有效性的重视和 OKR 的实践。"

字节跳动的成功与善用 OKR 不无关系，追求效率让它从知春路的一家小公司成长为估值 1000 亿美元的独角兽公司。在国内，华为、腾讯、百度、滴滴、美团等企业都在采用 OKR。在海外，Uber、Oracle 等公司也在采用 OKR。OKR 被当作企业管理的万能神药。

到底什么是 OKR？OKR，即目标与关键成果法，由英特尔公司 CEO 安迪·格鲁夫发明，曾让英特尔扭转危机。后来，约翰·杜尔将 OKR 引入谷歌，让谷歌在困难时期从销售收入 100 亿美元增长到 7000 亿美元。

此后，OKR 开始广为人知。

一、OKR 的起源

安迪·格鲁夫被称为"OKR 之父"。1971 年，英特尔启动了 OKR 系统，当时公司成立刚满 3 年。在格鲁夫出任英特尔首席执行官执掌公司的 12 年间，公司每年返还给投资者的回报率超过 40%，与摩尔定律曲线持平。OKR 系统并非凭空想象而来，格鲁夫追寻着一位传奇人物的脚步，他就是现代商业管理思想家——彼得·德鲁克。

20世纪初期,现代管理理论诞生了。现代管理的先驱者认为,最富有效率、最有利可图的组织应该是独裁式的,有人发出命令,有人接受和执行命令,这被称为"泰勒-福特模型"。半个世纪后,作为教授、记者和历史学家的彼得·德鲁克彻底否定了这个模型,构想出一种新的管理理念:具有人文主义的结果驱动型管理。他认为公司应该建立在对员工信任和尊重的基础上,而不是将员工作为获得利润的机器。

德鲁克的目标是制定出"充分发挥个人能力和责任感的管理原则,同时梳理共同的愿景和努力方向,建立团队合作精神,协调个人和共同目标的和谐一致"。1954年,德鲁克在《管理的实践》一书中将这一原则定义为"目标管理和自我控制"。这就是安迪·格鲁夫管理理念的基础,也是现代所说的OKR的起源。

二、OKR的本质

OKR的本质是绝对诚实、摒弃个人利益和忠于团队,这也是安迪·格鲁夫管理思想的核心。目标(O)与关键结果(KR),目标就是想要实现的东西,关键结果是检查和监控如何达到目标的标准。如果没有一个具体数字可以衡量这些结果,那么它就不能算是一个关键结果。

健康的OKR文化主要包括以下几点:少即是多、自下而上设定目标、共同参与、保持灵活、敢于失败。OKR是工具,而非武器。一个组织可能需要4~5个季度才能完全适应OKR系统,而构建成熟的目标则往往需要更长的时间。

对于规模较小的初创企业,OKR是一种生存工具。尤其是在科技行业,年轻的企业必须迅速成长。只有这样,才能在资本枯竭之前获得足够的后续发展资金。对于中等规模和快速扩张的组织,OKR则是通用的执行语言。OKR明确了预期,需要尽快做什么,以及具体谁来执行。OKR让员工的垂直目标和水平目标都能够保持一致。

对于大型企业,OKR就像是闪烁的路标,能够在不同部门的员工之间建立联系,赋予一线员工特定的自主权,让他们能够提出新的解决方案。正如埃里克·施密特和乔纳森·罗森伯格和艾伦·伊格尔在《重新定义公司:谷歌是如何运营的》一书中所指出的,OKR是一种能将"公司创始人的'往大处想'加以制度化的简单工具"。

三、OKR的四大利器

想法很容易,执行最重要。OKR系统主要有四大利器:聚焦、协同、追踪、挑战。高绩效组织应该聚焦重要的工作,同时清楚什么是不重要的。对于部门、团队和个人来说,OKR是一种精准沟通的工具,能消除困惑,让我们进一步明确目标,聚焦到关键的成功要素上。OKR具有透明性,上至首席执行官,下至一般员工,每个人的目标都是公开的。这种自下而上的协同,将个人贡献与组织成功联系起来,为工作赋予了特定的意义。自下而上的OKR,则通过加深员工的主人翁意识,促进个人的参与和创新。

OKR是由数据驱动的，定期检查、目标评分和持续的重新评估可以让OKR充满生机，所有这一切都是基于客观、负责的精神。危险的关键结果会引发某些行动，应使其回到正轨，或者在必要时对其进行修改或替换。OKR激励我们不断超越之前设定的各种可能，甚至超出我们的想象力。通过挑战极限和允许失败，OKR能够促使我们释放出最具创造力和雄心的自我。

（一）利器一：聚焦

聚焦是OKR系统的第一利器。OKR系统为企业提供最卓越的东西，即"聚焦"。只有当我们将目标的数量保持在很小时，才会真正聚焦于此。自上而下的、只是做更多任务的时代已经过时了，命令需要让位于问题：什么是最重要的？史蒂夫·乔布斯曾说"创新意味着对1000件事说不"。太多的目标可能会模糊我们对重要事务的关注，或者使我们分心去追逐下一个更为闪亮的东西。对于个人而言，选择性目标设定是防止过度扩张的第一道防线。

格鲁夫认为："这是管理的艺术，管理的艺术在于能够从看似同样重要的选择中选择一个、两个或三个能充分发挥杠杆作用并能让你专注于此的活动。"拉里·佩奇认为："成功的组织往往是最大化利用现有资源，集中精力打造顶级产品的组织。"OKR既不是一个什么都要完成的愿望清单，也不是团队日常任务的总和，它是一系列精心策划的目标，推动人们在此时此刻努力前行。知道要去哪里的人，往往会更清楚如何到达目的地。

（二）利器二：协同

最高目标一旦设定，真正的工作就开始了。当目标从计划转向执行时，管理者和员工都必须将自己每天的工作与组织愿景联系起来，这种联系的专业术语就是"协同"。然而遗憾的是，协同在组织中非常稀缺。对于大多数企业而言，其目标仍然属于不可公开的秘密。有研究表明，只有7%的员工完全理解公司的经营战略，以及企业为了实现共同目标期待他们做什么。

员工往往很难明白自己应该首先做什么，每一件事看起来都重要，一切似乎都很紧急，但真正需要完成的是什么呢？答案就在于聚焦、透明的OKR。OKR将每个人的工作与团队工作、部门项目及整体的组织使命联系起来。在字节跳动，公司所有的OKR都是公开的，包括张一鸣。在每两个月的"CEO面对面"、部门业务沟通双月会上，张一鸣会公开讲自己的OKR进度。他会打分和自我分析哪里做得不错，哪里做得不好。

OKR最强大的力量，往往来自核心管理层之外的洞察力。与组织中心相比，创新通常更容易发生在组织的边缘。正如安迪·格鲁夫所说："在一线作战的人通常会提前感知到即将发生的变化，销售人员往往比管理者更先理解顾客需求的变化，金融分析师通常是最早知道商业变化的人。"解放人的思想，并支持他们找到正确答案，这是帮助每一个人取得成功的关键。人类作为一个物种，渴望彼此之间建立联系。

（三）利器三：追踪

如果共享目标根本就没人能看到，那么这个系统能算是透明的吗？随着结构化目标设置标准的提高,越来越多的组织开始采用功能强大、专业且基于云服务的OKR管理软件。传统的目标设置方法在会议记录、电子邮件、电子文档和幻灯片上浪费了大量时间,有了OKR管理平台,所有相关的信息都可以在需要的时候准备就绪。研究表明,取得可量化的进步,相比工种的认可、金钱刺激或实现目标本身,对人更有驱动力。人们渴望知道自己每天是如何取得进步的,每天都会有一个新的起点,每天都能看到自己的点滴进步。

在OKR周期结束时应该反思:我是否完成了所有的目标?如果是,是什么促成了我的成功?如果没有,我遇到了什么障碍?如果我要重新写一个完整的目标,需要做什么改变?我学到了哪些经验,可以帮助我更有效地制定下一个周期的OKR?对OKR进行总结,既要回顾过去,又要展望未来。

(四)利器四:挑战

最大的风险是什么也不做。《这就是OKR》作者约翰·杜尔将创业者定义为那些不仅仅思考各种可能性,而且将各种可能性付诸实践的人。谷歌将其OKR分为两类:一类称为承诺型目标,另一类称为愿景型(或挑战性)目标。二者有着本质的不同。承诺型目标与日常考核指标紧密相连,比如产品发布、招聘。一般来说,这些承诺型目标应该在规定时间内全部完成。

挑战性目标反映了更宏伟的蓝图、更高的风险,以及更侧重于未来的导向。由定义就可以看出,挑战性目标是极难实现的(平均失败率为40%),但仍然是谷歌OKR的一部分。在谷歌的OKR管理氛围中,70%的完成率就被认为是成功的了,至少有30%的目标在设定时就被认为是达不到的。如果追求卓越,那么这样一个"令人不可思议"的挑战性目标就是一个好的起点。

有时候,挑战性目标并不像它看起来那样疯狂,就像拉尔斯所认为的,"有时候,我们是会低估自己能力的"。彼得·德鲁克是最早关注到管理者与下属直接对话会带来价值的人。与OKR系统相辅相成的,是持续性绩效管理,包括对话、反馈、认可。

依据他的推算,管理者90分钟的谈话可以影响下属两周的工作效率。随着职场对话变得越来越不可或缺,经理们的角色由监工转化为指导者、辅导者或是引领者。谢丽尔·桑德伯格在她的经典之作《向前一步》一书中指出:"反馈是一种基于观察和经验的意见,可以帮我们了解自己给别人留下的印象。"持续性的认可是提高参与度的一个强有力的驱动因素。尽管看起来很容易,但一句简单的"谢谢你"对于打造一支高参与度的队伍有出其不意的效果。

在Zume披萨公司,每周五全员都会参加公司的总结会议,会议结束时,组织中的每一个成员都会对做出杰出贡献的成员给以主动、真诚、发自内心的称赞。当雇员的成就获得认可,就会激发一种感恩文化。贝索斯曾说:"你需要一种鼓励创新的文化,无论这种创新是多么微小。"当一个组织没有准备好完全开放和承担起责任时,在实施OKR前需要进行文化建设工作。如果无法解决文化障碍，变革的"抗体"就会被释放出来，组织就会拒绝被植入OKR。

吉姆·柯林斯在《从优秀到卓越》一书中表示："首先你需要为组织找到合适的人，淘汰掉那些不合适的人，然后让合适的人处在合适的位置上。"OKR是一种思维方式，如果错误地理解它，可能会过于僵化。为什么英特尔、谷歌等美国高科技企业热衷于OKR，而不是传统的KPI呢？

从严格意义上来说，OKR是目标管理方法，而不是绩效管理方法。前者确保公司聚焦解决重要难题，后者更注重绩效考核。在字节跳动，犯错并不可怕，公司甚至鼓励"找bug"的文化，公司食堂一直播放全球用户对产品的吐槽。对于员工犯错，张一鸣认为发火其实是偷懒的表现，有可能扼杀创新的火苗。

列纳德·蒙罗迪诺在《潜意识：控制你行为的秘密》一书中指出："我们通常以为人区别于其他动物的首要特征是智商，但真正的首要特征是社会智商。人类之所以能够取得伟大的成就，理解和合作能力是首要因素。"这也是OKR所强调的：集中众人的智慧和力量以达成共同的目标。

在OKR实践中，思想的转变比工具的应用更重要，很多人把OKR当成类似KPI的考核工具，忽视了背后提倡的透明、信任、自主导向。

（来源：根据网络相关文章整理而成）

课后思考
1. OKR实践过程中，最大阻力是什么？
2. 执行力的衡量标准是什么？
3. 如何提高团队执行力？
4. 如何构建高效能的组织执行力系统？

参考文献

[1] 程炼. 管理学概论[M]. 武汉：华中科技大学出版社，2014.

[2] 程炼. 领导力与执行力概论[M]. 武汉：华中科技大学出版社，2018.

[3] 李睿. 狼性执行：企业如何打造卓越执行力[M]. 北京：石油工业出版社，2010.

[4] 吉恩·海登. 执行力是训练出来的[M]. 刘海清，译. 长沙：湖南文艺出版社，2017.

[5] 孙科柳. 华为执行力[M]. 北京：电子工业出版社，2014.

[6] 约翰·C. 马克斯维尔. 领导力21法则：追随这些法则，人们就会追随你[M]. 路本福，译. 上海：文汇出版社，2017.

[7] 古斯塔夫·勒庞. 乌合之众：大众心理研究[M]. 冯克利，译. 北京：中央编译出版社，2005.

[8] 彼得·德鲁克. 卓有成效的管理者（55周年新译本）[M]. 辛弘，译. 北京：机械工业出版社，2022.

[9] 斯蒂芬·P. 罗宾斯，玛丽·库尔特. 管理学：第15版[M]. 刘刚，梁晗，程熙镕，等译. 北京：中国人民大学出版社，2022.

与本书配套的二维码资源使用说明

　　本书部分课程及与纸质教材配套数字资源以二维码链接的形式呈现。利用手机微信扫码成功后提示微信登录，授权后进入注册页面，填写注册信息。按照提示输入手机号码，点击获取手机验证码，稍等片刻收到4位数的验证码短信，在提示位置输入验证码成功，再设置密码，选择相应专业，点击"立即注册"，注册成功。（若手机已经注册，则在"注册"页面底部选择"已有账号，立即登录"，进入"账号绑定"页面，直接输入手机号和密码登录。）接着提示输入学习码，须刮开教材封底防伪涂层，输入13位学习码（正版图书拥有的一次性使用学习码），输入正确后提示绑定成功，即可查看二维码数字资源。手机第一次登录查看资源成功以后，再次使用二维码资源时，在微信端扫码即可登录进入查看。